Una Luz Para Guiar Tu Vida Diaria

Tomo 1

Devocionales para cada día del año con versículos escogidos de la Biblia

Diana Baker

Compilado originalmente por Samuel y Jonathan Bagster
Título original: "Daily Light on the Daily Path"

Foto de portada: Unsplash.com

CATEGORÍA: Vida Cristiana/Devocionales

Impreso en los Estados Unidos de América

ISBN-10: 1-64081-012-9
ISBN-13: 978-1-64081-012-9

Índice

Prólogo

Samuel Bagster conoció a Dios desde pequeño. Fue un destacado editor de Londres, conocido por publicar distintas versiones de la Biblia en varios idiomas como también varios comentarios y libros de referencia para facilitar el estudio de la Biblia.

Samuel y su esposa Eunice tuvieron doce hijos y establecieron la tradición de reunirse como familia, todos los días, para leer la Palabra de Dios.

Aunque fue Jonathan, el décimo hijo del matrimonio, quien fue principalmente responsable de idear y dar forma al método de compilar los versículos de este libro. Jonathan elegía un pasaje y en el contexto de la oración en familia, Samuel y los demás miembros de la familia, añadían diversos pasajes relevantes. Luego, después de oración, se comentaban estas compilaciones para ordenar y mejorar, hasta llegar a un acuerdo. De esta manera se fue completando poco a poco un manuscrito con dos lecturas diarias para todo un año. Así, cada entrega diaria sería un conjunto de versículos centrado en un tema. La primera publicación fue en el siglo 19.

Esta obra ha tocado la vida de cientos de miles de cristianos de todas partes del mundo durante más de cien años.

En lo personal, hace mucho, hice el compromiso con Dios de no alimentar mi cuerpo antes de alimentar mi espíritu por medio del mensaje de Dios a mi vida. Durante muchos años Dios me ha hablado a través de Su Palabra mediante esta compilación.

Día tras día Él ha comprobado Su fidelidad al darme la respuesta a mis inquietudes a través de los versículos reunidos en este libro. Dios me ha guiado, me ha consolado, me ha corregido, me ha dado esperanza y nuevas fuerzas y además, me ha dado promesas sin fin, alentándome a seguir adelante, sin desmayar porque en El está el éxito de la vida.

Su Palabra es ¡viva! y no necesita de comentarios para ser eficaz y tocar nuestras vidas.

Todos los días Su Palabra tiene el poder de darte la solución a tus incertidumbres. Mi anhelo y mi oración es de que tu vida también sea transformada mediante la lectura de la eterna Palabra de Dios.

Diana Baker

ENERO

ENERO 1 - Una cosa hago: olvidando lo que queda atrás…prosigo a la meta, al premio del supremo llamamiento de Dios en Cristo Jesús.

Padre, aquellos que me has dado, quiero que donde yo esté, también ellos estén conmigo, para que vean mi gloria que me has dado, pues me has amado desde antes de la fundación del mundo.

Yo sé a quién he creído y estoy seguro de que es poderoso para guardar mi depósito para aquel día. El que comenzó en vosotros la buena obra la perfeccionará hasta el día de Jesucristo.

¿No sabéis que los que corren en el estadio, todos a la verdad corren, pero uno solo se lleva el premio? Corred de tal manera que lo obtengáis. Todo aquel que lucha, de todo se abstiene; ellos, a la verdad, para recibir una corona corruptible, pero nosotros, una incorruptible.

Despojémonos de todo peso y del pecado que nos asedia, y corramos con paciencia la carrera que tenemos por delante, puestos los ojos en Jesús.

Fil. 3:13,14 Jn.17:24 II Ti.1:12 Fil.1:6 I Co.9:24,25 He.12:1,2

ENERO 2 - Cantad a Jehová un nuevo cántico.

¡Cantad con gozo a Dios, fortaleza nuestra! Al Dios de Jacob aclamad con júbilo! Entonad canción y tocad el pandero, el arpa que deleita y el salterio. Puso luego en mi boca cántico nuevo, alabanza a nuestro Dios. Verán esto muchos y temerán, y confiarán en Jehová.

Mira que te mando que te esfuerces y seas valiente; no temas ni desmayes, porque Jehová, tu Dios, estará contigo dondequiera que vayas».

El gozo de Jehová es vuestra fuerza. * Pablo dio gracias a Dios y cobró aliento.

Y esto, conociendo el tiempo, que es ya hora de levantarnos del sueño, porque ahora está más cerca de nosotros nuestra salvación que cuando creímos. La noche está avanzada y se acerca el día. Desechemos, pues, las obras de las tinieblas y vistámonos las armas de la luz. Andemos como de día, honestamente; no en glotonerías y borracheras, no en lujurias y libertinaje, no en contiendas y envidia. Al contrario, vestíos del Señor Jesucristo y no satisfagáis los deseos de la carne.

Is.42:10 Sal. 81:1,2; 40:3 Jos.1:9 Neh.8:10 Hch. 28:15 Ro.13:11-1

ENERO 3 - Los dirigió por camino derecho.

Le halló en tierra de desierto, y en yermo de horrible soledad; lo trajo alrededor, lo instruyó, lo guardó como a la niña de su ojo. Como el águila que excita su nidada, revolotea sobre sus pollos, extiende sus alas, los toma, los lleva sobre sus plumas, Jehová solo le guió.

Y hasta la vejez yo mismo, y hasta las canas os soportaré yo; yo hice, yo llevaré, yo soportaré y guardaré.

Confortará mi alma. Me guiará por sendas de justicia por amor de su nombre. Aunque ande en valle de sombra de muerte, no temeré mal alguno, porque tú estarás conmigo; tu vara y tu cayado me infundirán aliento.

Jehová te pastoreará siempre, y en las sequías saciará tu alma, y dará vigor a tus huesos; y serás como huerto de riego, y como manantial de aguas, cuyas aguas nunca faltan.

Porque este Dios es Dios nuestro eternamente y para siempre; él nos guiará aún más allá de la muerte. ¿Quién enseña semejante a él?

Sal. 107:7 Dt.32:10-12 Is.46:4 Sal.23:3,4 Is.58:11 Sal.48:14 Job.36:22

ENERO 4 - Hasta ahora no habéis entrado al reposo y a la heredad que os da Jehová, vuestro Dios.

Este no es lugar de vuestro reposo. * Por tanto, queda un reposo para el pueblo de Dios. * Dentro del velo, donde Jesús entró por nosotros como precursor.

En la casa de mi Padre muchas moradas hay; si así no fuera, yo os lo hubiera dicho; voy, pues, a preparar lugar para vosotros. Y si me voy y os preparo lugar, vendré otra vez y os tomaré a mí mismo, para que donde yo esté, vosotros también estéis.

Estar con Cristo, lo cual es muchísimo mejor. * Enjugará Dios toda lágrima de los ojos de ellos; y ya no habrá más muerte, ni habrá más llanto ni clamor ni dolor, porque las primeras cosas ya pasaron.

Allí dejan de perturbar los malvados, y allí descansan los que perdieron sus fuerzas.* Haceos tesoros en el cielo. Porque donde esté vuestro tesoro, allí estará también vuestro corazón. *Poned la mira en las cosas de arriba, no en las de la tierra.

Dt.12:9 Mic. 2:10 He.4:9: 6:19,20 Jn.14:2,3 Fil.1:23 Ap.21:4 Job 3:17 Mt.6:20,21 Col.3:2

ENERO 5 - Los que hemos creído entramos en el reposo.

Cada uno engaña a su compañero y se ocupan de actuar perversamente.

Veo otra ley en mis miembros, que se rebela contra la ley de mi mente, y que me lleva cautivo a la ley del pecado que está en mis miembros. ¡Miserable de mí! ¿Quién me librará de este cuerpo de muerte?

Venid a mí todos los que estáis trabajados y cargados, y yo os haré descansar.

Justificados, pues, por la fe, tenemos paz para con Dios por medio de nuestro Señor Jesucristo, por quien también tenemos entrada por la fe a esta gracia en la cual estamos firmes, y nos gloriamos en la esperanza de la gloria de Dios.

El que ha entrado en su reposo, también ha reposado de sus obras. * No teniendo mi propia justicia, que se basa en la Ley, sino la que se adquiere por la fe en Cristo, la justicia que procede de Dios y se basa en la fe.

Este es el reposo; dad reposo al cansado. Este es el alivio.

Heb.4:3 Jer.9:5 Ro.7:23,24 Mt. 11:28 Ro.5:1,2 Heb.4:10 Fil.3:9 Is.28:12

ENERO 6 - Sea la belleza de Jehová, nuestro Dios, sobre nosotros. La obra de nuestras manos confirma sobre nosotros.

Tu fama se difundió entre las naciones a causa de tu belleza, que era perfecta por el esplendor que yo puse sobre ti, dice Jehová, el Señor. * Por tanto, nosotros todos, mirando con el rostro descubierto y reflejando como en un espejo la gloria del Señor, somos transformados de gloria en gloria en su misma imagen, por la acción del Espíritu del Señor.

El Espíritu de gloria y de Dios reposa sobre nosotros. * Bienaventurado todo aquel que teme a Jehová, que anda en sus caminos. Cuando comas el trabajo de tus manos, bienaventurado serás y te irá bien.

Encomienda a Jehová tus obras y tus pensamientos serán afirmados. * Ocupaos en vuestra salvación con temor y temblor, porque Dios es el que en vosotros produce así el querer como el hacer, por su buena voluntad.

El mismo Jesucristo Señor nuestro, y Dios nuestro Padre, el cual nos amó y nos dio consolación eterna y buena esperanza por gracia, conforte vuestros corazones y os confirme en toda buena palabra y obra.

Sal.90:17 Ez.16:14 II Co. 3:18 I P 4:14 Sal.128:1,2 Pr.16:3 Fil.2:12,13 II Ts.2:16,17

ENERO 7 - Acuérdate de mí para bien, Dios mío.

Me he acordado de ti, de la fidelidad de tu juventud, del amor de tu desposorio, cuando andabas en pos de mí en el desierto, en tierra no sembrada.

Antes bien, yo tendré memoria de mi pacto que concerté contigo en los días de tu juventud, y estableceré contigo un pacto eterno.

Como son más altos los cielos que la tierra, así son mis caminos más altos que vuestros caminos y mis pensamientos más que vuestros pensamientos.

Yo os visitaré y despertaré sobre vosotros mi buena palabra. Porque yo sé los pensamientos que tengo acerca de vosotros, dice Jehová, pensamientos de paz y no de mal, para daros el fin que esperáis.

Ciertamente yo buscaría a Dios y le encomendaría mi causa. Él hace cosas grandes e inescrutables, y maravillas sin número.

Has aumentado, Jehová, Dios mío, tus maravillas y tus pensamientos para con nosotros. No es posible contarlos ante ti. Aunque yo los anunciara y hablara de ellos, no podrían ser enumerados.

Neh. 5:19 Jer.2:2 Ez.16:60 Jer.29:10,11 Is.55:8,9 Sal.40:5

ENERO 8 - En ti confiarán los que conocen tu nombre, por cuanto tú, Jehová, no desamparaste a los que te buscaron.

Fuerte torre es el nombre de Jehová; a ella corre el justo y se siente seguro.

Me aseguraré y no temeré; porque mi fortaleza y mi canción es Jehová, quien ha sido salvación para mí.

Joven fui y he envejecido, y no he visto justo desamparado ni a su descendencia que mendigue pan. Para siempre serán guardados, mas la descendencia de los impíos será destruida.

Él nos libró y nos libra y esperamos que aun nos librará de tan grave peligro de muerte.

Estéis contentos con lo que tenéis ahora, pues él dijo: «No te desampararé ni te dejaré». Así que podemos decir confiadamente: «El Señor es mi ayudador; no temeré lo que me pueda hacer el hombre».

Sal.9:19 Pr.18:10 Is.12:2 Sal.37:25-28 I S 12:22 II Co.1:10 Heb.13:5,6

ENERO 9 - Has dado a los que te temen bandera que alcen por causa de la verdad.

Jehová-nisi. (Jehová es mi bandera). * Vendrá el enemigo como río, mas el Espíritu de Jehová levantará bandera contra él. * Nosotros nos alegraremos en tu salvación y alzaremos bandera en el nombre de nuestro Dios.

Jehová sacó a luz nuestras justicias; venid y contemos en Sión la obra de Jehová, nuestro Dios. * Somos más que vencedores por medio de aquel que nos amó.

Gracias sean dadas a Dios, que nos da la victoria por medio de nuestro Señor Jesucristo. * El autor de la salvación.* Hermanos míos, fortaleceos en el Señor y en su fuerza poderosa. * Valientes por la verdad.

Pelea las batallas de Jehová.* Cobrad ánimo, pueblo todo de la tierra, dice Jehová, y trabajad, porque yo estoy con vosotros, dice Jehová de los ejércitos….no temáis. * Alzad vuestros ojos y mirad los campos, porque ya están blancos para la siega.* Porque aún un poco y el que ha de venir vendrá, y no tardará.

Sal. 60:4 Ex.17:15 Is.59:19 Sal.20:5 Jer.51:10 Ro.8:37 I Co.15:57 He.2:10 Ef.6:10 Jer.9:3 I S.18:17 Hageo 2:4,5 Jn.4:35 Heb.10:37

ENERO 10 - Todo vuestro ser, espíritu, alma y cuerpo, sea guardado irreprensible para la venida de nuestro Señor Jesucristo.

Cristo amó a la iglesia, y se entregó a sí mismo por ella, a fin de presentársela a sí mismo, una iglesia gloriosa, que no tuviese mancha ni arruga ni cosa semejante, sino que fuese santa y sin mancha.

A quien anunciamos, amonestando a todo hombre, y enseñando a todo hombre en toda sabiduría, a fin de presentar perfecto en Cristo Jesús a todo hombre. * La paz de Dios sobrepasa todo entendimiento.

La paz de Dios gobierne en vuestros corazones, a la que asimismo fuisteis llamados en un solo cuerpo. Y el mismo Jesucristo Señor nuestro, y Dios nuestro Padre, el cual nos amó y nos dio consolación eterna y buena esperanza por gracia, conforte vuestros corazones y os confirme en toda buena palabra y obra.

El cual también os mantendrá firmes hasta el fin, para que seáis irreprensibles en el día de nuestro Señor Jesucristo.

I Ts. 5:23 Ef. 5:25,27 Col. 1:28 Fil.4:7 Col 3:15 II Ts. 2:16,17 I Co.1:8

ENERO 11 - Tuya, Dios es la alabanza en Sión.

Para nosotros solo hay un Dios, el Padre, del cual proceden todas las cosas y para quien nosotros existimos; y un Señor, Jesucristo, por medio del cual han sido creadas todas las cosas y por quien nosotros también existimos.

Para que todos honren al Hijo como honran al Padre. El que no honra al Hijo no honra al Padre, que lo envió.* Así que, ofrezcamos siempre a Dios, por medio de él, sacrificio de alabanza, es decir, fruto de labios que confiesan su nombre. * El que ofrece sacrificios de alabanza me honrará, y al que ordene su camino, le mostraré la salvación de Dios.

Vi una gran multitud, la cual nadie podía contar, de todas las naciones, tribus, pueblos y lenguas. Estaban delante del trono y en la presencia del Cordero, vestidos de ropas blancas y con palmas en sus manos. Clamaban a gran voz, diciendo: ¡La salvación pertenece a nuestro Dios, que está sentado en el trono, y al Cordero! diciendo: ¡Amén! La bendición, la gloria, la sabiduría, la acción de gracias, la honra, el poder y la fortaleza sean a nuestro Dios por los siglos de los siglos. ¡Amén!

Sal.65:1 I Co.8:6 Jn.5:23 Heb.13:15 Sal. 50:23 Ap. 7:9, 10, 12

ENERO 12 - Al único y sabio Dios, nuestro Salvador.

Cristo Jesús, el cual nos ha sido hecho por Dios sabiduría, justificación, santificación y redención.

¿Descubrirás tú los secretos de Dios? ¿Llegarás a la perfección del Todopoderoso? Es más alta que los cielos: ¿qué harás? Es más profunda que el Seol ¿cómo la conocerás?

Pero hablamos sabiduría de Dios en misterio, la sabiduría oculta que Dios predestinó antes de los siglos para nuestra gloria, y de aclarar a todos cuál sea el plan del misterio escondido desde los siglos en Dios, el creador de todas las cosas, para que la multiforme sabiduría de Dios sea ahora dada a conocer por medio de la iglesia a los principados y potestades en los lugares celestiales.

Si alguno de vosotros tiene falta de sabiduría, pídala a Dios, el cual da a todos abundantemente y sin reproche, y le será dada.

La sabiduría que es de lo alto es primeramente pura, después pacífica, amable, benigna, llena de misericordia y de buenos frutos, sin incertidumbre ni hipocresía.

Judas 25 I Co.1:30 Job 11:7, 8 I Co.2:7 Ef.3:9,10 Stg.1:5; 3:17

ENERO 13 - Tú guardarás en completa paz a aquel cuyo pensamiento en ti persevera.

Echa sobre Jehová tu carga y él te sostendrá; no dejará para siempre caído al justo. * Me aseguraré y no temeré; porque mi fortaleza y mi canción es Jah, Jehová, quien ha sido salvación para mí.

¿Por qué teméis, hombres de poca fe? Por nada estéis angustiados, sino sean conocidas vuestras peticiones delante de Dios en toda oración y ruego, con acción de gracias. Y la paz de Dios, que sobrepasa todo entendimiento, guardará vuestros corazones y vuestros pensamientos en Cristo Jesús.

En la quietud y en confianza estará vuestra fortaleza. *El efecto de la justicia será la paz y la labor de la justicia, reposo y seguridad para siempre.

La paz os dejo, mi paz os doy; yo no os la doy como el mundo la da. * No se turbe vuestro corazón ni tenga miedo. * Paz a vosotros de parte del que es y que era y que ha de venir.

Is.26:3 Sal.55:22 Is.12:2 Mt 8:26 Fil.4:6,7 Is.30:15; 32:17 Jn.14:27 Ap. 1:4

ENERO 14 - El Padre mayor es que yo.

Cuando oréis, decid: Padre nuestro que estás en los cielos. * Mi Padre y vuestro Padre… mi Dios y vuestro Dios.* Como el Padre me mandó, así hago.

Las palabras que yo os hablo, no las hablo por mi propia cuenta, sino que el Padre, que vive en mí, él hace las obras. * El Padre ama al Hijo y ha entregado todas las cosas en su mano.

Le has dado potestad sobre toda carne para que dé vida eterna a todos los que le diste.

Señor, muéstranos el Padre y nos basta. Jesús le dijo: ¿Tanto tiempo hace que estoy con vosotros y no me has conocido, Felipe? El que me ha visto a mí ha visto al Padre; ¿cómo, pues, dices tú: "Muéstranos el Padre"? ¿No crees que yo soy en el Padre y el Padre en mí? * El Padre y yo uno somos.

Como el Padre me ha amado, así también yo os he amado; permaneced en mi amor. Si guardáis mis mandamientos, permaneceréis en mi amor; así como yo he guardado los mandamientos de mi Padre y permanezco en su amor.

Jn 14:28 Lc. 11:2 Jn.20:17; 14:31; 14:10; 3:35; 17:2; 14:8-10;10:30; 15:9,10

ENERO 15 - Abatida hasta el polvo está mi alma; ¡vivifícame según tu palabra!

Si habéis resucitado con Cristo, buscad las cosas de arriba, donde está Cristo sentado a la diestra de Dios. Poned la mira en las cosas de arriba, no en las de la tierra, porque habéis muerto y vuestra vida está escondida con Cristo en Dios.

Nuestra ciudadanía está en los cielos, de donde también esperamos al Salvador, al Señor Jesucristo. Él transformará nuestro cuerpo mortal en un cuerpo glorioso semejante al suyo, por el poder con el cual puede también sujetar a sí mismo todas las cosas.

El deseo de la carne es contra el Espíritu y el del Espíritu es contra la carne; y estos se oponen entre sí, para que no hagáis lo que quisierais.

Así que, hermanos, deudores somos, no a la carne, para que vivamos conforme a la carne, porque si vivís conforme a la carne, moriréis; pero si por el Espíritu hacéis morir las obras de la carne, viviréis.

Amados, yo os ruego como a extranjeros y peregrinos, que os abstengáis de los deseos carnales que batallan contra el alma.

Sal.119:25 Col. 3:1-3 Fil. 3:20,21 Gal.5:17 Ro.8:12,13 I P.2:11

ENERO 16 - Porque al Padre agradó que en él habitara toda la plenitud.

El Padre ama al Hijo y ha entregado todas las cosas en su mano.

Por eso Dios también lo exaltó sobre todas las cosas y le dio un nombre que es sobre todo nombre, para que en el nombre de Jesús se doble toda rodilla de los que están en los cielos, en la tierra y debajo de la tierra; y toda lengua confiese que Jesucristo es el Señor, para gloria de Dios Padre.

Sobre todo principado y autoridad, poder y señorío, y sobre todo nombre que se nombra, no solo en este siglo, sino también en el venidero. * En él fueron creadas todas las cosas, las que hay en los cielos y las que hay en la tierra, visibles e invisibles; sean tronos, sean dominios, sean principados, sean potestades; todo fue creado por medio de él y para él.

Cristo para esto murió, resucitó y volvió a vivir: para ser Señor así de los muertos como de los que viven. * Vosotros estáis completos en él, que es la cabeza de todo principado y potestad. * De su plenitud recibimos todos, y gracia sobre gracia.

Col.1:19 Jn.3:35 Fil.2:9-11 Ef.1:21 Col. 1:16 Ro.14:9 Col.2:10 Jn.1:16

ENERO 17 A ti te agradó librar mi vida del hoyo de corrupción.

Dios envió a su Hijo unigénito al mundo para que vivamos por él. En esto consiste el amor: no en que nosotros hayamos amado a Dios, sino en que él nos amó a nosotros y envió a su Hijo en propiciación por nuestros pecados.

¿Qué Dios hay como tú, que perdona la maldad y olvida el pecado del remanente de su heredad? No retuvo para siempre su enojo, porque se deleita en la misericordia. Él volverá a tener misericordia de nosotros; sepultará nuestras iniquidades y echará a lo profundo del mar todos nuestros pecados.

Jehová, Dios mío, a ti clamé y me sanaste. Jehová, hiciste subir mi alma del Seol. Me diste vida, para que no descendiera a la sepultura.* Pacientemente esperé a Jehová, y se inclinó a mí y oyó mi clamor, y me hizo sacar del pozo de la desesperación, del lodo cenagoso; puso mis pies sobre peña y enderezó mis pasos.

Cuando mi alma desfallecía en mí, me acordé de Jehová, y mi oración llegó hasta ti, hasta tu santo templo.

Is. 38:17 I Jn.4:9,10 Mi.7:18,19 Sal.30:2,3 Jonás 2:7 Sal.40:1,2

ENERO 18 - El que había de venir.

Pero vemos a aquel que fue hecho un poco menor que los ángeles, a Jesús, para que por la gracia de Dios experimentara la muerte por todos. * Uno murió por todos.

Así como por la desobediencia de un hombre muchos fueron constituidos pecadores, así también por la obediencia de uno, muchos serán constituidos justos.* Fue hecho el primer hombre, Adán, alma viviente; el postrer Adán, espíritu que da vida. Pero lo espiritual no es primero, sino lo animal; luego lo espiritual. * Entonces dijo Dios: Hagamos al hombre a nuestra imagen, conforme a nuestra semejanza; Y creó Dios al hombre a su imagen, a imagen de Dios lo creó.

Dios, habiendo hablado muchas veces y de muchas maneras, en estos últimos días nos ha hablado por el Hijo, Él, que es el resplandor de su gloria, la imagen misma de su sustancia. * Le has dado potestad sobre toda carne.

El primer hombre es de la tierra, terrenal; el segundo hombre, que es el Señor, es del cielo. Conforme al terrenal, así serán los terrenales; y conforme al celestial, así serán los celestiales.

Ro. 5:14 Heb.2:9 II Co.5:14 Ro.5:19 I Co.15:45,46 Ge.1:26,27 He.1:1-3 Jn.17:2 I Co.15:47,48

ENERO 19 - Sirviendo al Señor con toda humildad.

El que quiera hacerse grande entre vosotros será vuestro servidor, y el que quiera ser el primero entre vosotros será vuestro siervo; como el Hijo del hombre, que no vino para ser servido, sino para servir y para dar su vida en rescate por todos.

El que se cree ser algo, no siendo nada, a sí mismo se engaña. *Digo, pues, por la gracia que me es dada, a cada cual…que no tenga más alto concepto de sí que el que debe tener, sino que piense de sí con cordura, conforme a la medida de fe que Dios repartió a cada uno.

Así también vosotros, cuando hayáis hecho todo lo que os ha sido ordenado, decid: "Siervos inútiles somos, pues lo que debíamos hacer, hicimos". * Nuestro motivo de orgullo es este: … de que con sencillez y sinceridad de Dios (no con sabiduría humana, sino con la gracia de Dios), nos hemos conducido en el mundo, y mucho más con vosotros.

Pero tenemos este tesoro en vasos de barro, para que la excelencia del poder sea de Dios y no de nosotros.

Hch. 20:19 Mt. 20:26-28 Gal. 6:3 Ro.12:3 Lc. 17:10 II Co.1:12; 4:7

ENERO 20 -Se llamará su nombre Admirable.

El Verbo se hizo carne y habitó entre nosotros lleno de gracia y de verdad; y vimos su gloria, gloria como del unigénito del Padre. *Has engrandecido tu nombre y tu palabra sobre todas las cosas.* Le pondrás por nombre Emanuel (que significa: «Dios con nosotros»).

Dará a luz un hijo, y le pondrás por nombre Jesús, porque él salvará a su pueblo de sus pecados. * Para que todos honren al Hijo como honran al Padre. El que no honra al Hijo no honra al Padre, que lo envió. * Por eso Dios también lo exaltó sobre todas las cosas y le dio un nombre que es sobre todo nombre.

Sobre todo principado y autoridad, poder y señorío, y sobre todo nombre que se nombra, no solo en este siglo, sino también en el venidero. Y sometió todas las cosas debajo de sus pies.

Tenía escrito un nombre que ninguno conocía sino él mismo…Rey de reyes y Señor de señores. *Él es el Todopoderoso, al cual no alcanzamos. * ¿Cuál es su nombre, y el nombre de su hijo, si es que lo sabes?

Is. 9:6 Jn.1:14 Sal.138:2 Mt.1:23, 21 Jn.5: 23 Fil.2:9 Ef.1:21,22 Ap.19:12,16 Job 37:23 Pr.30:4

ENERO 21- Todo aquel que lleva fruto, lo limpiará, para que lleve más fruto.

El es como fuego purificador y como jabón de lavadores. Él se sentará para afinar y limpiar la plata: limpiará a los hijos de Leví, los afinará como a oro y como a plata, y traerán a Jehová ofrenda en justicia.

Y no solo esto, sino que también nos gloriamos en las tribulaciones, sabiendo que la tribulación produce paciencia; y la paciencia, prueba; y la prueba, esperanza; y la esperanza no nos defrauda, porque el amor de Dios ha sido derramado en nuestros corazones por el Espíritu Santo que nos fue dado.

Si soportáis la disciplina, Dios os trata como a hijos; porque ¿qué hijo es aquel a quien el padre no disciplina? Pero si se os deja sin disciplina, de la cual todos han sido participantes, entonces sois bastardos, no hijos. Es verdad que ninguna disciplina al presente parece ser causa de gozo, sino de tristeza; pero después da fruto apacible de justicia a los que por medio de ella han sido ejercitados. Por eso, levantad las manos caídas y las rodillas paralizadas.

Jn.15 Mal.3:2,3 Ro.5:3-5 Heb.12:7, 8, 11, 12

ENERO 22 - Porque este es Dios, nuestro Dios por siempre jamás; El nos guiará hasta la muerte.

Oh Señor, tú eres mi Dios; te ensalzaré, daré alabanzas a tu nombre, porque has hecho maravillas, designios concebidos desde tiempos antiguos con toda fidelidad. * El Señor es la porción de mi herencia y de mi copa.

El restaura mi alma; me guía por senderos de justicia por amor de su nombre.

Aunque pase por el valle de sombra de muerte, no temeré mal alguno, porque tú estás conmigo; tu vara y tu cayado me infunden aliento. * Sin embargo, yo siempre estoy contigo; tú me has tomado de la mano derecha. * Con tu consejo me guiarás, y después me recibirás en gloria.

¿A quién tengo yo en los cielos, sino a ti? Y fuera de ti, nada deseo en la tierra. Mi carne y mi corazón pueden desfallecer, pero Dios es la fortaleza de mi corazón y mi porción para siempre. * En El se regocija nuestro corazón, porque en su santo nombre hemos confiado.

El Señor cumplirá su propósito en mí; eterna, oh Señor, es tu misericordia; no abandones las obras de tus manos.

Sal. 48:14 Is. 25:1 Sal. 16:5; 23:3,4; 73:23-26; 33:21; 138:8

ENERO 23-La esperanza no nos defrauda.

Yo soy Jehová…y no se avergonzarán los que esperan en mí. * ¡Bendito el hombre que confía en Jehová, cuya confianza está puesta en Jehová!,

Tú guardarás en completa paz a aquel cuyo pensamiento en ti persevera, porque en ti ha confiado. Confiad en Jehová perpetuamente, porque en Jehová, el Señor, está la fortaleza de los siglos. * En Dios solamente reposa mi alma, porque de él viene mi esperanza. Solamente él es mi roca y mi salvación. Es mi refugio, no resbalaré. * No me avergüenzo, porque yo sé a quién he creído.

Queriendo Dios mostrar más abundantemente a los herederos de la promesa la inmutabilidad de su consejo, interpuso juramento, para que por dos cosas inmutables, en las cuales es imposible que Dios mienta, tengamos un fortísimo consuelo los que hemos acudido para asirnos de la esperanza puesta delante de nosotros. La cual tenemos como segura y firme ancla del alma, y que penetra hasta dentro del velo, donde Jesús entró por nosotros como precursor.

Ro. 5:5 Is.49:23 Jer.17:7 Is.26:3,4 Sal. 62:5,6 II Tim.1:12 Heb.6:17

ENERO 24 - El Señor está cerca.

El Señor mismo, con voz de mando, con voz de arcángel y con trompeta de Dios, descenderá del cielo. Entonces, los muertos en Cristo resucitarán primero. Luego nosotros, los que vivimos, los que hayamos quedado, seremos arrebatados juntamente con ellos en las nubes para recibir al Señor en el aire, y así estaremos siempre con el Señor. Por tanto, alentaos los unos a los otros con estas palabras.

El que da testimonio de estas cosas dice: «Ciertamente vengo en breve». ¡Amén! ¡Ven, Señor Jesús! * Por eso, amados, estando en espera de estas cosas, procurad con diligencia ser hallados por él sin mancha e irreprochables, en paz.

Absteneos de toda especie de mal. Que el mismo Dios de paz os santifique por completo; y todo vuestro ser –espíritu, alma y cuerpo– sea guardado irreprochable para la venida de nuestro Señor Jesucristo. Fiel es el que os llama, el cual también lo hará.

Tened también vosotros paciencia y afirmad vuestros corazones, porque la venida del Señor se acerca.

Fil. 4:5 I Ts.4:16-18 Ap.22:20 II P.3:14 I Ts.5:22-24 Stg.5:8

ENERO 25 - La justicia de Dios por medio de la fe en Jesucristo, para todos los que creen en él.

Al que no conoció pecado, por nosotros lo hizo pecado, para que nosotros seamos justicia de Dios en él. * Cristo nos redimió de la maldición de la Ley, haciéndose maldición por nosotros (pues está escrito: «Maldito todo el que es colgado en un madero».

Pero por él estáis vosotros en Cristo Jesús, el cual nos ha sido hecho por Dios sabiduría, justificación, santificación y redención. * Nos salvó, no por obras de justicia que nosotros hubiéramos hecho, sino por su misericordia, por el lavamiento de la regeneración y por la renovación en el Espíritu Santo, el cual derramó en nosotros abundantemente por Jesucristo, nuestro Salvador.

Y ciertamente, aun estimo todas las cosas como pérdida por la excelencia del conocimiento de Cristo Jesús, mi Señor. Por amor a él lo he perdido todo y lo tengo por basura, para ganar a Cristo y ser hallado en él, no teniendo mi propia justicia, que se basa en la Ley, sino la que se adquiere por la fe en Cristo, la justicia que procede de Dios y se basa en la fe.

Ro.3:22 II Co.5:21 Ga. 3:13 I Co. 1:30 Tit.3:5,6 Fil. 3:8,9

ENERO 26 - Salgamos, pues, a él, fuera del campamento, llevando su oprobio, porque no tenemos aquí ciudad permanente, sino que buscamos la por venir.

Amados, no os sorprendáis del fuego de la prueba que os ha sobrevenido, como si alguna cosa extraña os aconteciera. Al contrario, gozaos por cuanto sois participantes de los padecimientos de Cristo, para que también en la revelación de su gloria os gocéis con gran alegría.

Así como sois compañeros en las aflicciones, también lo sois en la consolación. * Si sois ultrajados por el nombre de Cristo, sois bienaventurados, porque el glorioso Espíritu de Dios reposa sobre vosotros. Ciertamente, por lo que hace a ellos, él es blasfemado, pero por vosotros es glorificado. * Ellos salieron de la presencia del Concilio, gozosos de haber sido tenidos por dignos de padecer afrenta por causa del Nombre.

Prefiriendo ser maltratado con el pueblo de Dios, antes que gozar de los deleites temporales del pecado, teniendo por mayores riquezas el oprobio de Cristo que los tesoros de los egipcios, porque tenía puesta la mirada en la recompensa.

Heb.13:13, 14 I P 4:12,13 II Co.1:7 I P 4:14 Hech.5:41 Heb.11:25,26

ENERO 27 - Y sabéis que él apareció para quitar nuestros pecados, y no hay pecado en él.

Dios…en estos últimos días nos ha hablado por el Hijo…Él, que es el resplandor de su gloria, la imagen misma de su sustancia y quien sustenta todas las cosas con la palabra de su poder, habiendo efectuado la purificación de nuestros pecados por medio de sí mismo, se sentó a la diestra de la Majestad en las alturas.

Al que no conoció pecado, por nosotros lo hizo pecado, para que nosotros seamos justicia de Dios en él.

Conducíos en temor todo el tiempo de vuestra peregrinación, pues ya sabéis que fuisteis rescatados de vuestra vana manera de vivir… no con cosas corruptibles, como oro o plata, sino con la sangre preciosa de Cristo, como de un cordero sin mancha y sin contaminación. Él estaba destinado desde antes de la fundación del mundo, pero ha sido manifestado en los últimos tiempos por amor de vosotros.

El amor de Cristo nos constriñe, pensando esto: que si uno murió por todos, luego todos murieron; y él por todos murió, para que los que viven ya no vivan para sí, sino para aquel que murió y resucitó por ellos.

I John 3:5 Heb.1:1-3 II Co.5:21 I P.1:17-20 II Co.5:14,15

ENERO 28 - Como tus días serán tus fuerzas.

Pero cuando os lleven para entregaros, no os preocupéis por lo que habéis de decir, ni lo penséis, sino lo que os sea dado en aquella hora, eso hablad, porque no sois vosotros los que habláis, sino el Espíritu Santo.

Así que no os angustiéis por el día de mañana, porque el día de mañana traerá su propia preocupación. Basta a cada día su propio mal.* El Dios de Israel, él da fuerza y vigora su pueblo. Bendito sea Dios. * Él da esfuerzo al cansado y multiplica las fuerzas al que no tiene ningunas.

Bástate mi gracia, porque mi poder se perfecciona en la debilidad». Por tanto, de buena gana me gloriaré más bien en mis debilidades, para que repose sobre mí el poder de Cristo. Por lo cual, por amor a Cristo me gozo en las debilidades, en insultos, en necesidades, en persecuciones, en angustias; porque cuando soy débil, entonces soy fuerte.

Todo lo puedo en Cristo que me fortalece.

Dt. 33:25 Mr.13:11 Mt.6:34 Sal.68:35 Is.40:29 II Co.12:9,10 Fil.4:13

ENERO 29 - Tú eres el Dios que me ve

Jehová, tú me has examinado y conocido. Tú has conocido mi sentar me y mi levantarme. Has entendido desde lejos mis pensamientos. Has escudriñado mi andar y mi reposo, y todos mis caminos te son conocidos, pues aún no está la palabra en mi lengua y ya tú, Jehová, la sabes toda. Tal conocimiento es demasiado maravilloso para mí; ¡alto es, no lo puedo comprender!

Los ojos de Jehová están en todo lugar, mirando a los malos y a los buenos. * Los caminos del hombre están ante los ojos de Jehová, y él considera todas sus veredas. * Dios conoce vuestros corazones, pues lo que los hombres tienen por sublime, delante de Dios es abominación.

Los ojos de Jehová contemplan toda la tierra, para mostrar su poder a favor de los que tienen un corazón perfecto para con él. * Jesús porque los conocía a todos; y no necesitaba que nadie le explicara nada acerca del hombre, pues él sabía lo que hay en el hombre.

Señor, tú lo sabes todo; tú sabes que te quiero.

Gn.16:13 Sal.139:1-4,6 Pr.15:3; 5:21 Lc.16:15 II Cr.16:9 Jn.2:24,25; 21:17

ENERO 30 - Corramos con paciencia la carrera que tenemos por delante, puestos los ojos en Jesús, el autor y consumador de la fe.

Si alguno quiere venir en pos de mí, niéguese a sí mismo, tome su cruz cada día y sígame. * Cualquiera de vosotros que no renuncie a todo lo que posee, no puede ser mi discípulo. * Desechemos, pues, las obras de las tinieblas.

Todo aquel que se prepara para competir se abstiene de todo; ellos, a la verdad, para recibir una corona corruptible, pero nosotros, una incorruptible. Así que yo de esta manera corro, no como a la ventura; de esta manera peleo, no como quien golpea el aire; sino que golpeo mi cuerpo y lo pongo en servidumbre, no sea que, habiendo sido heraldo para otros, yo mismo venga a ser eliminado.

Hermanos, yo mismo no pretendo haberlo ya alcanzado; pero una cosa hago: olvidando ciertamente lo que queda atrás y extendiéndome a lo que está delante, prosigo a la meta, al premio del supremo llamamiento de Dios en Cristo Jesús.

Esforcémonos por conocer a Jehová.

Heb.12:1, 2 Lc.9:23; 14:33 Ro.13:12 I Co.9:25, 27 Fil.3:13,14 Os.6:3

ENERO 31 - Pero si no expulsáis de delante de vosotros a los habitantes de la tierra, entonces sucederá que los que de ellos dejéis serán como aguijones en vuestros ojos y como espinas en vuestros costados, y os hostigarán en la tierra en que habitéis.

Pelea la buena batalla de la fe. * Las armas de nuestra contienda no son carnales, sino poderosas en Dios para la destrucción de fortalezas; y poniendo todo pensamiento en cautiverio a la obediencia de Cristo. * Así que, hermanos, somos deudores, no a la carne, para vivir conforme a la carne, porque si vivís conforme a la carne, habréis de morir; pero si por el Espíritu hacéis morir las obras de la carne, viviréis.

El deseo de la carne es contra el Espíritu, y el del Espíritu es contra la carne, pues éstos se oponen el uno al otro, de manera que no podéis hacer lo que deseáis.

Veo otra ley en los miembros de mi cuerpo que hace guerra contra la ley de mi mente, y me hace prisionero de la ley del pecado que está en mis miembros. * Somos más que vencedores por medio de aquel que nos amó.

Nu.33:55 1 Ti.6:12 II Co.10:4,5 Ro.8:12,13 Gal.5:17 Ro.7:23; 8:37

FEBRERO

FEBRERO 1 - Lo amáis sin haberlo visto.

Por fe andamos, no por vista. * Nosotros lo amamos a él porque él nos amó primero. * Y nosotros hemos conocido y creído el amor que Dios tiene para con nosotros. Dios es amor, y el que permanece en amor permanece en Dios y Dios en él.

En él también vosotros, habiendo oído la palabra de verdad, el evangelio de vuestra salvación, y habiendo creído en él, fuisteis sellados con el Espíritu Santo de la promesa. * A ellos, Dios quiso dar a conocer las riquezas de la gloria de este misterio entre los gentiles, que es Cristo en vosotros, esperanza de gloria.

Si alguno dice: «Yo amo a Dios», pero odia a su hermano, es mentiroso, pues el que no ama a su hermano a quien ha visto, ¿cómo puede amar a Dios a quien no ha visto? * Jesús le dijo: Porque me has visto, Tomás, creíste; bienaventurados los que no vieron y creyeron. * ¡Bienaventurados todos los que en él confían!

I P 1:8 II Co.5:7 I Jn.4:19, 16 Ef.1:13 Col.1:27 I Jn.4:20 Jn.20:29 Sal.2:12

FEBRERO 2 - Te ruego que me libres del mal.

¿Por qué dormís? Levantaos y orad para que no entréis en tentación. * Velad y orad para que no entréis en tentación; el espíritu a la verdad está dispuesto, pero la carne es débil.

Dos cosas te he pedido, no me las niegues antes que muera: Vanidad y mentira aparta de mí, y no me des pobreza ni riquezas, sino susténtame con el pan necesario, no sea que, una vez saciado, te niegue y diga: «¿Quién es Jehová?», o que, siendo pobre, robe y blasfeme contra el nombre de mi Dios.

Jehová te guardará de todo mal, él guardará tu alma. * Yo te libraré de la mano de los malos y te redimiré de la mano de los fuertes.

Por cuanto has guardado la palabra de mi paciencia, yo también te guardaré de la hora de la prueba que ha de venir sobre el mundo entero para probar a los que habitan sobre la tierra. * El Señor sabe librar de tentación a los piadosos, y reservar a los injustos para ser castigados en el día del juicio.

I Cr. 4:10 Lc.22:46 Mt.26:41 Pr.30:7-9 Sal.121:7 Jer.15:21 I Jn.5:18 Ap.3:10 II P2:9

FEBRERO 3 - Cobrad ánimo, dice Jehová, y trabajad, porque yo estoy con vosotros, dice Jehová de los ejércitos.

Yo soy la vid, vosotros los pámpanos; el que permanece en mí y yo en él, éste lleva mucho fruto, porque separados de mí nada podéis hacer. * Todo lo puedo en Cristo que me fortalece. * Por lo demás, hermanos míos, fortaleceos en el Señor y en su fuerza poderosa. * El gozo de Jehová es vuestra fuerza.

¡Fortaleced las manos cansadas, afirmad las rodillas endebles! Decid a los de corazón apocado: ¡Esforzaos, no temáis! He aquí que vuestro Dios viene con retribución, con pago; Dios mismo vendrá y os salvará.

¿Qué, pues, diremos a esto? Si Dios es por nosotros, ¿quién contra nosotros? * Por lo cual, teniendo nosotros este ministerio según la misericordia que hemos recibido, no desmayamos.

No nos cansemos, pues, de hacer bien, porque a su tiempo segaremos, si no desmayamos. * Pero gracias sean dadas a Dios, que nos da la victoria por medio de nuestro Señor Jesucristo.

Hag. 2:4 Jn.15:5 Fil.4:13 Ef. 6:10 Neh.8:10 Zac.8:9 Is.35:3,4 Ro.8:31 II Co. 4:1 Gal.6:9 I Co.15:57

FEBRERO 4 - Jehová os ha dicho: "No volváis nunca por este camino".

Si hubieran estado pensando en aquella de donde salieron, ciertamente tenían tiempo de volver. Pero anhelaban una mejor, esto es, celestial; por lo cual Dios no se avergüenza de llamarse Dios de ellos, porque les ha preparado una ciudad… prefiriendo ser maltratado con el pueblo de Dios, antes que gozar de los deleites temporales del pecado.

Teniendo por mayores riquezas el oprobio de Cristo que los tesoros de los egipcios, porque tenía puesta la mirada en la recompensa. * Mas el justo vivirá por fe; pero si retrocede, no agradará a mi alma. Pero nosotros no somos de los que retroceden para perdición, sino de los que tienen fe para preservación del alma. * Ninguno que, habiendo puesto su mano en el arado, mira hacia atrás es apto para el reino de Dios. * Pero lejos esté de mí gloriarme, sino en la cruz de nuestro Señor Jesucristo, por quien el mundo ha sido crucificado para mí y yo para el mundo.

Salid de en medio de ellos y apartaos, dice el Señor, y no toquéis lo impuro; y yo os recibiré estando persuadido de esto, que el que comenzó en vosotros la buena obra la perfeccionará hasta el día de Jesucristo.

 Dt. 17:16 Heb. 11;:15,16,25,26; 10:38,39 Lc.9:62 Gal.6:14 II Co.6:17 Fil. 1:6

FEBRERO 5 - Yo he venido para que tengan vida, y para que la tengan en abundancia.

El día que de él comas, ciertamente morirás. * La mujer…tomó de su fruto y comió; y dio también a su marido, el cual comió al igual que ella. * La paga del pecado es muerte, pero la dádiva de Dios es vida eterna en Cristo Jesús, Señor nuestro. * Si por la transgresión de uno solo reinó la muerte, mucho más reinarán en vida por uno solo, Jesucristo, los que reciben la abundancia de la gracia y del don de la justicia.

Por cuanto la muerte entró por un hombre, también por un hombre la resurrección de los muertos. Así como en Adán todos mueren, también en Cristo todos serán vivificados. * Nuestro Salvador Jesucristo, el cual quitó la muerte y sacó a luz la vida y la inmortalidad por el evangelio.

Y este es el testimonio: que Dios nos ha dado vida eterna y esta vida está en su Hijo. El que tiene al Hijo tiene la vida; el que no tiene al Hijo de Dios no tiene la vida. * Dios no envió a su Hijo al mundo para condenar al mundo, sino para que el mundo sea salvo por él.

Jn.10:10 Gen.2:17; 3:6 Ro.6:23; 5:17 I Co.15:21,22 II Ti.1:10 I Jn. 5:11,12 Jn.3:17

FEBRERO 6 - Y la gracia de nuestro Señor fue más abundante con la fe y el amor que es en Cristo Jesús.

Ya conocéis la gracia de nuestro Señor Jesucristo, que por amor a vosotros se hizo pobre siendo rico, para que vosotros con su pobreza fuerais enriquecidos.

Cuando el pecado abundó, sobreabundó la gracia.

Para mostrar en los siglos venideros las abundantes riquezas de su gracia en su bondad para con nosotros en Cristo Jesús, porque por gracia sois salvos por medio de la fe; y esto no de vosotros, pues es don de Dios. No por obras, para que nadie se gloríe.

Sabiendo que el hombre no es justificado por las obras de la Ley, sino por la fe de Jesucristo, nosotros también hemos creído en Jesucristo, para ser justificados por la fe de Cristo y no por las obras de la Ley, por cuanto por las obras de la Ley nadie será justificado.

Nos salvó… por su misericordia, por el lavamiento de la regeneración y por la renovación en el Espíritu Santo, el cual derramó en nosotros abundantemente por Jesucristo, nuestro Salvador.

I Ti.1:14 II Co.8:9 Ro.5:20 Ef.2:7-9 Gal.2:16 Tit.3:5,6

FEBRERO 7 - Allí comerás y te saciarás, y bendecirás a Jehová, tu Dios, por la buena tierra que te habrá dado.

Cuídate de no olvidarte de Jehová, tu Dios. * Entonces uno de ellos, viendo que había sido sanado, volvió glorificando a Dios a gran voz, y se postró rostro en tierra a sus pies dándole gracias. Este era samaritano.

Jesús le preguntó: –¿No son diez los que han quedado limpios? Y los nueve, ¿dónde están? ¿No hubo quien volviera y diera gloria a Dios sino este extranjero?

Todo lo que Dios creó es bueno y nada es de desecharse, si se toma con acción de gracias, ya que por la palabra de Dios y por la oración es santificado. * El que come, para el Señor come, porque da gracias a Dios. * La bendición de Jehová es la que enriquece, y no añade tristeza con ella.

Bendice, alma mía, a Jehová, y bendiga todo mi ser su santo nombre. Bendice, alma mía, quien perdona todas tus maldades, el que te corona de favores y misericordias.

Dt. 8:10; 11 Lc.17:15-18 I Ti.4:4,5 Ro.14:6 Pr.10:22 Sal.103:1-4

FEBRERO 8 - Ya no os llamaré siervos, porque el siervo no sabe lo que hace su señor; pero os he llamado amigos.

Jehová dijo: "¿Encubriré yo a Abraham lo que voy a hacer?"

Porque a vosotros os es dado saber los misterios del reino de los cielos, pero a ellos no les es dado.

Pero Dios nos las reveló a nosotros por el Espíritu, porque el Espíritu todo lo escudriña, aun lo profundo de Dios… la sabiduría oculta que Dios predestinó antes de los siglos para nuestra gloria.

Bienaventurado el que tú escojas y atraigas a ti para que habite en tus atrios. Seremos saciados del bien de tu Casa, de tu santo templo.

La comunión íntima de Jehová es con los que lo temen, y a ellos hará conocer su pacto. * Las palabras que me diste les he dado; y ellos las recibieron y han conocido verdaderamente que salí de ti, y han creído que tú me enviaste.

Vosotros sois mis amigos si hacéis lo que yo os mando.

Jn.15:15 Gn.18:17 Mt. 13:11 I Co.2:10,7 Sal.65:4; 25:14 Jn.17:8; 15:14

FEBRERO 9 - Ahora él es consolado aquí.

No se pondrá jamás tu sol ni menguará tu luna, porque Jehová te será por luz eterna y los días de tu luto se habrán cumplido.

Destruirá a la muerte para siempre, y enjugará Jehová el Señor las lágrimas de todos los rostros y quitará la afrenta de su pueblo de toda la tierra.

Estos son los que han salido de la gran tribulación; han lavado sus ropas y las han blanqueado en la sangre del Cordero. Por eso están delante del trono de Dios y lo sirven día y noche en su templo. El que está sentado sobre el trono extenderá su tienda junto a ellos. Ya no tendrán hambre ni sed, y el sol no caerá más sobre ellos, ni calor alguno, porque el Cordero que está en medio del trono los pastoreará y los guiará a fuentes de aguas vivas. Y Dios enjugará toda lágrima de los ojos de ellos.

Enjugará Dios toda lágrima de los ojos de ellos; y ya no habrá más muerte ni habrá más llanto ni clamor ni dolor, porque las primeras cosas ya pasaron.

Lc. 16:25 Is- 60:20; 25:8 Ap.7:14-17; 21:4

FEBRERO 10 - La lámpara del cuerpo es el ojo. Cuando tu ojo es bueno, también todo tu cuerpo está lleno de luz.

Pero el hombre natural no percibe las cosas que son del Espíritu de Dios, porque para él son locura; y no las puede entender, porque se han de discernir espiritualmente.

Abre mis ojos y miraré las maravillas de tu Ley. * Yo soy la luz del mundo; el que me sigue no andará en tinieblas, sino que tendrá la luz de la vida.

Por tanto, nosotros todos, mirando con el rostro descubierto y reflejando como en un espejo la gloria del Señor, somos transformados de gloria en gloria en su misma imagen, por la acción del Espíritu del Señor.

Dios, que mandó que de las tinieblas resplandeciera la luz, es el que resplandeció en nuestros corazones, para iluminación del conocimiento de la gloria de Dios en la faz de Jesucristo.

Dios de nuestro Señor Jesucristo, el Padre de gloria, os dé espíritu de sabiduría y de revelación en el conocimiento de él...para que sepáis cuál es la esperanza a que él os ha llamado, cuáles las riquezas de la gloria de su herencia en los santos.

Lc. 11:34 I Co. 2:14 Sal.119:18 Jn.8:12 II Co.3:18; 4:6 Ef.1:17,18

FEBRERO 11 - Entonces los que temían a Jehová hablaron entre sí. Jehová escuchó y oyó, y fue escrito ante él un memorial de los que temen a Jehová y honran su nombre.

Y sucedió que, mientras hablaban y discutían entre sí, Jesús mismo se acercó y caminaba con ellos. * Donde están dos o tres congregados en mi nombre, allí estoy yo en medio de ellos. * Colaboradores míos, cuyos nombres están en el libro de la vida.

La palabra de Cristo habite en abundancia en vosotros. Enseñaos y exhortaos unos a otros con toda sabiduría. Cantad con gracia en vuestros corazones al Señor, con salmos, himnos y cánticos espirituales.

Antes bien, exhortaos los unos a los otros cada día, entre tanto que se dice: «Hoy», para que ninguno de vosotros se endurezca por el engaño del pecado.

Toda palabra ociosa que hablen los hombres, de ella darán cuenta en el día del juicio, pues por tus palabras serás justificado, y por tus palabras serás condenado. * He aquí que está escrito delante de mí.

Mal.3:16 Lc.24:15 Mt.18:20 Fil.4:3 Col.3:16 Heb.3:13 Mt. 12:36,37 Is.65:6

FEBRERO 12 - Serán para mí especial tesoro, dice Jehová de los ejércitos, en el día en que yo actúe.

He manifestado tu nombre a los hombres que del mundo me diste; tuyos eran, y me los diste, y han guardado tu palabra. * Yo ruego por ellos; no ruego por el mundo, sino por los que me diste, porque tuyos son, y todo lo mío es tuyo y lo tuyo mío; y he sido glorificado en ellos.

Padre, aquellos que me has dado, quiero que donde yo esté, también ellos estén conmigo, para que vean mi gloria que me has dado, pues me has amado desde antes de la fundación del mundo. * Y si me voy y os preparo lugar, vendré otra vez y os tomaré a mí mismo, para que donde yo esté, vosotros también estéis.

Cuando venga en aquel día para ser glorificado en sus santos y ser admirado en todos los que creyeron; y vosotros habéis creído en nuestro testimonio. * Luego nosotros, los que vivimos, los que hayamos quedado, seremos arrebatados juntamente con ellos en las nubes para recibir al Señor en el aire, y así estaremos siempre con el Señor.

Y serás corona de gloria en la mano de Jehová diadema de realeza en la mano del Dios tuyo.

Mal.3:17 Jn.17:6, 9, 10, 24; II Ts.1:10 I Ts.4:17 Is.62:3

FEBRERO 13 - Sobre la figura del trono había una semejanza, como de un hombre sentado en él.

Jesucristo hombre.

Por cuanto los hijos participaron de carne y sangre, él también participó de lo mismo para destruir por medio de la muerte al que tenía el imperio de la muerte. * Estuve muerto, pero vivo por los siglos de los siglos.

Cristo, habiendo resucitado de los muertos, ya no muere; la muerte no se enseñorea más de él. * ¿Pues qué, si vierais al Hijo del hombre subir a donde estaba primero? * Esta fuerza operó en Cristo, resucitándolo de los muertos y sentándolo a su derecha en los lugares celestiales, * Porque en él habita corporalmente toda la plenitud de la divinidad.

Aunque fue crucificado en debilidad, vive por el poder de Dios. Y también nosotros somos débiles en él, pero viviremos con él por el poder de Dios para con vosotros.

Ez. 1: 26 I Tim. 2:5 Fil. 2:7,8 Heb.2:14 Ap.1:18 Ro. 6:9 Jn.6:62 Ef.1:20 Col. 2:9 II Co.13:4

FEBRERO 14 - Permítelo ahora, porque así conviene que cumplamos toda justicia.

El hacer tu voluntad, Dios mío, me ha agradado, y tu Ley está en medio de mi corazón. * No penséis que he venido a abolir la Ley o los Profetas; no he venido a abolir, sino a cumplir, porque de cierto os digo que antes que pasen el cielo y la tierra, ni una jota ni una tilde pasará de la Ley, hasta que todo se haya cumplido.

Jehová se complació por amor de su justicia en magnificar la Ley y engrandecerla. * Por tanto, os digo que si vuestra justicia no fuera mayor que la de los escribas y fariseos, no entraréis en el reino de los cielos.

Lo que era imposible para la Ley, por cuanto era débil por la carne, Dios, enviando a su Hijo en semejanza de carne de pecado, y a causa del pecado, condenó al pecado en la carne, para que la justicia de la Ley se cumpliera en nosotros, que no andamos conforme a la carne, sino conforme al Espíritu. * El fin de la Ley es Cristo, para justicia a todo aquel que cree.

Mt. 3:15 Sal.40:8 Mt.5:17,18 Is.43:21 Mt.5:20 Ro.8:3,4 Ro.10:4

FEBRERO 15 - ¿Quién puede afirmar: tengo puro el corazón?

Desde el cielo el Señor contempla a los mortales, para ver si hay alguien que sea sensato y busque a Dios. Pero todos se han descarriado, a una se han corrompido. No hay nadie que haga lo bueno; ¡no hay uno solo! * Los que viven según la naturaleza pecaminosa no pueden agradar a Dios.

Yo sé que en mí, es decir, en mi naturaleza pecaminosa, nada bueno habita. Aunque deseo hacer lo bueno, no soy capaz de hacerlo. De hecho, no hago el bien que quiero, sino el mal que no quiero. * Todos somos como gente impura; todos nuestros actos de justicia son como trapos de inmundicia. Todos nos marchitamos como hojas: nuestras iniquidades nos arrastran como el viento.

Pero la Escritura declara que todo el mundo es prisionero del pecado, para que mediante la fe en Jesucristo lo prometido se les conceda a los que creen, esto es, que en Cristo, Dios estaba reconciliando al mundo consigo mismo, no tomándole en cuenta sus pecados y encargándonos a nosotros el mensaje de la reconciliación.

Si afirmamos que no tenemos pecado, nos engañamos a nosotros mismos y no tenemos la verdad. Si confesamos nuestros pecados, Dios, que es fiel y justo, nos los perdonará y nos limpiará de toda maldad.

Pr.20:9 Sal.14.:2,3 Ro.8.8; 7:18,19 Is.64:6 Gal.3:22 II Co.5:19 I Jn.1:8,9

FEBRERO 16 - Tú mismo eres bálsamo fragante.

Cristo nos amó y se entregó por nosotros como ofrenda y sacrificio fragante para Dios. * Para ustedes los creyentes, esta piedra es preciosa;

Por eso Dios lo exaltó hasta lo sumo y le otorgó el nombre que está sobre todo nombre, para que ante el nombre de Jesús se doble toda rodilla en el cielo y en la tierra y debajo de la tierra.

Toda la plenitud de la divinidad habita en forma corporal en Cristo; * Si ustedes me aman, obedecerán mis mandamientos. * Dios ha derramado su amor en nuestro corazón por el Espíritu Santo que nos ha dado.

Y la casa se llenó de la fragancia del perfume. * Los gobernantes reconocieron que ellos habían estado con Jesús. * Oh Señor, soberano nuestro, ¡qué imponente es tu nombre en toda la tierra!

Emanuel …Dios con nosotros.

Se le darán estos nombres: Consejero, Admirable, Dios Fuerte, Padre Eterno, Príncipe de Paz. * Torre inexpugnable es el nombre del Señor; a ella corren los justos y se ponen a salvo.

Cant. 1:3 Ef.5:2 I P.2:7 Fil.2:9,10 Col.2:9 Jn.14:15 Ro.5:5 Jn.12:3 Hch.4:13 Sal.8:1 Mt.1:23 Is.9:6 Pr.18:10

FEBRERO 17 - El novillo, lo sacará del campamento y lo llevará a un lugar ritualmente puro, al vertedero de la ceniza, y dejará que se consuma sobre la leña encendida.

Los soldados se lo llevaron. Jesús salió cargando su propia cruz hacia el lugar de la Calavera (que en arameo se llama Gólgota) Allí lo crucificaron.

Porque el sumo sacerdote introduce la sangre de los animales en el Lugar Santísimo como sacrificio por el pecado, pero los cuerpos de esos animales se queman fuera del campamento Por eso también Jesús, para santificar al pueblo mediante su propia sangre, sufrió fuera de la puerta de la ciudad. Por lo tanto, salgamos a su encuentro fuera del campamento, llevando la deshonra que él llevó….participar en sus sufrimientos.

Al contrario, alégrense de tener parte en los sufrimientos de Cristo, para que también sea inmensa su alegría cuando se revele la gloria de Cristo. * Pues los sufrimientos ligeros y efímeros que ahora padecemos producen una gloria eterna que vale muchísimo más que todo sufrimiento.

Lv.4:12 Jn.18:16, 18 Heb.13:11-13 Fil.3:10 I P 4:13 2 Co.4:17

FEBRERO 18 - Tú eres mi refugio en tiempos de calamidad.

Muchos son los que dicen: ¿Quién puede mostrarnos algún bien? ¡Haz, Señor, que sobre nosotros brille la luz de tu rostro! * Pero yo le cantaré a tu poder, y por la mañana alabaré tu amor; porque tú eres mi protector, mi refugio en momentos de angustia.

Cuando me sentí seguro, exclamé: Jamás seré conmovido. A ti clamo, Señor soberano; a ti me vuelvo suplicante. ¿Qué ganas tú con que yo muera, con que descienda yo al sepulcro? ¿Acaso el polvo te alabará o proclamará tu verdad?

Oye, Señor; compadécete de mí. ¡Sé tú, Señor, mi ayuda! * Te abandoné por un instante, pero con profunda compasión volveré a unirme contigo. * Por un momento, en un arrebato de enojo, escondí mi rostro de ti; pero con amor eterno te tendré compasión, dice el Señor, tu Redentor.

Su tristeza se convertirá en alegría. * Si por la noche hay llanto, por la mañana habrá gritos de alegría.

Jer. 17:17 Sal.4:6; 59:16; 30:6,8-10 Is.54:7,8 Jn.16:20 Sal.30:5

FEBRERO 19 - Porque el Señor da la sabiduría; conocimiento y ciencia brotan de sus labios.

Confía en el Señor de todo corazón, y no en tu propia inteligencia.

Si a alguno de ustedes le falta sabiduría, pídasela a Dios, y él se la dará, pues Dios da a todos generosamente sin menospreciar a nadie. * Pues la locura de Dios es más sabia que la sabiduría humana, y la debilidad de Dios es más fuerte que la fuerza humana.

Dios escogió lo insensato del mundo para avergonzar a los sabios, y escogió lo débil del mundo para avergonzar a los poderosos a fin de que en su presencia nadie pueda jactarse.

La exposición de tus palabras nos da luz, y da entendimiento al sencillo. * En mi corazón atesoro tus dichos para no pecar contra ti. * Todos dieron su aprobación, impresionados por las hermosas palabras que salían de su boca.

¡Nunca nadie ha hablado como ese hombre! * Gracias a él ustedes están unidos a Cristo Jesús, a quien Dios ha hecho nuestra sabiduría —es decir, nuestra justificación, santificación y redención.

Pr.2:6; 3:5 Stg.1:5 I Co.1:25, 27, 29 Sal.119:130, 11 Lc.4:22 Jn.7:46 I Co.1:30

FEBRERO 20 - Después de su sufrimiento, verá la luz y quedará satisfecho.

Jesús dijo: Todo se ha cumplido. Luego inclinó la cabeza y entregó el espíritu. * Al que no cometió pecado alguno, por nosotros Dios lo trató como pecador, para que en él recibiéramos la justicia de Dios. * Este pueblo formé para mí mismo, para que proclame mi alabanza. * El fin de todo esto es que la sabiduría de Dios, en toda su diversidad, se dé a conocer ahora, por medio de la iglesia, a los poderes y autoridades en las regiones celestiales, conforme a su eterno propósito realizado en Cristo Jesús nuestro Señor. * ...para mostrar en los tiempos venideros la incomparable riqueza de su gracia, que por su bondad derramó sobre nosotros en Cristo Jesús

En él también ustedes, cuando oyeron el mensaje de la verdad, y lo creyeron, fueron marcados con el sello que es el Espíritu Santo prometido. Éste garantiza nuestra herencia hasta que llegue la redención final del pueblo adquirido por Dios, para alabanza de su gloria. * Ustedes son linaje escogido, real sacerdocio, nación santa, pueblo que pertenece a Dios, para que proclamen las obras maravillosas de aquel que los llamó de las tinieblas a su luz admirable.

Is.53:11 Jn.19:30 II Co.5:21 Is.43:21 Ef.3:10, 11: 2:7; 1:13,14 I P.2:9

FEBRERO 21 - Yo soy el Señor, que los santifica.

Yo soy el Señor su Dios, que los he distinguido entre las demás naciones. Sean ustedes santos, porque yo, el Señor, soy santo, y los he distinguido entre las demás naciones, para que sean míos. * Santificados por Dios el Padre, * Santifícalos en la verdad; tu palabra es la verdad. * Que Dios mismo, el Dios de paz, los santifique por completo, y conserve todo su ser —espíritu, alma y cuerpo— irreprochable para la venida de nuestro Señor Jesucristo. * Nuestro gran Dios y Salvador Jesucristo...se entregó por nosotros para rescatarnos de toda maldad y purificar para sí un pueblo elegido, dedicado a hacer el bien.

Tanto el que santifica como los que son santificados tienen un mismo origen, por lo cual Jesús no se avergüenza de llamarlos hermanos. * Y por ellos me santifico a mí mismo, para que también ellos sean santificados en la verdad. Que Dios mismo, el Dios de paz, los santifique por completo, y conserve todo su ser —espíritu, alma y cuerpo— irreprochable para la venida de nuestro Señor Jesucristo. * ...que sean santificados por la verdad mediante la obra santificadora del Espíritu, para obedecer a Jesucristo y ser redimidos por su sangre:

Lev.20:8, 24, 26 Judas 1 Jn.17:17 I Ts.5:23 Heb.13:12 Tit.2:13,14 Heb.2:11 Jn.17:19 I P.1:2

FEBRERO 22 - ¿Quién es el hombre que teme al Señor? Será instruido en el mejor de los caminos.

El ojo es la lámpara del cuerpo. Por tanto, si tu visión es clara, todo tu ser disfrutará de la luz.

Tu palabra es una lámpara a mis pies; es una luz en mi sendero. * Ya sea que te desvíes a la derecha o a la izquierda, tus oídos percibirán a tus espaldas una voz que te dirá: Éste es el camino; síguelo.

El Señor dice: Yo te instruiré, yo te mostraré el camino que debes seguir; yo te daré consejos y velaré por ti. No seas como el mulo o el caballo, que no tienen discernimiento, y cuyo brío hay que domar con brida y freno, para acercarlos a ti.

Muchas son las calamidades de los malvados, pero el gran amor del Señor envuelve a los que en él confían. ¡Alégrense, ustedes los justos; regocíjense en el Señor! ¡Canten todos ustedes, los rectos de corazón!

Señor, yo sé que el hombre no es dueño de su destino, que no le es dado al caminante dirigir sus propios pasos.

Sal.25:12 Mt.6:22 Sal.119:105 Is.30: 21 Sal.32:8-11 Jer.10:23

FEBRERO 23 - La sangre rociada, que habla con más fuerza que la de Abel.

Aquí tienen al Cordero de Dios, que quita el pecado del mundo! * El Cordero que fue sacrificado desde la creación del mundo. * Es imposible que la sangre de los toros y de los machos cabríos quite los pecados. Por eso, al entrar en el mundo, Cristo dijo: A ti no te complacen sacrificios ni ofrendas; en su lugar, me preparaste un cuerpo; Y en virtud de esa voluntad somos santificados mediante el sacrificio del cuerpo de Jesucristo, ofrecido una vez y para siempre.

Abel … presentó al Señor… los primogénitos con su grasa. Y el Señor miró con agrado a Abel y a su ofrenda. * Cristo nos amó y se entregó por nosotros como ofrenda y sacrificio fragante para Dios. * Acerquémonos, pues, a Dios con corazón sincero y con la plena seguridad que da la fe, interiormente purificados de una conciencia culpable y exteriormente lavados con agua pura.

Así que, hermanos, mediante la sangre de Jesús, tenemos plena libertad para entrar en el Lugar Santísimo,

Heb.12:24 Jn.1:29 Ap. 13:8 Heb.10:4, 5, 10 Gen. 4:4 Ef.5:2 Heb.10:22,19

FEBRERO 24 - Así dice el Señor omnipotente: Todavía he de concederle al pueblo de Israel que me suplique.

No tienen, porque no piden. * Pidan, y se les dará; busquen, y encontrarán; llamen, y se les abrirá. Porque todo el que pide, recibe; el que busca, encuentra; y al que llama, se le abre. * Ésta es la confianza que tenemos al acercarnos a Dios: que si pedimos conforme a su voluntad, él nos oye. Y si sabemos que Dios oye todas nuestras oraciones, podemos estar seguros de que ya tenemos lo que le hemos pedido.

Si a alguno de ustedes le falta sabiduría, pídasela a Dios, y él se la dará, pues Dios da a todos generosamente sin menospreciar a nadie. * Abre bien la boca, y te la llenaré. * ...debían orar siempre, sin desanimarse. * Los ojos del Señor están sobre los justos, y sus oídos, atentos a sus oraciones; Los justos claman, y el Señor los oye; los libra de todas sus angustias.

Pedirán en mi nombre. Y no digo que voy a rogar por ustedes al Padre, ya que el Padre mismo los ama porque me han amado y han creído que yo he venido de parte de Dios. Hasta ahora no han pedido nada en mi nombre. Pidan y recibirán, para que su alegría sea completa.

Ez. 36:37 Stg.4:2 Mt.7:7,8 I Jn.5:14,15 Stg.1:5 Sal. 81:10 Lc.18:1 Sal.34:15,17 Jn. 16:26, 27, 24

FEBRERO 25 - Hagamos un examen de conciencia y volvamos al camino del Señor.

Examíname, Señor; ¡ponme a prueba! purifica mis entrañas y mi corazón. * Yo sé que tú amas la verdad en lo íntimo; en lo secreto me has enseñado sabiduría. * Me he puesto a pensar en mis caminos, y he orientado mis pasos hacia tus estatutos. Me doy prisa, no tardo nada para cumplir tus mandamientos. * Así que cada uno debe examinarse a sí mismo antes de comer el pan y beber de la copa.* Si confesamos nuestros pecados, Dios, que es fiel y justo, nos los perdonará y nos limpiará de toda maldad. *Tenemos ante el Padre a un intercesor, a Jesucristo, el Justo.

Así que, hermanos, mediante la sangre de Jesús, tenemos plena libertad para entrar en el Lugar Santísimo, por el camino nuevo y vivo que él nos ha abierto a través de la cortina, es decir, a través de su cuerpo; y tenemos además un gran sacerdote al frente de la familia de Dios. Acerquémonos, pues, a Dios con corazón sincero y con la plena seguridad que da la fe, interiormente purificados de una conciencia culpable y exteriormente lavados con agua pura.

Lam. 3:40 Sal.26:2; 51:6; 119:59,60 I Co. 11:28 I Jn.1:9; 2:1 Heb.10:19-22

FEBRERO 26 - Considérense muertos al pecado, pero vivos para Dios en Cristo Jesús.

El que oye mi palabra y cree al que me envió, tiene vida eterna y no será juzgado, sino que ha pasado de la muerte a la vida. * Yo, por mi parte, mediante la ley he muerto a la ley, a fin de vivir para Dios. He sido crucificado con Cristo, y ya no vivo yo sino que Cristo vive en mí. Lo que ahora vivo en el cuerpo, lo vivo por la fe en el Hijo de Dios, quien me amó y dio su vida por mí.

Y porque yo vivo, también ustedes vivirán. * Yo les doy vida eterna, y nunca perecerán, ni nadie podrá arrebatármelas de la mano. Mi Padre, que me las ha dado, es más grande que todos; y de la mano del Padre nadie las puede arrebatar. El Padre y yo somos uno.

Ya que han resucitado con Cristo, busquen las cosas de arriba, donde está Cristo sentado a la derecha de Dios… pues ustedes han muerto y su vida está escondida con Cristo en Dios.

Ro. 6:11 Jn.5:24 Gal.2:19,20 Jn.14:19; 10:28-30 Col. 3:1,3

FEBRERO 27 - Resistan al diablo, y él huirá de ustedes.

Vendrá el enemigo como río, mas el Espíritu de Jehová levantará bandera contra él.

¡Vete, Satanás! —le dijo Jesús—. Porque escrito está: "Adora al Señor tu Dios y sírvele solamente a él." Entonces el diablo lo dejó, y unos ángeles acudieron a servirle. * Fortalézcanse con el gran poder del Señor. Pónganse toda la armadura de Dios para que puedan hacer frente a las artimañas del diablo. No tengan nada que ver con las obras infructuosas de la oscuridad, sino más bien denúncienlas.

…para que Satanás no se aproveche de nosotros, pues no ignoramos sus artimañas.

Practiquen el dominio propio y manténganse alerta. Su enemigo el diablo ronda como león rugiente, buscando a quién devorar. Resístanlo, manteniéndose firmes en la fe, sabiendo que sus hermanos en todo el mundo están soportando la misma clase de sufrimientos. * Ésta es la victoria que vence al mundo: nuestra fe.

¿Quién acusará a los que Dios ha escogido? Dios es el que justifica.

Stg.4:7 Is.59:19 Mt.4:10, 11 Ef.6:10,11; 5:11 II Co.2:11 I P.5:8,9 I Jn.5:4 Ro.8:33

FEBRERO 28 - Porque de tal manera amó Dios al mundo, que dio a su Hijo unigénito, para que todo aquel que cree en El, no se pierda, mas tenga vida eterna.

Dios estaba en Cristo reconciliando al mundo consigo mismo, no tomando en cuenta a los hombres sus transgresiones, y nos ha encomendado a nosotros la palabra de la reconciliación.

Por tanto, somos embajadores de Cristo, como si Dios rogara por medio de nosotros; en nombre de Cristo os rogamos: ¡Reconciliaos con Dios! Al que no conoció pecado, le hizo pecado por nosotros, para que fuéramos hechos justicia de Dios en El.

El que no ama no conoce a Dios, porque Dios es amor. * En esto se manifestó el amor de Dios en nosotros: en que Dios ha enviado a su Hijo unigénito al mundo para que vivamos por medio de El. * En esto consiste el amor: no en que nosotros hayamos amado a Dios, sino en que El nos amó a nosotros y envió a su Hijo como propiciación por nuestros pecados. * Amados, si Dios así nos amó, también nosotros debemos amarnos unos a otros.

Jn 3:16 II Co. 5:18-21 I Jn. 4:8-11

FEBRERO 29- No te jactes del día de mañana, porque no sabes qué traerá el día.

He aquí, ahora es el tiempo propicio; he aquí, ahora es el día de salvación. * Jesús entonces les dijo: Todavía, por un poco de tiempo, la luz estará entre vosotros. Caminad mientras tenéis la luz, para que no os sorprendan las tinieblas; el que anda en la oscuridad no sabe adónde va. Mientras tenéis la luz, creed en la luz, para que seáis hijos de luz. Estas cosas habló Jesús, y se fue y se ocultó de ellos.

Todo lo que tu mano halle para hacer, hazlo según tus fuerzas; porque no hay actividad ni propósito ni conocimiento ni sabiduría en el Seol donde vas.

"Y diré a mi alma: Alma, tienes muchos bienes depositados para muchos años; descansa, come, bebe, diviértete. "Pero Dios le dijo: "¡Necio! Esta misma noche te reclaman el alma; y ahora, ¿para quién será lo que has provisto?" Así es el que acumula tesoro para sí, y no es rico para con Dios.

No sabéis cómo será vuestra vida mañana. Sólo sois un vapor que aparece por un poco de tiempo y luego se desvanece. * El mundo pasa, y también sus pasiones, pero el que hace la voluntad de Dios permanece para siempre.

Pr. 27:1 II Co. 6:2 Jn. 12:35,36 Ec. 9:10 Lc. 12:19-21 Stg. 4:14 I Jn. 2:17

MARZO

MARZO 1 - Pero el fruto del Espíritu es amor.

Dios es amor, y el que permanece en amor permanece en Dios y Dios en él.

El amor de Dios ha sido derramado en nuestros corazones por el Espíritu Santo que nos fue dado.

Para vosotros, pues, los que creéis, él es precioso.

Nosotros lo amamos a él porque él nos amó primero. El amor de Cristo nos constriñe, pensando esto: que si uno murió por todos, luego todos murieron, y él por todos murió, para que los que viven ya no vivan para sí, sino para aquel que murió y resucitó por ellos.

Este es mi mandamiento: Que os améis unos a otros, como yo os he amado. * Y ante todo, tened entre vosotros ferviente amor, porque el amor cubrirá multitud de pecados.* Y andad en amor, como también Cristo nos amó y se entregó a sí mismo por nosotros, ofrenda y sacrificio a Dios en olor fragante.

Gal. 5:22 I Jn.4:16 Ro.5:5 I P.2:7 I Jn.4:19 II Co.5:14,15 I Ts.4:9 Jn.15:12 I P.4:8 Ef.5:2

MARZO 2 - Dios me hizo fructificar en la tierra de mi aflicción.

Bendito sea el Dios y Padre de nuestro Señor Jesucristo, Padre de misericordias y Dios de toda consolación, el cual nos consuela en todas nuestras tribulaciones, para que podamos también nosotros consolar a los que están en cualquier tribulación, por medio de la consolación con que nosotros somos consolados por Dios. Así como abundan en nosotros las aflicciones de Cristo, así abunda también por el mismo Cristo nuestra consolación.

Vosotros os alegráis, aunque ahora por un poco de tiempo, si es necesario, tengáis que ser afligidos en diversas pruebas, para que, sometida a prueba vuestra fe, mucho más preciosa que el oro (el cual, aunque perecedero, se prueba con fuego), sea hallada en alabanza, gloria y honra cuando sea manifestado Jesucristo.

El Señor estuvo a mi lado y me dio fuerzas. * De modo que los que padecen según la voluntad de Dios, encomienden sus almas al fiel Creador y hagan el bien.

Gn.41:52 II Co.1:3-5 I P.1:6, 7 II Ti.4:17 I P.4:19

MARZO 3- Confía en Jehová con todo tu corazón y no te apoyes en tu propia prudencia.

Reconócelo en todos tus caminos y él hará derechas tus veredas. * Pueblos, ¡esperad en él en todo tiempo! ¡Derramad delante de él vuestro corazón! ¡Dios es nuestro refugio!

Te haré entender y te enseñaré el camino en que debes andar; sobre ti fijaré mis ojos. No seáis como el caballo, o como el mulo, sin entendimiento, que han de ser sujetados con cabestro y con freno, porque si no, no se acercan a ti. Muchos dolores habrá para el impío; mas al que espera en Jehová, lo rodea la misericordia.

Entonces tus oídos oirán detrás de ti la palabra que diga: Este es el camino, andad por él y no echéis a la mano derecha, ni tampoco os desviéis a la mano izquierda. * Si tu presencia no ha de acompañarnos, no nos saques de aquí. Pues ¿en qué se conocerá aquí que he hallado gracia a tus ojos, yo y tu pueblo, sino en que tú andas con nosotros, y que yo y tu pueblo hemos sido apartados de entre todos los pueblos que están sobre la faz de la tierra?

Pr.3:5,6 Sal.62:8; 32:8-10 Is.30:21 Ex.33:15,16

MARZO 4 - Poned la mira en las cosas de arriba, no en las de la tierra.

No améis al mundo ni las cosas que están en el mundo. Si alguno ama al mundo, el amor del Padre no está en él.

No os hagáis tesoros en la tierra, donde la polilla y el moho destruyen, y donde ladrones entran y hurtan; sino haceos tesoros en el cielo, donde ni la polilla ni el moho destruyen, y donde ladrones no entran ni hurtan, porque donde esté vuestro tesoro, allí estará también vuestro corazón.

Por fe andamos, no por vista.

Por tanto, no desmayamos; antes, aunque este nuestro hombre exterior se va desgastando, el interior no obstante se renueva de día en día, pues esta leve tribulación momentánea produce en nosotros un cada vez más excelente y eterno peso de gloria; no mirando nosotros las cosas que se ven, sino las que no se ven, pues las cosas que se ven son temporales, pero las que no se ven son eternas.

Una herencia incorruptible, incontaminada e inmarchitable, reservada en los cielos para vosotros.

Col.3:2 I Jn.2:15 Mt.6:19-21 II Co.5:7; 4:16-18 I P.1:4

MARZO 5 - Oh Señor, estoy oprimido, sé tú mi ayudador.

A ti alcé mis ojos, a ti que habitas en los cielos. Como los ojos de los siervos miran la mano de sus señores, y como los ojos de la sierva la mano de su señora, así nuestros ojos miran a Jehová, nuestro Dios.

Oye, Dios, mi clamor; atiende a mi oración. Desde el extremo de la tierra clamaré a ti cuando mi corazón desmaye. Llévame a la roca que es más alta que yo, porque tú has sido mi refugio y torre fuerte delante del enemigo. Yo habitaré en tu Tabernáculo para siempre; estaré seguro bajo la cubierta de tus alas.

Fuiste fortaleza para el pobre, fortaleza para el necesitado en su aflicción, refugio contra la tormenta. * Cristo padeció por nosotros, dejándonos ejemplo para que sigáis sus pisadas. Él no cometió pecado ni se halló engaño en su boca. Cuando lo maldecían, no respondía con maldición; cuando padecía, no amenazaba, sino que encomendaba la causa al que juzga justamente.

Is. 38:14 Sal.123:1, 2; 61:1-4 Is.25:4 1P 2:21-23

MARZO 6 - El preserva el camino de sus santos.

Pero con todo esto, no confiasteis en el Señor vuestro Dios, que iba delante de vosotros en el camino para buscaros lugar dónde acampar, con fuego de noche y nube de día, para mostraros el camino por donde debíais andar.

Como un águila que despierta su nidada, que revolotea sobre sus polluelos, extendió sus alas y los tomó, los llevó sobre su plumaje. * El Señor solo lo guió, y con él no hubo dios extranjero. * Por Jehová son ordenados los pasos del hombre y él aprueba su camino. * Cuando el hombre caiga, no quedará postrado, porque Jehová sostiene su mano.

Muchas son las aflicciones del justo, pero de todas ellas lo librará Jehová porque Jehová conoce el camino de los justos, mas la senda de los malos perecerá. * Sabemos, además, que a los que aman a Dios, todas las cosas los ayudan a bien, esto es, a los que conforme a su propósito son llamados.

Con nosotros está Jehová, nuestro Dios, para ayudarnos y pelear nuestras batallas.

Jehová está en medio de ti; ¡él es poderoso y te salvará! Se gozará por ti con alegría, callará de amor, se regocijará por ti con cánticos.

 Pr.2:8 Dt.1:32,33; 32:11,12 Sal. 37:23,24; 34:19; 1:6 Ro.8:28 II Cr.32:8 Sof.3:17

MARZO 7 - Tu marido es tu Hacedor; Jehová de los ejércitos es su nombre.

Grande es este misterio, pero yo me refiero a Cristo y a la iglesia.

Nunca más te llamarán Desamparada, sino que serás llamada Hefzi-bá…
por que el Señor se deleita en ti… y como el gozo del esposo con la esposa,
así se gozará contigo el Dios tuyo.

Me ha enviado a vendar a los quebrantados de corazón…a ordenar que a los
afligidos de Sión se les dé esplendor en lugar de ceniza, aceite de gozo en
lugar de luto, manto de alegría en lugar del espíritu angustiado.

En gran manera me gozaré en Jehová, mi alma se alegrará en mi Dios,
porque me vistió con vestiduras de salvación, como a novio me atavió y
como a novia adornada con sus joyas.

Te desposaré conmigo para siempre; te desposaré conmigo en justicia,
juicio, benignidad y misericordia. * ¿Quién nos separará del amor de Cristo?

Is.54:5 Ef.5:32 Is.62:4, 5; 61:1-3, 10 Os.2:19 Ro.8:35

MARZO 8 - Echaste tras tus espaldas todos mis pecados.

¿Qué Dios hay como tú, que perdona la iniquidad y pasa por alto la rebeldía
del remanente de su heredad? No persistirá en su ira para siempre, porque se
complace en la misericordia. Volverá a compadecerse de nosotros, hollará
nuestras iniquidades. Sí, arrojarás a las profundidades del mar todos sus
pecados.

Por un breve momento te abandoné, pero con gran compasión te recogeré.
En un acceso de ira escondí mi rostro de ti por un momento, pero con
misericordia eterna tendré compasión de ti –dice el Señor tu Redentor.

Y no tendrán que enseñar más cada uno a su prójimo y cada cual a su
hermano, diciendo: "Conoce al Señor", porque todos me conocerán, desde
el más pequeño de ellos hasta el más grande – declara el Señor – pues
perdonaré su maldad, y no recordaré más su pecado.

¡Cuán bienaventurado es aquel cuya transgresión es perdonada, cuyo pecado
es cubierto! * ¡Cuán bienaventurado es el hombre a quien el Señor no culpa
de iniquidad, y en cuyo espíritu no hay engaño!

La sangre de Jesús su Hijo nos limpia de todo pecado.

Is. 38:17 Mi. 7:18, 19 Is. 54:7, 8 Jer. 31:34 Sal. 32:1, 2 I Jn. 1:7

MARZO 9 - El Dios vivo nos da todas las cosas en abundancia para que las disfrutemos.

Cuídate de no olvidarte de Jehová, tu Dios, para cumplir los mandamientos, decretos y estatutos que yo te ordeno hoy; no suceda que comas y te sacies, edifiques buenas casas y las habites, se ensoberbezca tu corazón y te olvides de Jehová, tu Dios, que te sacó de tierra de Egipto, de casa de servidumbre; sino acuérdate de Jehová, tu Dios, porque él es quien te da el poder para adquirir las riquezas, a fin de confirmar el pacto que juró a tus padres, como lo hace hoy.

Si Jehová no edifica la casa, en vano trabajan los que la edifican; si Jehová no guarda la ciudad, en vano vela la guardia. Por demás es que os levantéis de madrugada y vayáis tarde a reposar, y que comáis pan de dolores, pues que a su amado dará Dios el sueño.

No se apoderaron de la tierra por su espada, ni su brazo los libró; sino tu diestra, tu brazo, y la luz de tu rostro, porque te complaciste en ellos.

Muchos son los que dicen: «¿Quién nos mostrará el bien?» Alza sobre nosotros, Jehová, la luz de tu rostro.

I Ti.6:17 Dt.8:11, 12, 14, 18 Sal.127:1,2; 44:3; 4:6

MARZO 10 - El Señor proveerá.

Dios proveerá el cordero para el holocausto, * He aquí que no se ha acortado la mano de Jehová para salvar, ni se ha endurecido su oído para oír.

Vendrá de Sión el Libertador, que apartará de Jacob la impiedad. * Bienaventurado aquel cuyo ayudadores el Dios de Jacob, cuya esperanza está en Jehová su Dios,* El ojo de Jehová está sobre los que lo temen, sobre los que esperan en su misericordia, para librar sus almas de la muerte.

Mi Dios, pues, suplirá todo lo que os falta conforme a sus riquezas en gloria en Cristo Jesús. * Sean vuestras costumbres sin avaricia, contentos con lo que tenéis ahora pues él dijo: No te desampararé ni te dejaré. Así que podemos decir confiadamente: «El Señor es mi ayudador; no temeré lo que me pueda hacer el hombre».

Jehová es mi fortaleza y mi escudo; en él confió mi corazón y fui ayudado, por lo que se gozó mi corazón. Con mi cántico lo alabaré.

Gen.22:14, 8 Is.59:1 Ro.11:26 Sal.146:5; 33:18, 19 Fil.4:19 Heb.13:5,6 Sal.28:7

MARZO 11 - El Señor te bendiga y te guarde

La bendición de Jehová es la que enriquece, y no añade tristeza con ella. * Tú, Jehová, bendecirás al justo; como con un escudo lo rodearás de tu favor.

No dará tu pie al resbaladero ni se dormirá el que te guarda. Por cierto, no se adormecerá ni dormirá el que guarda a Israel. Jehová es tu guardador,

Jehová es tu sombra a tu mano derecha. *Jehová te guardará de todo mal, él guardará tu alma. Jehová guardará tu salida y tu entrada desde ahora y para siempre. * Yo, Jehová, la guardo; a cada momento la regaré; la guardaré de noche y de día para que nadie la dañe.

Padre santo, a los que me has dado, guárdalos en tu nombre, para que sean uno, así como nosotros. Cuando estaba con ellos en el mundo, yo los guardaba en tu nombre; a los que me diste, yo los guardé y ninguno de ellos se perdió, sino el hijo de perdición, para que la Escritura se cumpliera.

Y el Señor me librará de toda obra mala y me preservará para su reino celestial. A él sea gloria por los siglos de los siglos. Amén.

Num.6:24 Pr.10:22 Sal.5:12; 121:3-5, 7, 8 Is.27:3 Jn.17:11,12 II Ti.4:18

MARZO 12 - Jehová haga resplandecer su rostro sobre ti y tenga de ti misericordia; Jehová alce sobre ti su rostro y ponga en ti paz.

A Dios nadie lo ha visto jamás el unigénito Hijo que está en el seno del Padre, él lo ha dado a conocer.

Él es el resplandor de su gloria, la imagen misma de su sustancia. * El dios de este mundo les cegó el entendimiento, para que no les resplandezca la luz del evangelio de la gloria de Cristo, el cual es la imagen de Dios.

Haz resplandecer tu rostro sobre tu siervo; ¡sálvame por tu misericordia! No sea yo avergonzado, Jehová, ya que te he invocado;

Y ahora, Señor, ¿qué esperaré? Mi esperanza está en ti.

Bienaventurado el pueblo que sabe aclamarte; andará, Jehová, a la luz de tu rostro. * Jehová dará poder a su pueblo; Jehová bendecirá a su pueblo con paz.

¡Tened ánimo! Soy yo, no temáis.

Nu.6:25, 26 Jn.1:18 Heb.1:3 II Co.4:4 Sal.31:16,17; 30:7; 89:15; 29:11 Mt.14:27

MARZO 13 - Hay un solo Dios, y un solo mediador entre Dios y los hombres: Jesucristo hombre.

Por cuanto los hijos participaron de carne y sangre, él también participó de lo mismo. * Mirad a mí y sed salvos, todos los términos de la tierra, porque yo soy Dios, y no hay otro.

Pero si alguno ha pecado, abogado tenemos para con el Padre, a Jesucristo, el justo. * Pero ahora en Cristo Jesús, vosotros que en otro tiempo estabais lejos, habéis sido hechos cercanos por la sangre de Cristo. Él es nuestra paz.

Por su propia sangre, entró una vez para siempre en el Lugar santísimo, habiendo obtenido eterna redención. * Por eso, Cristo es mediador de un nuevo pacto, para que, interviniendo muerte para la remisión de los pecados cometidos bajo el primer pacto, los llamados reciban la promesa de la herencia eterna.

Por eso puede también salvar perpetuamente a los que por él se acercan a Dios, viviendo siempre para interceder por ellos.

I Ti.2:5 Heb.2:24 Is.45:22 I Jn.2:1 Ef.2:13, 14 Heb.9: 12,15 ; 7:25

MARZO 14 - En todo adornen la doctrina de Dios, nuestro Salvador.

Os ruego que os comportéis como es digno del evangelio de Cristo. * Absteneos de toda especie de mal. * Si sois ultrajados por el nombre de Cristo, sois bienaventurados, porque el glorioso Espíritu de Dios reposa sobre vosotros. Ciertamente, por lo que hace a ellos, él es blasfemado, pero por vosotros es glorificado. Así que, ninguno de vosotros padezca como homicida, ladrón o malhechor, o por entrometerse en lo ajeno.

Para que seáis irreprochables y sencillos, hijos de Dios sin mancha en medio de una generación maligna y perversa, en medio de la cual resplandecéis como lumbreras en el mundo. * Así alumbre vuestra luz delante de los hombres, para que vean vuestras buenas obras y glorifiquen a vuestro Padre que está en los cielos.

Nunca se aparten de tila misericordia y la verdad: átalas a tu cuello, escríbelas en la tabla de tu corazón. y hallarás gracia y buena opinión ante los ojos de Dios y de los hombres.

Por lo demás, hermanos, todo lo que es verdadero, todo lo honesto, todo lo justo, todo lo puro, todo lo amable, todo lo que es de buen nombre; si hay virtud alguna, si algo digno de alabanza, en esto pensad.

Tito 2:10 Fil.1:27 I Ts.5:22 I P 4:14, 15 Fil.2:15 Mt.5:16 Pr.3:3,4 Fil.4:8

MARZO 15 - Hecho perfecto por medio de las aflicciones.

Jesús dijo a sus discípulos: Mi alma está muy triste, hasta la muerte; quedaos aquí y velad conmigo. Yendo un poco adelante, se postró sobre su rostro, orando y diciendo: «Padre mío, si es posible, pase de mí esta copa; pero no sea como yo quiero, sino como tú.

Lleno de angustia oraba más intensamente, y era su sudor como grandes gotas de sangre que caían hasta la tierra.

Me rodearon ligaduras de muerte, me encontraron las angustias del Seol; angustia y dolor había yo hallado. * El escarnio ha quebrantado mi corazón y estoy acongojado.

Esperé a quien se compadeciera de mí, y no lo hubo; busqué consoladores, y ninguno hallé.

Mira a mi diestra y observa, pues no hay quien quiera conocer. ¡No tengo refugio ni hay quien cuide de mi vida!

Despreciado y desechado entre los hombres, varón de dolores, experimentado en sufrimiento; y como que escondimos de él el rostro, fue menospreciado y no lo estimamos.

Heb.2:10 Mt.26:38, 39 Lc.22:44 Sal.116:3; 69:20; 142:4 Is.53:3

MARZO 16 - ¿Qué es la vida? Es como la niebla: aparece por un poco de tiempo, y luego desaparece.

Transcurren mis días con más rapidez que un corredor; vuelan sin que hayan conocido la dicha. Se deslizan como barcas de papiro, como veloces águilas al caer sobre su presa.

Nuestra vida es como un sueño del que nos despiertas al amanecer. Somos como la hierba: comienza el día, y estamos frescos y radiantes; termina el día, estamos secos y marchitos.

Es como las flores, que brotan y se marchitan; es como efímera sombra que se esfuma. Pero lo malo de este mundo y de todo lo que ofrece, está por acabarse. En cambio, el que hace lo que Dios manda vive para siempre.

Se irán gastando, como la ropa. Pero tú te mantendrás firme; siempre serás el mismo, y tus años no tendrán fin. - Jesucristo nunca cambia: es el mismo ayer, hoy y siempre.

Stg.4:14 Job 9:25, 26 Sal.90:5,6 Job.14:2 I Jn.2:17 Sal.102:26,27 Heb.13:8

MARZO 17 - Pondrá su mano sobre la cabeza del holocausto, y le será aceptado para hacer expiación por él.

Y bien saben ustedes que, para liberarlos, no pagó él con cosas que pueden destruirse, como el oro y la plata; al contrario, pagó con la sangre preciosa de Cristo. Cuando Cristo murió en la cruz, fue ofrecido como sacrificio, como un cordero sin ningún defecto. * Cristo hizo suyos nuestros pecados, y por eso murió en la cruz. * Dios hizo todo eso para que lo alabemos por su grande y maravilloso amor. Gracias a su amor, nos dio la salvación por medio de su amado Hijo. Ustedes son piedras vivas que Dios está usando para construir un templo espiritual. Así que acérquense al Señor…Además, ustedes son sacerdotes especiales, y por medio de Jesucristo le ofrecerán a Dios los sacrificios que a él le agradan. * Por eso, hermanos míos, ya que Dios es tan bueno con ustedes, les ruego que dediquen toda su vida a servirle y a hacer todo lo que a él le agrada. Así es como se debe adorarlo.

Dios puede cuidarlos para que no hagan el mal, y también tiene poder para que ustedes puedan presentarse sin pecado ante él cuando regrese. Se presentarán ante él llenos de alegría, y limpios y sin mancha como un vestido nuevo. Por eso, alaben a Dios nuestro Salvador y reconozcan su grandeza, poder y autoridad, pues él nos envió a nuestro Señor Jesucristo. Alabémosle por todo esto ahora y siempre.

Lev.1:4 I P 18:19; 2:24 Ef.1:6 I P 2:5 Ro.12:1 Judas 24,25

MARZO 18 -Mis ojos miran ansiosamente a las alturas.

Ten piedad de mí, Señor, pues languidezco; sáname, Señor, porque mis huesos se estremecen. Mi alma también está muy angustiada; y tú, oh Señor, ¿hasta cuándo? Vuélvete, Señor, rescata mi alma; sálvame por tu misericordia. Angustiado está mi corazón dentro de mí, y sobre mí han caído los terrores de la muerte. * Terror y temblor me invaden, y horror me ha cubierto. Y dije: ¡Quién me diera alas como de paloma! Volaría y hallaría reposo. * Porque tenéis necesidad de paciencia. * Y estando mirando fijamente al cielo mientras El ascendía, aconteció que se presentaron junto a ellos dos varones en vestiduras blancas, que les dijeron: Varones galileos, ¿por qué estáis mirando al cielo? Este mismo Jesús, que ha sido tomado de vosotros al cielo, vendrá de la misma manera, tal como le habéis visto ir al cielo.

Porque nuestra ciudadanía está en los cielos, de donde también ansiosamente esperamos a un Salvador, el Señor Jesucristo, aguardando la esperanza bienaventurada y la manifestación de la gloria de nuestro gran Dios y Salvador Cristo Jesús.

Is.38:14 Sal.6:2-4; 55:4-6 Heb.10:36 Hch.1:10, 11 Fil.3:20 Tit.2:13

MARZO 19 - Dios, habiendo resucitado a su Hijo Jesús, le ha enviado para que os bendiga, a fin de apartar a cada uno de vosotros de vuestras iniquidades.

Bendito sea el Dios y Padre de nuestro Señor Jesucristo, quien según su gran misericordia, nos ha hecho nacer de nuevo a una esperanza viva, mediante la resurrección de Jesucristo de entre los muertos. * Salvos por su vida.

Nuestro gran Dios y Salvador Cristo Jesús, quien se dio a sí mismo por nosotros, para redimirnos de toda iniquidad y purificar para si un pueblo para posesión suya, celoso de buenas obras. * Así como aquel que os llamó es santo, así también sed vosotros santos en toda vuestra manera de vivir; porque escrito está: sed santos, porque yo soy santo. * Dios y Padre de nuestro Señor Jesucristo nos ha bendecido con toda bendición espiritual en los lugares celestiales en Cristo. * Porque toda la plenitud de la Deidad reside corporalmente en El, y habéis sido hechos completos en El, que es la cabeza sobre todo poder y autoridad; *Pues de su plenitud todos hemos recibido, y gracia sobre gracia. * El que no eximió ni a su propio Hijo, sino que lo entregó por todos nosotros, ¿cómo no nos concederá también con El todas las cosas?

Hch.3:26 1 P.1:3 Ro.5:10 Tit.2:13,14 1 P. 1:15,16 Ef.1:3 Col.2:9,10 Jn. 1:16 Ro.8:32

MARZO 20 - La exposición de tus palabras nos da luz.

Éste es el mensaje que hemos oído de él y que les anunciamos: Dios es luz y en él no hay ninguna oscuridad. * Porque Dios, que ordenó que la luz resplandeciera en las tinieblas, hizo brillar su luz en nuestro corazón para que conociéramos la gloria de Dios que resplandece en el rostro de Cristo. * En el principio ya existía el Verbo, y el Verbo estaba con Dios, y el Verbo era Dios. En él estaba la vida, y la vida era la luz de la humanidad.* Pero si vivimos en la luz, así como él está en la luz, tenemos comunión unos con otros, y la sangre de su Hijo Jesucristo nos limpia de todo pecado. * En mi corazón atesoro tus dichos para no pecar contra ti. * Ustedes ya están limpios por la palabra que les he comunicado. * Porque ustedes antes eran oscuridad, pero ahora son luz en el Señor. Vivan como hijos de luz.

Pero ustedes son linaje escogido, real sacerdocio, nación santa, pueblo que pertenece a Dios, para que proclamen las obras maravillosas de aquel que los llamó de las tinieblas a su luz admirable.

Sal. 119:130 I Jn.1:5 II Co. 4:6 Jn.1:1,4 I Jn.1:7 Sal.119:11 Jn.15:3 Ef.5:8 I P.2:9

MARZO 21-¡Despierta! Reaviva lo que aún es rescatable, pues no he encontrado que tus obras sean perfectas delante de mi Dios.

Ya se acerca el fin de todas las cosas. Así que, para orar bien, manténganse sobrios y con la mente despejada.

Practiquen el dominio propio y manténganse alerta. Su enemigo el diablo ronda como león rugiente, buscando a quién devorar.

Pero ¡tengan cuidado! Presten atención y no olviden las cosas que han visto sus ojos, ni las aparten de su corazón mientras vivan. - Pero nosotros no somos de los que se vuelven atrás y acaban por perderse, sino de los que tienen fe y preservan su vida.

Lo que les digo a ustedes, se lo digo a todos: ¡Manténganse despiertos! * Así que no temas, porque yo estoy contigo; no te angusties, porque yo soy tu Dios. Te fortaleceré y te ayudaré; te sostendré con mi diestra victoriosa.

Porque yo soy el Señor, tu Dios, que sostiene tu mano derecha; yo soy quien te dice: "No temas, yo te ayudaré."

Ap. 3:2 I P.4:7; 5:8 Dt.4:9 Heb.10:38,39 Mr.13:37 Is.41:10,13

MARZO 22 -Lot levantó la vista y observó que todo el valle del Jordán, hasta Zoar, era tierra de regadío, como el jardín del Señor o como la tierra de Egipto. Así era antes de que el Señor destruyera a Sodoma y a Gomorra. Entonces Lot escogió para sí todo el valle del Jordán.

Lot el justo…aquel hombre justo.

No se engañen: de Dios nadie se burla. Cada uno cosecha lo que siembra.

¡Acuérdense de la esposa de Lot!

No formen yunta con los incrédulos. ¿Qué tienen en común la justicia y la maldad? ¿O qué comunión puede tener la luz con la oscuridad?

Salgan de en medio de ellos y apártense. No toquen nada impuro, y yo los recibiré. Así que no se hagan cómplices de ellos.

Porque ustedes antes eran oscuridad, pero ahora son luz en el Señor. Vivan como hijos de luz… y comprueben lo que agrada al Señor. No tengan nada que ver con las obras infructuosas de la oscuridad, sino más bien denúncienlas.

Gen. 13: 10,11 II P. 2:7,8 Gal.6:7 Lc.17:32 II Co. 6:14,17 Ef.5:7, 8, 10, 11

MARZO 23 - Santo, santo, santo es el Señor, Dios todopoderoso.

Tú eres santo, que habitas entre las alabanzas de Israel.

No te acerques aquí; quita las sandalias de tus pies, porque el lugar donde estás parado es tierra santa…Yo soy el Dios de tu padre, el Dios de Abraham, el Dios de Isaac y el Dios de Jacob. Entonces Moisés cubrió su rostro, porque tenía temor de mirar a Dios. * ¿A quién, pues, me haréis semejante para que yo sea su igual?–dice el Santo.

Yo soy el Señor tu Dios, el Santo de Israel, tu Salvador. Yo, yo soy el Señor, y fuera de mí no hay salvador. * Así como aquel que os llamó es santo, así también sed vosotros santos en toda vuestra manera de vivir; porque escrito está: Sed santos, porque Yo soy santo. * ¿O no sabéis que vuestro cuerpo es templo del Espíritu Santo, que está en vosotros, el cual tenéis de Dios, y que no sois vuestros?

¿O qué acuerdo tiene el templo de Dios con los ídolos? Porque nosotros somos el templo del Dios vivo, como Dios dijo: Habitaré en ellos, y andaré entre ellos; y seré su Dios, y ellos serán mi pueblo. * ¿Andan dos hombres juntos si no se han puesto de acuerdo?

Ap. 4:8 Sal.22:3 Ex.3:5,6 Is.40:25; 43:3,11 I P.1:15,16 I Co.6:19 II Co.6:16 Am.3:3

MARZO 24 - Abraham creyó en el Señor, y El se lo reconoció por justicia.

Abraham no titubeó con incredulidad, sino que se fortaleció en fe, dando gloria a Dios, y estando plenamente convencido de que lo que Dios había prometido, poderoso era también para cumplirlo. * Por lo cual también su fe le fue contada por justicia. y no sólo por él fue escrito que le fue contada, sino también por nosotros, a quienes será contada: como los que creen en aquel que levantó de los muertos a Jesús nuestro Señor porque la promesa a Abraham o a su descendencia de que él sería heredero del mundo, no fue hecha por medio de la ley, sino por medio de la justicia de la fe.

El justo por la fe vivirá.* Mantengamos firme la profesión de nuestra esperanza sin vacilar, porque fiel es el que prometió. * Nuestro Dios está en los cielos; El hace lo que le place. * Porque ninguna cosa será imposible para Dios. * Y bienaventurada la que creyó que tendrá cumplimiento lo que le fue dicho de parte del Señor.

Gen. 15:6 Ro.4:20-2, 13; 1:17 Heb.10:23 Sal. 115:3 Lc.1:37,45

MARZO 25 - Nunca te dejaré ni te desampararé.

De manera que decimos confiadamente: el Señor es el que me ayuda; no temeré. ¿Qué podrá hacerme el hombre?

He aquí, yo estoy contigo, y te guardaré por dondequiera que vayas y te haré volver a esta tierra; porque no te dejaré hasta que haya hecho lo que te he prometido. * Sed firmes y valientes, no temáis ni os aterroricéis ante ellos, porque el Señor tu Dios es el que va contigo; no te dejará ni te desamparará. *Demas me ha abandonado, habiendo amado este mundo presente.

En mi primera defensa nadie estuvo a mi lado, sino que todos me abandonaron; que no se les tenga en cuenta. Pero el Señor estuvo conmigo y me fortaleció. * Porque aunque mi padre y mi madre me hayan abandonado, el Señor me recogerá. * He aquí, yo estoy con vosotros todos los días, hasta el fin del mundo.

Yo soy el que vive, y estuve muerto; y he aquí, estoy vivo por los siglos de los siglos, y tengo las llaves de la muerte y del Hades. - No os dejaré huérfanos; vendré a vosotros. - La paz os dejo, mi paz os doy; no os la doy como el mundo la da. No se turbe vuestro corazón, ni tenga miedo.

Heb.13:5,6 Gen.28:15 Dt.31:6 II Ti.4:10, 16, 17 Sal.27:10 Mt.28:20 Ap. 1:18 Jn.14:18,27

MARZO 26 - El reino de los cielos es como un hombre que al emprender un viaje, llamó a sus siervos y les encomendó sus bienes...a cada uno conforme a su capacidad.

¿No sabéis que cuando os presentáis a alguno como esclavos para obedecerle, sois esclavos de aquel a quien obedecéis?

Pero todas estas cosas las hace uno y el mismo Espíritu, distribuyendo individualmente a cada uno según la voluntad de El. Pero a cada uno se le da la manifestación del Espíritu para el bien común.

Según cada uno ha recibido un don especial, úselo sirviéndoos los unos a los otros como buenos administradores de la multiforme gracia de Dios. * Ahora bien, además se requiere de los administradores que cada uno sea hallado fiel. * A todo el que se le haya dado mucho, mucho se demandará de él; y al que mucho le han confiado, más le exigirán.

Todo lo puedo en Cristo que me fortalece.

Mt.25:14,15 Ro.6:16 I Co.12:11,7 I P. 4:10 I Co.4:2 Lc.12:48 II Co.2:16 Fil.4:13

MARZO 27 - Aquel que siembre justicia tendrá una recompensa segura.

Después de mucho tiempo vino el Señor de aquellos siervos, y arregló cuentas con ellos. Y llegando el que había recibido los cinco talentos, trajo otros cinco talentos, diciendo: "Señor, me entregaste cinco talentos; mira, he ganado otros cinco talentos." Su Señor le dijo: "Bien, siervo bueno y fiel; en lo poco fuiste fiel, sobre mucho te pondré; entra en el gozo de tu señor."

Porque todos nosotros debemos comparecer ante el tribunal de Cristo, para que cada uno sea recompensado por sus hechos estando en el cuerpo, de acuerdo con lo que hizo, sea bueno o sea malo.

He peleado la buena batalla, he terminado la carrera, he guardado la fe. En el futuro me está reservada la corona de justicia que el Señor, el Juez justo, me entregará en aquel día; y no sólo a mí, sino también a todos los que aman su venida.

Vengo pronto; retén firme lo que tienes, para que nadie tome tu corona.

Pr.11:18 Mt.25:19-21 II Co.5:10 II Ti.4:7, 8 Ap.3:11

MARZO 28 - Sé fuerte y valiente.

El Señor es mi luz y mi salvación; ¿a quién temeré? El Señor es la fortaleza de mi vida; ¿de quién tendré temor?

 El da fuerzas al fatigado, al que no tiene fuerzas, aumenta el vigor.

Aun los mancebos se fatigan y se cansan, y los jóvenes tropiezan y vacilan, ero los que esperan en el Señor renovarán sus fuerzas; e remontarán con alas como las águilas, correrán y no se cansarán, caminarán y no se fatigarán.

Mi carne y mi corazón pueden desfallecer, ero Dios es la fortaleza de mi corazón y mi porción para siempre. Entonces, ¿qué diremos a esto? Si Dios está por nosotros, ¿quién estará contra nosotros?

El Señor está a mi favor; no temeré. ¿Qué puede hacerme el hombre? * Contigo rechazaremos a nuestros adversarios; en tu nombre hollaremos a los que contra nosotros se levanten.

Somos más que vencedores por medio de aquel que nos amó. *Levántate y trabaja, y que el Señor sea contigo.

Jos. 1:18 Sal.27:1 Is. 40:29-31 Sal.73:26 Ro.8:31 Sal.118:6 Sal.44:5 Ro.8:37 I Cr. 22:16

MARZO 29 - No temas, rebaño pequeño, porque vuestro Padre ha decidido daros el reino.

¿No escogió Dios a los pobres de este mundo para ser ricos en fe y herederos del reino que El prometió a los que le aman?

Herederos de Dios y coherederos con Cristo, si en verdad padecemos con El a fin de que también seamos glorificados con El. * El Padre mismo os ama, porque vosotros me habéis amado y habéis creído que yo salí del Padre.

Dios no se avergüenza de ser llamado Dios de ellos, pues les ha preparado una ciudad. * El vencedor heredará estas cosas, y yo seré su Dios y él será mi hijo. * En el futuro me está reservada la corona de justicia que el Señor, el Juez justo, me entregará en aquel día; y no sólo a mí, sino también a todos los que aman su venida.

Estando convencido precisamente de esto: que el que comenzó en vosotros la buena obra, la perfeccionará hasta el día de Cristo Jesús.

Mt. 25:34 Lc.12:32 Stg. 2:5 Ro.8:17 Jn.16:27 Heb.11:16 Ap.21:7 II Ti. 4:8 Fil.1:6

MARZO 30 - Y por la tarde Isaac salió a meditar al campo.

Sean gratas las palabras de mi boca y la meditación de mi corazón delante de ti, oh Señor, roca mía y redentor mío.

Cuando veo tus cielos, obra de tus dedos, la luna y las estrellas que tú has establecido, digo: ¿Qué es el hombre para que de él te acuerdes, y el hijo del hombre para que lo cuides? * Grandes son las obras del Señor, buscadas por todos los que se deleitan en ellas.

¡Cuán bienaventurado es el hombre que no anda en el consejo de los impíos, ni se detiene en el camino de los pecadores, ni se sienta en la silla de los escarnecedores, sino que en la ley del Señor está su deleite, y en su ley medita de día y de noche!

Este libro de la ley no se apartará de tu boca, sino que meditarás en él día y noche, para que cuides de hacer todo lo que en él está escrito; porque entonces harás prosperar tu camino y tendrás éxito.

Como con médula y grosura está saciada mi alma; y con labios jubilosos te alaba mi boca. Cuando en mi lecho me acuerdo de ti, en ti medito durante las vigilias de la noche.

Gen.24:63 Sal. 19:14; 8:3,4; 111:2; 1:1,2 Jos. 1:8 Sal.63:5,6

MARZO 31 - Y mi Dios proveerá a todas vuestras necesidades, conforme a sus riquezas en gloria en Cristo Jesús.

Buscad primero su reino y su justicia, y todas estas cosas os serán añadidas. * El que no eximió ni a su propio Hijo, sino que lo entregó por todos nosotros, ¿cómo no nos concederá también con El todas las cosas?

Todo es vuestro: ya sea Pablo, o Apolos, o Cefas, o el mundo, o la vida, o la muerte, o lo presente, o lo por venir, todo es vuestro, y vosotros de Cristo, y Cristo de Dios. * Como no teniendo nada, aunque poseyéndolo todo. * El Señor es mi pastor, nada me faltará. * Porque sol y escudo es el Señor Dios; gracia y gloria da el Señor; nada bueno niega a los que andan en integridad.

…Dios, el cual nos da abundantemente todas las cosas para que las disfrutemos. * Y Dios puede hacer que toda gracia abunde para vosotros, a fin de que teniendo siempre todo lo suficiente en todas las cosas, abundéis para toda buena obra;

Fil.4:19 Mt.6:33 Ro.8:32 I Co.3:21-23 II Co.6:10 Sal.23:1; 84:11 I Ti.6:17 II Co. 9:8

ABRIL

ABRIL 1 - Si os volvéis al Señor con todo vuestro corazón, quitad de entre vosotros los dioses extranjeros y Astarot, y dirigid vuestro corazón al Señor, y servidle sólo a El.

Hijos, guardaos de los ídolos.* Por tanto, salid de en medio de ellos y apartaos, dice el Señor; y no toquéis lo inmundo, y yo os recibiré. Y yo seré para vosotros padre, y vosotros seréis para mí hijos e hijas, dice el Señor Todopoderoso.

No podéis servir a Dios y a las riquezas. * No adorarás a ningún otro dios, ya que el Señor, cuyo nombre es Celoso, es Dios celoso;* Sírvele de todo corazón y con ánimo dispuesto; porque el Señor escudriña todos los corazones, y entiende todo intento de los pensamientos.

He aquí, tú deseas la verdad en lo más íntimo, y en lo secreto me harás conocer sabiduría.* El hombre mira la apariencia exterior, pero el Señor mira el corazón.* Amados, si nuestro corazón no nos condena, confianza tenemos delante de Dios;

I S.7:3 I Jn.5:21 II Co.6:17,18 Mt.6: 24 Ex.34:14 I Cr.29:9 Sal.51:6 I S.16:7 I Jn.3:21

ABRIL 2 - Amados, no ignoréis esto: que para el Señor un día es como mil años, y mil años como un día. El Señor no se tarda en cumplir su promesa, según algunos entienden la tardanza.

Porque mis pensamientos no son vuestros pensamientos, ni vuestros caminos mis caminos–declara el Señor.

Porque como los cielos son más altos que la tierra, así mis caminos son más altos que vuestros caminos, y mis pensamientos más que vuestros pensamientos. Porque como descienden de los cielos la lluvia y la nieve, y no vuelven allá sino que riegan la tierra, haciéndola producir y germinar, dando semilla al sembrador y pan al que come, así será mi palabra que sale de mi boca, no volverá a mí vacía sin haber realizado lo que deseo, y logrado el propósito para el cual la envié.

Porque Dios ha encerrado a todos en desobediencia para mostrar misericordia a todos. ¡Oh, profundidad de las riquezas y de la sabiduría y del conocimiento de Dios! ¡Cuán insondables son sus juicios e inescrutables sus caminos!

II P. 3:8,9 Is.55:8-11 Ro.11:32,33

ABRIL 3 -No temas, yo soy el primero y el último.

Porque no os habéis acercado a un monte que se puede tocar, ni a fuego ardiente, ni a tinieblas, ni a oscuridad, ni a torbellino…os habéis acercado al monte Sión…a Dios, el Juez de todos, y a los espíritus de los justos hechos ya perfectos, y a Jesús, el mediador del nuevo pacto.

Jesús, el autor y consumador de la fe.

Porque no tenemos un sumo sacerdote que no pueda compadecerse de nuestras flaquezas, sino uno que ha sido tentado en todo como nosotros, pero sin pecado. Por tanto, acerquémonos con confianza al trono de la gracia para que recibamos misericordia, y hallemos gracia para la ayuda oportuna.

Así dice el Señor, el Rey de Israel, y su Redentor, el Señor de los ejércitos: Yo soy el primero y yo soy el último, y fuera de mí no hay Dios.

¿No eres tú desde la eternidad, oh Señor, Dios mío, Santo mío?

Pues ¿quién es Dios, fuera del Señor? ¿Y quién es roca, sino sólo nuestro Dios?

Ap. 1:17 Heb.12:18, 22-24; 12:2; 4:15,16 Is.44:6; 9:6 Hab. 1:12 II S.22:32

ABRIL 4 - No te soltaré si no me bendices.

Que haga la paz conmigo. * Oh mujer, grande es tu fe; que te suceda como deseas. * Hágase en vosotros según vuestra fe. * Pero que pida con fe, sin dudar; porque el que duda es semejante a la ola del mar, impulsada por el viento y echada de una parte a otra. No piense, pues, ese hombre, que recibirá cosa alguna del Señor,

Se acercaron a la aldea donde iban, y El hizo como que iba más lejos. Y ellos le instaron, diciendo: Quédate con nosotros, porque está atardeciendo, y el día ya ha declinado. Y entró a quedarse con ellos. Entonces les fueron abiertos los ojos y le reconocieron; pero El desapareció de la presencia de ellos. Y se dijeron el uno al otro: ¿No ardía nuestro corazón dentro de nosotros mientras nos hablaba en el camino, cuando nos abría las Escrituras?

Ahora pues, si he hallado gracia ante tus ojos, te ruego que me hagas conocer tus caminos para que yo te conozca y halle gracia ante tus ojos. Considera también que esta nación es tu pueblo. Y El respondió: Mi presencia irá contigo, y yo te daré descanso.

Gen. 32:26 Is.27:5 Mt.15:28; 9:29 Stg. 1:6,7 Lc.24:28,29, 31, 32 Ex.33:13,14

ABRIL 5- Vive perpetuamente para interceder.

¿Quién es el que condena? Cristo Jesús es el que murió, sí, más aún, el que resucitó, el que además está a la diestra de Dios, el que también intercede por nosotros.* Porque Cristo no entró en un lugar santo hecho por manos, una representación del verdadero, sino en el cielo mismo, para presentarse ahora en la presencia de Dios por nosotros,

Hijitos míos, os escribo estas cosas para que no pequéis. Y si alguno peca, Abogado tenemos para con el Padre, a Jesucristo el justo. * Porque hay un solo Dios, y también un solo mediador entre Dios y los hombres, Cristo Jesús hombre.

Teniendo, pues, un gran sumo sacerdote que trascendió los cielos, Jesús, el Hijo de Dios, retengamos nuestra fe. Porque no tenemos un sumo sacerdote que no pueda compadecerse de nuestras flaquezas, sino uno que ha sido tentado en todo como nosotros, pero sin pecado. Por tanto, acerquémonos con confianza al trono de la gracia para que recibamos misericordia, y hallemos gracia para la ayuda oportuna.

Por medio de El...tenemos nuestra entrada al Padre en un mismo Espíritu.

Heb.7:25 Ro. 8:34 Heb.9:24 I Jn.2:1 I Ti.2:5 Heb.4:14-16 Ef.2:18

ABRIL 6 - El que ofrece sacrificio de acción de gracias me honra.

Que la palabra de Cristo habite en abundancia en vosotros, con toda sabiduría enseñándoos y amonestándoos unos a otros con salmos, himnos y canciones espirituales, cantando a Dios con acción de gracias en vuestros corazones. Y todo lo que hacéis, de palabra o de hecho, hacedlo todo en el nombre del Señor Jesús, dando gracias por medio de El a Dios el Padre.

Glorificad a Dios en vuestro cuerpo y en vuestro espíritu, los cuales son de Dios.

Pero vosotros sois linaje escogido, real sacerdocio, nación santa, pueblo adquirido para posesión de Dios, a fin de que anunciéis las virtudes de aquel que os llamó de las tinieblas a su luz admirable;

También vosotros, como piedras vivas, sed edificados como casa espiritual para un sacerdocio santo, para ofrecer sacrificios espirituales aceptables a Dios por medio de Jesucristo.

Por tanto, ofrezcamos continuamente mediante El, sacrificio de alabanza a Dios, es decir, el fruto de labios que confiesan su nombre. * En el Señor se gloriará mi alma; lo oirán los humildes y se regocijarán. * Engrandeced al Señor conmigo, y exaltemos a una su nombre.

Sal. 50:23 Col.3:16,17 I Co.6:20 I P. 2:9,5 He.13:15 Sal.34:2,3

ABRIL 7 - Como entristecidos, mas siempre gozosos; como pobres, pero enriqueciendo a muchos; como no teniendo nada, aunque poseyéndolo todo.

Nos gloriamos en la esperanza de la gloria de Dios. Y no sólo esto, sino que también nos gloriamos en las tribulaciones. * Lleno estoy de consuelo y sobreabundo de gozo en toda nuestra aflicción.

Creéis en El, y os regocijáis grandemente con gozo inefable y lleno de gloria. * Pues en medio de una gran prueba de aflicción, abundó su gozo, y su profunda pobreza sobreabundó en la riqueza de su liberalidad. *A mí, que soy menos que el más pequeño de todos los santos, se me concedió esta gracia: anunciar a los gentiles las inescrutables riquezas de Cristo.

¿No escogió Dios a los pobres de este mundo para ser ricos en fe y herederos del reino que El prometió a los que le aman? *Y Dios puede hacer que toda gracia abunde para vosotros, a fin de que teniendo siempre todo lo suficiente en todas las cosas, abundéis para toda buena obra;

II Co. 6:10 Ro.5:2,3 II Co.7:4 I P. 1:8 II Co.8:2 Ef.3:8,9 Stg.2:5 II Co. 9:8

ABRIL 8 - En todo fuisteis enriquecidos en El.

Porque mientras aún éramos débiles, a su tiempo Cristo murió por los impíos. * El que no eximió ni a su propio Hijo, sino que lo entregó por todos nosotros, ¿cómo no nos concederá también con El todas las cosas? * Porque toda la plenitud de la Deidad reside corporalmente en El, y habéis sido hechos completos en El, que es la cabeza sobre todo poder y autoridad.

Permaneced en mí, y yo en vosotros. Como el sarmiento no puede dar fruto por sí mismo si no permanece en la vid, así tampoco vosotros si no permanecéis en mí. Yo soy la vid, vosotros los sarmientos; el que permanece en mí y yo en él, ése da mucho fruto, porque separados de mí nada podéis hacer.

Porque yo sé que en mí, es decir, en mi carne, no habita nada bueno; porque el querer está presente en mí, pero el hacer el bien, no. *Pero a cada uno de nosotros se nos ha concedido la gracia conforme a la medida del don de Cristo.

Si permanecéis en mí, y mis palabras permanecen en vosotros, pedid lo que queráis y os será hecho. * Que la palabra de Cristo habite en abundancia en vosotros, con toda sabiduría.

I Co. 1:5 Ro.5:6; 8:32 Col.2:9, 10 Jn.15:4,5 Ro.7:18 Ef. 4:7 Jn.15:7 Col.3:16

ABRIL 9 - No temas, porque yo te he redimido.

No temas, pues no serás avergonzada; ni te sientas humillada, pues no serás agraviada; sino que te olvidarás de la vergüenza de tu juventud, y del oprobio de tu viudez no te acordarás más. Porque tu esposo es tu Hacedor, el Señor de los ejércitos es su nombre; y tu Redentor es el Santo de Israel, que se llama Dios de toda la tierra.

He disipado como una densa nube tus transgresiones, y como espesa niebla tus pecados. Vuélvete a mí, porque yo te he redimido. Con sangre preciosa, como de un cordero sin tacha y sin mancha. Pero su Redentor es fuerte, el Señor de los ejércitos es su nombre; defenderá su causa con energía.

Mi Padre que me las dio es mayor que todos, y nadie las puede arrebatar de la mano del Padre. Gracia a vosotros y paz de Dios nuestro Padre y del Señor Jesucristo, que se dio a sí mismo por nuestros pecados para librarnos de este presente siglo malo, conforme a la voluntad de nuestro Dios y Padre, a quien sea la gloria por los siglos de los siglos. Amén.

Is. 43:1; 54:4,5; 44:22 1 Peter 1:19 Je.50:34 Jn.10:29 Gal.1:3-5

ABRIL 10 - Soy morena pero preciosa.

He aquí, yo nací en iniquidad, y en pecado me concibió mi madre. * Tu fama se divulgó entre las naciones por tu hermosura, que era perfecta, gracias al esplendor que yo puse en ti–declara el Señor Dios. * Señor, soy hombre pecador.

Cuán hermosa eres, amada mía. Cuán hermosa eres. * Por eso me retracto, y me arrepiento en polvo y ceniza. * Toda tú eres hermosa, amada mía, y no hay defecto en ti.* Queriendo yo hacer el bien, hallo la ley de que el mal está presente en mí. Anímate, hijo, tus pecados te son perdonados.

Porque yo sé que en mí, es decir, en mi carne, no habita nada bueno. * Habéis sido hechos completos en El… a fin de poder presentar a todo hombre perfecto en Cristo. * Y esto erais algunos de vosotros; pero fuisteis lavados, pero fuisteis santificados, pero fuisteis justificados en el nombre del Señor Jesucristo y en el Espíritu de nuestro Dios. * Vosotros sois linaje escogido, real sacerdocio, nación santa, pueblo adquirido para posesión de Dios, a fin de que anunciéis las virtudes de aquel que os llamó de las tinieblas a su luz admirable;

Cant. 1:5 Sal. 51:5 Ez.16:14 Lc.5:8 Cant. 4:1 Job.42:6 Cant. 4:7 Ro.7:21 Mt.9:2 Ro.7:18 Col.2:10; 1:28 I Co.6:11 1 P.2:9

ABRIL 11 - En las muchas palabras, la transgresión es inevitable, mas el que refrena sus labios es prudente.

Esto sabéis, mis amados hermanos. Pero que cada uno sea pronto para oír, tardo para hablar, tardo para la ira; * Mejor es el lento para la ira que el poderoso, y el que domina su espíritu que el que toma una ciudad. * Porque todos tropezamos de muchas maneras. Si alguno no tropieza en lo que dice, es un hombre perfecto, capaz también de refrenar todo el cuerpo.

Porque por tus palabras serás justificado, y por tus palabras serás condenado. * Señor, pon guarda a mi boca; vigila la puerta de mis labios. * Porque para este propósito habéis sido llamados, pues también Cristo sufrió por vosotros, dejándoos ejemplo para que sigáis sus pisadas, el cual no cometió pecado, ni engaño alguno se halló en su boca y quien cuando le ultrajaban, no respondía ultrajando; cuando padecía, no amenazaba, sino que se encomendaba a aquel que juzga con justicia; * Considerad, pues, a aquel que soportó tal hostilidad de los pecadores contra sí mismo, para que no os canséis ni os desaniméis en vuestro corazón. * En su boca no fue hallado engaño; están sin mancha.

Pr.10:19 Stg.1:19 Pr.16:32 Stg.3:2 Mt.12:37 Sal.141:3 I P. 2:21-23 He.12:3 Ap.14:5

ABRIL 12 -Lo que la ley no pudo hacer, ya que era débil por causa de la carne, Dios lo hizo: enviando a su propio Hijo en semejanza de carne de pecado y como ofrenda por el pecado, condenó al pecado en la carne.

Pues ya que la ley sólo tiene la sombra de los bienes futuros y no la forma misma de las cosas, nunca puede, por los mismos sacrificios que ellos ofrecen continuamente año tras año, hacer perfectos a los que se acercan. De otra manera, ¿no habrían cesado de ofrecerse, ya que los adoradores, una vez purificados, no tendrían ya más conciencia de pecado?

De todas las cosas de que no pudisteis ser justificados por la ley de Moisés, por medio de El, todo aquel que cree es justificado.

Así que, por cuanto los hijos participan de carne y sangre, El igualmente participó también de lo mismo, para anular mediante la muerte el poder de aquel que tenía el poder de la muerte, es decir, el diablo, y librar a los que por el temor a la muerte, estaban sujetos a esclavitud durante toda la vida. Porque ciertamente no ayuda a los ángeles, sino que ayuda a la descendencia de Abraham. Por tanto, tenía que ser hecho semejante a sus hermanos en todo, a fin de que llegara a ser un misericordioso y fiel sumo sacerdote en las cosas que a Dios atañen, para hacer propiciación por los pecados del pueblo.

Ro.8:3 He,10:1 ,2 Hch.13:39 He.2:14-17

ABRIL 13 - Honra al Señor con tus bienes y con las primicias de todos tus frutos.

El que siembra escasamente, escasamente también segará; y el que siembra abundantemente, abundantemente también segará. * El primer día de la semana, cada uno de vosotros aparte y guarde según haya prosperado, para que cuando yo vaya no se recojan entonces ofrendas.

Dios no es injusto como para olvidarse de vuestra obra y del amor que habéis mostrado hacia su nombre, habiendo servido, y sirviendo aún, a los santos.* Hermanos, os ruego por las misericordias de Dios que presentéis vuestros cuerpos como sacrificio vivo y santo, aceptable a Dios, que es vuestro culto racional.

El amor de Cristo nos apremia, habiendo llegado a esta conclusión: que uno murió por todos, por consiguiente, todos murieron; y por todos murió, para que los que viven, ya no vivan para sí, sino para aquel que murió y resucitó por ellos. * Entonces, ya sea que comáis, que bebáis, o que hagáis cualquier otra cosa, hacedlo todo para la gloria de Dios.

Pr. 3:9 II Co.9:6 I Co. 16:2 He. 6:10 Ro.12:1 II Co.5:14, 15 I. Co.10:31

ABRIL 14 - Como con médula y grosura está saciada mi alma; y con labios jubilosos te alaba mi boca; cuando en mi lecho me acuerdo de ti, en ti medito durante las vigilias de la noche.

¡Cuán preciosos son para mí, oh Dios, tus pensamientos! ¡Cuán inmensa es la suma de ellos! Si los contara, serían más que la arena; al despertar aún estoy contigo. * ¡Cuán dulces son a mi paladar tus palabras!, más que la miel a mi boca…Porque mejores son tus amores que el vino. * ¿A quién tengo yo en los cielos, sino a ti? Y fuera de ti, nada deseo en la tierra.

Eres el más hermoso de los hijos de los hombres; la gracia se derrama en tus labios; por tanto, Dios te ha bendecido para siempre. * Como el manzano entre los árboles del bosque, así es mi amado entre los jóvenes. * A su sombra placentera me he sentado, y su fruto es dulce a mi paladar. * El me ha traído a la sala del banquete, y su estandarte sobre mí es el amor. Su aspecto, como el Líbano, excelente como los cedros. Su paladar, dulcísimo, y todo él, deseable. Este es mi amado y éste es mi amigo, hijas de Jerusalén.

Sal. 63:5,6; 139:17,18; 119:103 Cantares 1:2 Sal.73:25; 45:2 Cant.2:3,4; 5:15,16

ABRIL 15 - Su Redentor es fuerte.

Pues yo sé que muchas son vuestras transgresiones y graves vuestros pecados.* He puesto el socorro sobre uno que es poderoso;

El Señor, soy tu Salvador y tu Redentor, el Poderoso de Jacob… poderoso para salvar. * Aquel que es poderoso para guardaros sin caída. * Donde el pecado abundó, sobreabundó la gracia, * El que cree en El no es condenado; pero el que no cree, ya ha sido condenado, porque no ha creído en el nombre del unigénito Hijo de Dios.

El también es poderoso para salvar para siempre a los que por medio de El se acercan a Dios. * ¿Acaso es tan corta mi mano que no puede rescatar, o no tengo poder para librar?

¿Quién nos separará del amor de Cristo? ¿Tribulación, o angustia, o persecución, o hambre, o desnudez, o peligro, o espada? Porque estoy convencido de que ni la muerte, ni la vida, ni ángeles, ni principados, ni lo presente, ni lo por venir, ni los poderes, ni lo alto, ni lo profundo, ni ninguna otra cosa creada nos podrá separar del amor de Dios que es en Cristo Jesús Señor nuestro.

Jer. 50:34 Am.5:12 Sal.89:19 Is.49:26; 63:1 Judas 24 Ro. 5:20 Jn.3:18 He.7:25 Is.50:2 Ro.39:35,38, 39

ABRIL 16 - Y yo alarmado, dije: ¡Cortado soy de delante de tus ojos!

Empero tú oíste la voz de mis súplicas cuando a ti clamaba.

Me he hundido en cieno profundo, y no hay donde hacer pie; he llegado a lo profundo de las aguas, y la corriente me anega. * Cubrieron las aguas mi cabeza, dije: ¡Estoy perdido! Invoqué tu nombre, oh Señor, desde la fosa más profunda. Tú oíste mi voz: No escondas tu oído a mi clamor, a mi grito de auxilio. Te acercaste el día que te invoqué, dijiste: No temas.

¿Rechazará el Señor para siempre, y no mostrará más su favor? ¿Ha cesado para siempre su misericordia? ¿Ha terminado para siempre su promesa? ¿Ha olvidado Dios tener piedad, o ha retirado con su ira su compasión? Entonces dije: Este es mi dolor: que la diestra del Altísimo ha cambiado. Me acordaré de las obras del Señor; ciertamente me acordaré de tus maravillas antiguas.

Hubiera yo desmayado, si no hubiera creído que había de ver la bondad del Señor en la tierra de los vivientes.

Sal.31:32; 69:2 Lam.3:54-57 Sal.77:7-11; 27:13

ABRIL 17 - El que ofrece sacrificio de acción de gracias me honra.

Que la palabra de Cristo habite en abundancia en vosotros, con toda sabiduría enseñándoos y amonestándoos unos a otros con salmos, himnos y canciones espirituales, cantando a Dios con acción de gracias en vuestros corazones. Y todo lo que hacéis, de palabra o de hecho, hacedlo todo en el nombre del Señor Jesús, dando gracias por medio de El a Dios el Padre.

Glorificad a Dios en vuestro cuerpo y en vuestro espíritu, los cuales son de Dios.

Pero vosotros sois linaje escogido, real sacerdocio, nación santa, pueblo adquirido para posesión de Dios, a fin de que anunciéis las virtudes de aquel que os llamó de las tinieblas a su luz admirable;

También vosotros, como piedras vivas, sed edificados como casa espiritual para un sacerdocio santo, para ofrecer sacrificios espirituales aceptables a Dios por medio de Jesucristo.

Por tanto, ofrezcamos continuamente mediante El, sacrificio de alabanza a Dios, es decir, el fruto de labios que confiesan su nombre. * En el Señor se gloriará mi alma; lo oirán los humildes y se regocijarán. * Engrandeced al Señor conmigo, y exaltemos a una su nombre.

Sal. 50:23 Col.3:16,17 I Co.6:20 I P. 2:9,5 He.13:15 Sal.34:2,3

ABRIL 18 - Un profeta como tú levantaré de entre sus hermanos.

Yo (Moisés) estaba en aquella ocasión entre el Señor y vosotros para declararos la palabra del Señor, porque temíais a causa del fuego.

Porque hay un solo Dios, y también un solo mediador entre Dios y los hombres, Cristo Jesús hombre.

Moisés era un hombre muy humilde, más que cualquier otro hombre sobre la faz de la tierra.

Tomad mi yugo sobre vosotros y aprended de mí, que soy manso y humilde de corazón, y hallaréis descanso para vuestras almas.

Haya, pues, en vosotros esta actitud que hubo también en Cristo Jesús, el cual, aunque existía en forma de Dios, no consideró el ser igual a Dios como algo a qué aferrarse, sino que se despojó a sí mismo tomando forma de siervo, haciéndose semejante a los hombres.

Dt.18:18; 5:5 I Ti.2:5 Nu.12:3 Mt.11:29 Fil.2:5-7 He.3:5,6

ABRIL 19 - En verdad, en verdad os digo: yo soy la puerta de las ovejas.

Y he aquí, el velo del templo se rasgó en dos, de arriba abajo. * Cristo murió por los pecados una sola vez, el justo por los injustos, para llevarnos a Dios.

El camino al Lugar Santísimo aún no había sido revelado en tanto que el primer tabernáculo permaneciera en pie. * Yo soy la puerta; si alguno entra por mí, será salvo; y entrará y saldrá y hallará pasto. * Jesús le dijo Yo soy el camino, y la verdad, y la vida; nadie viene al Padre sino por mí.

Por medio de El los unos y los otros tenemos nuestra entrada al Padre en un mismo Espíritu. Así pues, ya no sois extranjeros ni advenedizos, sino que sois conciudadanos de los santos y sois de la familia de Dios.

Entonces, hermanos, puesto que tenemos confianza para entrar al Lugar Santísimo por la sangre de Jesús, por un camino nuevo y vivo que El inauguró para nosotros por medio del velo, es decir, su carne.

Por tanto, habiendo sido justificados por la fe, tenemos paz para con Dios por medio de nuestro Señor Jesucristo, por medio de quien también hemos obtenido entrada por la fe a esta gracia en la cual estamos firmes, y nos gloriamos en la esperanza de la gloria de Dios.

Jn.10:7 Mt.27:51 1 P.3:18 Heb.9:8 Jn.10:9; 14:6 Ef.2:18,19 He.10:19,20 Ro.5:1,2

ABRIL 20-Y nada de lo dedicado al anatema quedará en tu mano.

Por tanto, salid de en medio de ellos y apartaos, dice el Señor; y no toquéis lo inmundo. * Amados, os ruego como a extranjeros y peregrinos, que os abstengáis de las pasiones carnales que combaten contra el alma.

...aborreciendo aun la ropa contaminada por la carne.

Amados, ahora somos hijos de Dios y aún no se ha manifestado lo que habremos de ser. Pero sabemos que cuando El se manifieste, seremos semejantes a El porque le veremos como El es. Y todo el que tiene esta esperanza puesta en El, se purifica, así como El es puro.

Porque la gracia de Dios se ha manifestado, trayendo salvación a todos los hombres, enseñándonos, que negando la impiedad y los deseos mundanos, vivamos en este mundo sobria, justa y piadosamente, aguardando la esperanza bienaventurada y la manifestación de la gloria de nuestro gran Dios y Salvador Cristo Jesús, quien se dio a sí mismo por nosotros, para redimirnos de toda iniquidad y purificar para si un pueblo para posesión suya, celoso de buenas obras.

Dt. 13:17 II Co. 6:17 I P.2:11 Jud.23 I Jn.3:2-3 Tit.2:11-14

ABRIL 21 - Estad así firmes en el Señor.

Mi pie ha seguido firme en su senda, su camino he guardado y no me he desviado. * Porque el Señor ama la justicia, y no abandona a sus santos; ellos son preservados para siempre.

El Señor te protegerá de todo mal; El guardará tu alma. * Mas el justo vivirá por la fe; y si retrocede, mi alma no se complacerá en él. Pero nosotros no somos de los que retroceden para perdición, sino de los que tienen fe para la preservación del alma.

Salieron de nosotros, pero en realidad no eran de nosotros, porque si hubieran sido de nosotros, habrían permanecido con nosotros; pero salieron, a fin de que se manifestara que no todos son de nosotros. * Si vosotros permanecéis en mi palabra, verdaderamente sois mis discípulos;

Pero el que persevere hasta el fin, ése será salvo. * Estad alerta, permaneced firmes en la fe, portaos varonilmente, sed fuertes. * Retén firme lo que tienes, para que nadie tome tu corona. * Así el vencedor será revestido de vestiduras blancas y no borraré su nombre del libro de la vida.

Fil. 4:1 Job.23:11 Sal.37:28; 121:7 He.10:38,39 I Jn. 2:19 Jn.8:31 Mt. 24:13 I Co. 16:13 Ap.3:11,5

ABRIL 22 - Si su ofrenda es un holocausto del ganado, ofrecerá un macho sin defecto; lo ofrecerá a la entrada de la tienda de reunión, para que sea aceptado delante del Señor. Pondrá su mano sobre la cabeza del holocausto, y le será aceptado para hacer expiación por él.

Dios proveerá para sí el cordero para el holocausto. * He ahí el Cordero de Dios que quita el pecado del mundo.

Hemos sido santificados mediante la ofrenda del cuerpo de Jesucristo una vez para siempre.

…para dar su vida en rescate por muchos.

Nadie me la quita, sino que yo la doy de mi propia voluntad. Tengo autoridad para darla, y tengo autoridad para tomarla de nuevo. * Los amaré generosamente. * El Hijo de Dios, el cual me amó y se entregó a sí mismo por mí.

Al que no conoció pecado, le hizo pecado por nosotros, para que fuéramos hechos justicia de Dios en El.

Nos ha hecho aceptos en el amado.

Lev.1:3,4 Gen.22:8 Jn.1:29 Heb.10:10 Mt. 20:28 Jn.10:18 Os.14:4 Gal.2:20 II Co.5:21 Ef.1:6

ABRIL 23 - El Señor fue mi sostén.

Ciertamente engaño son las colinas, y el tumulto sobre los montes; ciertamente, en el Señor nuestro Dios está la salvación de Israel. * El Señor es mi roca, mi baluarte y mi libertador; mi Dios, mi roca en quien me refugio; mi escudo y el cuerno de mi salvación, mi altura inexpugnable.

Clama y grita de júbilo, habitante de Sion, porque grande es en medio de ti el Santo de Israel. * El ángel del Señor acampa alrededor de los que le temen, y los rescata. * Claman los justos, y el Señor los oye, y los libra de todas sus angustias. * El eterno Dios es tu refugio, y debajo están los brazos eternos

De manera que decimos confiadamente: El Señor es el que me ayuda; no temeré. ¿Qué podrá hacerme el hombre? * Pues, ¿quién es Dios, fuera del Señor? ¿Y quién es roca, sino sólo nuestro Dios, el Dios que me ciñe de poder, y ha hecho perfecto mi camino? * Pero por la gracia de Dios soy lo que soy.

Sal.18:18 Jer.3:23 Sal.18:2 Is.12:6 Sal.34:7,17 Dt.33:27 Heb.13:6 Sal.18:31,32 I Co.15:10

ABRIL 24 - El Señor visitó a Sara como había dicho, e hizo el Señor por Sara como había prometido.

Confiad en El en todo tiempo, oh pueblo; derramad vuestro corazón delante de El; Dios es nuestro refugio. * Mas David se fortaleció en el Señor su Dios. * Dios ciertamente os cuidará y os hará subir de esta tierra a la tierra que El prometió en juramento a Abraham, a Isaac y a Jacob. * Ciertamente he visto la opresión de mi pueblo en Egipto y he oído sus gemidos, y he descendido para librarlos; ven ahora y te enviare a Egipto. Este hombre los sacó, haciendo prodigios y señales en la tierra de Egipto, en el mar Rojo y en el desierto por cuarenta años. * No faltó ni una palabra de las buenas promesas que el Señor había hecho a la casa de Israel; todas se cumplieron. - Porque fiel es el que prometió.

Dios no es hombre, para que mienta, ni hijo de hombre, para que se arrepienta. ¿Lo ha dicho El, y no lo hará? ¿ha hablado, y no lo cumplirá? * El cielo y la tierra pasarán, mas mis palabras no pasarán. * Sécase la hierba, marchítase la flor, mas la palabra del Dios nuestro permanece para siempre.

Gn.21:1 Sal.62:8 I S.30:6 Gn. 50.24 Hch.7:34,36 Jos.21:45 Heb.10:23 Nu.23:19 Mt.24:35 Is.40:8

ABRIL 25 - Le pondrás por nombre Jesús, porque El salvará a su pueblo de sus pecados.

Y vosotros sabéis que El se manifestó a fin de quitar los pecados, y en El no hay pecado. * El mismo llevó nuestros pecados en su cuerpo sobre la cruz, a fin de que muramos al pecado y vivamos a la justicia, porque por sus heridas fuisteis sanados. * El también es poderoso para salvar para siempre a los que por medio de El se acercan a Dios. * Mas El fue herido por nuestras transgresiones, molido por nuestras iniquidades. El castigo, por nuestra paz, cayó sobre El, y por sus heridas hemos sido sanados… pero el Señor hizo que cayera sobre El la iniquidad de todos nosotros. * De otra manera le hubiera sido necesario sufrir muchas veces desde la fundación del mundo; pero ahora, una sola vez en la consumación de los siglos, se ha manifestado para destruir el pecado por el sacrificio de sí mismo. * A éste Dios exaltó a su diestra como Príncipe y Salvador, para dar arrepentimiento a Israel, y perdón de pecados.

Por tanto, hermanos, sabed que por medio de El os es anunciado el perdón de los pecados; y que de todas las cosas de que no pudisteis ser justificados por la ley de Moisés, por medio de El, todo aquel que cree es justificado * Vuestros pecados os han sido perdonados por su nombre.

Mt. 1:21 I Jn.3:5 I P. 2:24 He.7:25 Is. 53:5,6 Lc.24:46,47 He.9:26 Hch.5:31; 13:38,39 I Jn.2:12

ABRIL 26 - Esté su izquierda bajo mi cabeza y su derecha me abrace.

Debajo están los brazos eternos. * Pero viendo la fuerza del viento tuvo miedo, y empezando a hundirse gritó, diciendo: ¡Señor, sálvame! Y al instante Jesús, extendiendo la mano, lo sostuvo y le dijo: Hombre de poca fe, ¿por qué dudaste?

Por el Señor son ordenados los pasos del hombre, y el Señor se deleita en su camino. Cuando caiga, no quedará derribado, porque el Señor sostiene su mano. * Habite el amado del Señor en seguridad junto a aquel que le protege todo el día, y entre cuyos hombros mora.

Echando toda vuestra ansiedad sobre El, porque El tiene cuidado de vosotros. El que os toca, toca la niña de su ojo. * Yo les doy vida eterna y jamás perecerán, y nadie las arrebatará de mi mano. * Mi Padre que me las dio es mayor que todos, y nadie las puede arrebatar de la mano del Padre.

Cant. 2:6 Dt.33:27 Mt.14:30,31 Sal.37:23,24 Dt.33:12 I P.5:7 Zac.2:8 Jn.10:28,29

ABRIL 27 - Hermanos, el tiempo ha sido acortado.

El hombre, nacido de mujer, corto de días y lleno de turbaciones, como una flor brota y se marchita, y como una sombra huye y no permanece. * El mundo pasa, y también sus pasiones, pero el que hace la voluntad de Dios permanece para siempre. * Porque así como en Adán todos mueren, también en Cristo todos serán vivificados. Devorada ha sido la muerte en victoria.

Si vivimos, para el Señor vivimos, y si morimos, para el Señor morimos; por tanto, ya sea que vivamos o que muramos, del Señor somos.

Pues para mí, el vivir es Cristo y el morir es ganancia.

Por tanto, no desechéis vuestra confianza, la cual tiene gran recompensa. * Porque tenéis necesidad de paciencia, para que cuando hayáis hecho la voluntad de Dios, obtengáis la promesa.

Porque dentro de muy poco tiempo, el que ha de venir vendrá y no tardará. * La noche está muy avanzada, y el día está cerca. Por tanto, desechemos las obras de las tinieblas y vistámonos con las armas de la luz.

Mas el fin de todas las cosas se acerca; sed pues prudentes y de espíritu sobrio para la oración.

I Co. 7:29 Job 14:1,2 I Jn.2:17 I Co. 15:22, 54 Ro.14:8 Fil.1:21 Heb.10:35-37 Ro.13:12

ABRIL 28 - He ahí el Cordero de Dios.

Porque es imposible que la sangre de toros y de machos cabríos quite los pecados. Sacrificio y ofrenda no has querido, pero un cuerpo has preparado para mí; en holocaustos y sacrificios por el pecado no te has complacido. Entonces dije: "he aquí, yo he venido (en el rollo del libro está escrito de mi) para hacer, oh Dios, tu voluntad."

Fue oprimido y afligido, pero no abrió su boca; como cordero que es llevado al matadero, y como oveja que ante sus trasquiladores permanece muda, no abrió El su boca.

Sabiendo que no fuisteis redimidos de vuestra vana manera de vivir heredada de vuestros padres con cosas perecederas como oro o plata, sino con sangre preciosa, como de un cordero sin tacha y sin mancha, la sangre de Cristo.

…se ha manifestado en estos últimos tiempos por amor a vosotros.

…vuestra fe y esperanza sean en Dios.

El Cordero que fue inmolado digno es de recibir el poder, las riquezas, la sabiduría, la fortaleza, el honor, la gloria y la alabanza.

Jn. 1:29 He.10:4-7 Is. 53:7 I P. 1:18-21 Ap.5:12

ABRIL 29 - Habéis visto cuán grandes cosas ha hecho por vosotros.

Y te acordarás de todo el camino por donde el Señor tu Dios te ha traído por el desierto durante estos cuarenta años, para humillarte, probándote, a fin de saber lo que había en tu corazón, si guardarías o no sus mandamientos.

Por tanto, debes comprender en tu corazón que el Señor tu Dios te estaba disciplinando así como un hombre disciplina a su hijo. * Yo sé, Señor, que tus juicios son justos, y que en tu fidelidad me has afligido. * Bueno es para mí ser afligido, para que aprenda tus estatutos.

Antes que fuera afligido, yo me descarrié, mas ahora guardo tu palabra. * El Señor me ha reprendido severamente, pero no me ha entregado a la muerte. * No nos ha tratado según nuestros pecados, ni nos ha pagado conforme a nuestras iniquidades. * Porque como están de altos los cielos sobre la tierra, así es de grande su misericordia para los que le temen.

Porque El sabe de qué estamos hechos, se acuerda de que somos sólo polvo.

I S. 12:24 Dt.8:2,5 Sal.119:75,71, 67; 118:18; 103:10,11,14

ABRIL 30 - El que guarda su palabra, en él verdaderamente el amor de Dios se ha perfeccionado.

Y el Dios de paz, que resucitó de entre los muertos a Jesús nuestro Señor, el gran Pastor de las ovejas mediante la sangre del pacto eterno, os haga aptos en toda obra buena para hacer su voluntad, obrando El en nosotros lo que es agradable delante de El mediante Jesucristo, a quien sea la gloria por los siglos de los siglos. Amén.

Y en esto sabemos que hemos llegado a conocerle: si guardamos sus mandamientos. * Si alguno me ama, guardará mi palabra; y mi Padre lo amará, y vendremos a él, y haremos con él morada. * Todo el que permanece en El, no peca; todo el que peca, ni le ha visto ni le ha conocido. * Hijos míos, que nadie os engañe; el que practica la justicia es justo, así como El es justo.

En esto se perfecciona el amor en nosotros, para que tengamos confianza en el día del juicio, pues como El es, así somos también nosotros en este mundo.

I Jn. 2:5 Heb.13:20,21 I Jn. 2:3 Jn.14:23 I Jn.3:6,7; 4:17

MAYO

MAYO - El fruto del Espíritu es paz.

Dios nos ha llamado para vivir en paz. * La paz os dejo, mi paz os doy; no os la doy como el mundo la da. No se turbe vuestro corazón, ni tenga miedo.

Y el Dios de la esperanza os llene de todo gozo y paz en el creer, para que abundéis en esperanza por el poder del Espíritu Santo. * Yo sé en quién he creído, y estoy convencido de que es poderoso para guardar mi depósito hasta aquel día. Al de firme propósito guardarás en perfecta paz, porque en ti confía.

La obra de la justicia será paz, y el servicio de la justicia, tranquilidad y confianza para siempre. Entonces habitará mi pueblo en albergue de paz, en mansiones seguras y en moradas de reposo.

El que me escucha vivirá seguro, y descansará, sin temor al mal.

Mucha paz tienen los que aman tu ley, y nada los hace tropezar.

Gal.5:22 Ro.8:6 I Co.7:15 Jn.14:27 Ro.15:13 II Ti.1:12 Is.26:3; 32:17,18 Pr.1:33 Sal.119:165

MAYO 2 - Ciertamente el Señor está en este lugar y yo no lo sabía.

Donde están dos o tres reunidos en mi nombre, allí estoy yo en medio de ellos. * He aquí, yo estoy con vosotros todos los días, hasta el fin del mundo.

Mi presencia irá contigo, y yo te daré descanso. * ¿Adónde me iré de tu Espíritu, o adónde huiré de tu presencia? Si subo a los cielos, he aquí, allí estás tú; si en el Seol preparo mi lecho, allí estás tú. * ¿Soy yo un Dios de cerca–declara el Señor– y no un Dios de lejos? ¿Podrá alguno esconderse en escondites de modo que yo no lo vea?–declara el Señor. ¿No lleno yo los cielos y la tierra?–declara el Señor. * He aquí, los cielos y los cielos de los cielos no te pueden contener, cuánto menos esta casa que yo he edificado. * Porque así dice el Alto y Sublime que vive para siempre, cuyo nombre es Santo: Habito en lo alto y santo, y también con el contrito y humilde de espíritu, para vivificar el espíritu de los humildes y para vivificar el corazón de los contritos.

Nosotros somos el templo del Dios vivo.

Gen.28:16 Mt.18:20; 28:20 Ex.33:14 Sal.139:7,8 Jer.23:23,24 I R.8:27 Is.57:15 II Co. 6:16

MAYO 3- Sed vosotros perfectos como vuestro Padre celestial es perfecto.

Yo soy el Dios Todopoderoso; anda delante de mí, y sé perfecto. * Me seréis, pues, santos, porque yo, el Señor, soy santo, y os he apartado de los pueblos para que seáis míos. * Pues por precio habéis sido comprados; por tanto, glorificad a Dios en vuestro cuerpo y en vuestro espíritu, los cuales son de Dios. * Habéis sido hechos completos en El, que es la cabeza sobre todo poder y autoridad.

…Quien se dio a sí mismo por nosotros, para redimirnos de toda iniquidad y purificar para sí un pueblo para posesión suya, celoso de buenas obras. Por tanto, amados, puesto que aguardáis estas cosas, procurad con diligencia ser hallados por El en paz, sin mancha e irreprensibles,

Cuán bienaventurados son los de camino perfecto, los que andan en la ley del Señor. * Pero el que mira atentamente a la ley perfecta, la ley de la libertad, y permanece en ella, no habiéndose vuelto un oidor olvidadizo sino un hacedor eficaz, éste será bienaventurado en lo que hace. * Escudríñame, oh Dios, y conoce mi corazón; pruébame y conoce mis inquietudes. Y ve si hay en mí camino malo, y guíame en el camino eterno.

Mt. 5:48 Gn.17:1 Lv.20:26 I Co. 6:20 Col.2:10 Tit.2:14 II P.3:14 Sal.119:1 Stg.1:25 Sal.139:23,24

MAYO 4 - He aquí, no se ha acortado la mano del Señor para salvar; ni se ha endurecido su oído para oír.

En el día que invoqué, me respondiste; me hiciste valiente con fortaleza en mi alma. * Todavía estaba yo hablando en oración, cuando Gabriel, el hombre a quien había visto en la visión al principio, se me acercó, estando yo muy cansado, como a la hora de la ofrenda de la tarde.

Pero tú, oh Señor, no estés lejos; fuerza mía, apresúrate a socorrerme. No escondas tu rostro de mí; no rechaces con ira a tu siervo; tú has sido mi ayuda.* No me abandones ni me desampares, oh Dios de mi salvación.

¡Ah, Señor Dios! He aquí, tú hiciste los cielos y la tierra con tu gran poder y con tu brazo extendido; nada es imposible para ti. * El cual nos libró de tan gran peligro de muerte y nos librará, y en quien hemos puesto nuestra esperanza de que El aún nos ha de librar. * Y no hará Dios justicia a sus escogidos, que claman a El día y noche? ¿Se tardará mucho en responderles?

Os digo que pronto les hará justicia.

Is.59:1 Sal.138:3 Dn.9:21 Sal.27:9; 22:19 Jer.32:17 II Co.1:10 Lc.18:7,8

MAYO 5 - Por tanto, no os preocupéis, diciendo: "¿Qué comeremos?" o "¿qué beberemos?" o "¿con qué nos vestiremos?" Vuestro Padre celestial sabe que necesitáis todas estas cosas.

Temed al Señor, vosotros sus santos, pues nada les falta a aquellos que le temen. Los leoncillos pasan necesidad y tienen hambre, mas los que buscan al Señor no carecerán de bien alguno.

El Señor nada bueno niega a los que andan en integridad. Oh Señor de los ejércitos, ¡cuán bienaventurado es el hombre que en ti confía! * Mas quiero que estéis libres de preocupación. El soltero se preocupa por las cosas del Señor, cómo puede agradar al Señor; * Por nada estéis afanosos; antes bien, en todo, mediante oración y súplica con acción de gracias, sean dadas a conocer vuestras peticiones delante de Dios.

¿No se venden dos pajarillos por un cuarto? Y sin embargo, ni uno de ellos caerá a tierra sin permitirlo vuestro Padre. Y hasta los cabellos de vuestra cabeza están todos contados. Así que no temáis; vosotros valéis más que muchos pajarillos.

¿Por qué estáis amedrentados? ¿Cómo no tenéis fe? Tened fe en Dios.

Mt.6:31,31 Sal.34:9,10; 84:11,12 I Co.7:32 Fil.4:6 Mt.10:29-31 Mr. 4:40 ; 11:22

MAYO 6 - La misericordia y la verdad se han encontrado, la justicia y la paz se han besado.

Dios justo y salvador; - El Señor se complació por causa de su justicia en hacer la ley grande y gloriosa.

Dios estaba en Cristo reconciliando al mundo consigo mismo, no tomando en cuenta a los hombres sus transgresiones, y nos ha encomendado a nosotros la palabra de la reconciliación.

...a quien Dios exhibió públicamente como propiciación por su sangre a través de la fe, como demostración de su justicia, porque en su tolerancia, Dios pasó por alto los pecados cometidos anteriormente, para demostrar en este tiempo su justicia, a fin de que El sea justo y sea el que justifica al que tiene fe en Jesús.

Mas él fue herido por nuestras rebeliones, molido por nuestros pecados. Por darnos la paz, cayó sobre él el castigo, y por sus llagas fuimos nosotros curados. * ¿Quién acusará a los escogidos de Dios? Dios es el que justifica.

Al que no trabaja, pero cree en aquel que justifica al impío, su fe se le cuenta por justicia.

Sal.85:10 Is.45:21; 42:21 II Co.5:19 Ro.3:25,26 Is.53:5 Ro.8:33; 4:5

MAYO 7- Habréis de oír de guerras y rumores de guerras. ¡Cuidado! No os alarméis.

Dios es nuestro refugio y fortaleza, nuestro pronto auxilio en las tribulaciones. Por tanto, no temeremos aunque la tierra sufra cambios, y aunque los montes se deslicen al fondo de los mares; aunque bramen y se agiten sus aguas, aunque tiemblen los montes con creciente enojo.

Ven, pueblo mío, entra en tus aposentos, y cierra tras ti tus puertas; escóndete por corto tiempo, hasta que pase la indignación. Porque he aquí, el SEÑOR va a salir de su lugar para castigar la iniquidad de los habitantes de la tierra contra El. * En ti se refugia mi alma; en la sombra de tus alas me ampararé hasta que la destrucción pase.

Vuestra vida está escondida con Cristo en Dios. * No temerá recibir malas noticias; su corazón está firme, confiado en el Señor. * Estas cosas os he hablado para que en mí tengáis paz. En el mundo tenéis tribulación; pero confiad, yo he vencido al mundo.

Mt.24:6 Sal.46:1-3 Is.26:20,21 Sal.57:1 Col.3:3 Sal.112:7 Jn.16:33

MAYO 8 - Pero quiso el Señor quebrantarle, sometiéndole a padecimiento.

Ahora mi alma se ha angustiado; y ¿qué diré: "Padre, sálvame de esta hora"? Pero para esto he llegado a esta hora. * Padre, glorifica tu nombre. Entonces vino una voz del cielo: Y le he glorificado, y de nuevo le glorificaré.

Padre, si es tu voluntad, aparta de mí esta copa; pero no se haga mi voluntad, sino la tuya. * Y hallándose en forma de hombre, se humilló a sí mismo, haciéndose obediente hasta la muerte, y muerte de cruz.

Por eso el Padre me ama, porque yo doy mi vida para tomarla de nuevo. *Porque he descendido del cielo, no para hacer mi voluntad, sino la voluntad del que me envió. * La copa que el Padre me ha dado, ¿acaso no la he de beber? * Y El que me envió está conmigo; no me ha dejado solo, porque yo siempre hago lo que le agrada. Y he aquí, se oyó una voz de los cielos que decía: Este es mi Hijo amado en quien me he complacido. * He aquí mi Siervo, a quien yo sostengo, mi escogido, en quien mi alma se complace.

Is.53:10 Jn.12:27,28 Lc.22:42,43 Fil.2:8 Jn.10:17; 6:38; 18:11; 8:29 Mt.3:17 Is.42:1

MAYO 9 -La fe es la certeza de lo que se espera, la convicción de lo que no se ve.

Si hemos esperado en Cristo para esta vida solamente, somos, de todos los hombres, los más dignos de lástima. * Cosas que ojo no vio, ni oído oyó, ni han entrado al corazón del hombre, son las cosas que Dios ha preparado para los que le aman. Pero Dios nos las reveló por medio del Espíritu, porque el Espíritu todo lo escudriña, aun las profundidades de Dios.

En El también vosotros, después de escuchar el mensaje de la verdad, el evangelio de vuestra salvación, y habiendo creído, fuisteis sellados en El con el Espíritu Santo de la promesa, que nos es dado como garantía de nuestra herencia, con miras a la redención de la posesión adquirida de Dios , para alabanza de su gloria. * ¿Porque me has visto has creído? Dichosos los que no vieron, y sin embargo creyeron.

…a quien sin haberle visto, le amáis, y a quien ahora no veis, pero creéis en El, y os regocijáis grandemente con gozo inefable y lleno de gloria, obteniendo, como resultado de vuestra fe, la salvación de vuestras almas. * Por fe andamos, no por vista. * No desechéis vuestra confianza, la cual tiene gran recompensa.

Heb.11:1 I Co.15:19; 2:9,10 Ef.1:13,14 Jn.20:29 I P 1:8,9 II Co.5:7 Heb.10:35

MAYO 10 - El Hijo de Dios se manifestó con este propósito: para destruir las obras del diablo.

Nuestra lucha no es contra sangre y carne, sino contra principados, contra potestades, contra los poderes de este mundo de tinieblas, contra las huestes espirituales de maldad en las regiones celestes.

Así que, por cuanto los hijos participan de carne y sangre, El igualmente participó también de lo mismo, para anular mediante la muerte el poder de aquel que tenía el poder de la muerte, es decir, el diablo. * Y habiendo despojado a los poderes y autoridades, hizo de ellos un espectáculo público, triunfando sobre ellos por medio de El.

Y oí una gran voz en el cielo, que decía: Ahora ha venido la salvación, el poder y el reino de nuestro Dios y la autoridad de su Cristo, porque el acusador de nuestros hermanos, el que los acusa delante de nuestro Dios día y noche, ha sido arrojado.

Ellos lo vencieron por medio de la sangre del Cordero y por la palabra del testimonio de ellos, y no amaron sus vidas, llegando hasta sufrir la muerte.* A Dios gracias, que nos da la victoria por medio de nuestro Señor Jesucristo.

I Jn. 3:8 Ef.6:12 He 12:14 Col.2:15 Ap.12:10,11 I Co.15:57

MAYO 11 - Sed sobrios, como conviene, y dejad de pecar.

Todos vosotros sois hijos de luz e hijos del día. * Por tanto, no durmamos como los demás, sino estemos alerta y seamos sobrios.

Ya es hora de despertaros del sueño; porque ahora la salvación está más cerca de nosotros que cuando creímos. * La noche está muy avanzada, y el día está cerca. Por tanto, desechemos las obras de las tinieblas y vistámonos con las armas de la luz. * Por tanto, tomad toda la armadura de Dios, para que podáis resistir en el día malo, y habiéndolo hecho todo, estar firmes.

Arrojad de vosotros todas las transgresiones que habéis cometido, y haceos un corazón nuevo y un espíritu nuevo. * Por lo cual, desechando toda inmundicia y todo resto de malicia, recibid con humildad la palabra implantada, que es poderosa para salvar vuestras almas. * Y ahora, hijos, permaneced en El, para que cuando se manifieste, tengamos confianza y no nos apartemos de El avergonzados en su venida.

Si sabéis que El es justo, sabéis también que todo el que hace justicia es nacido de El.

I Co. 15:34 I Ts.5:5-6 Ro.13:11, 12 Ef.6:13 Ez.18:31 Stg.1:21 I Jn.2:28,29

MAYO 12 - Amados, amémonos unos a otros, porque el amor es de Dios, y todo el que ama es nacido de Dios y conoce a Dios.

El amor de Dios ha sido derramado en nuestros corazones por medio del Espíritu Santo que nos fue dado. * Pues no habéis recibido un espíritu de esclavitud para volver otra vez al temor, sino que habéis recibido un espíritu de adopción como hijos, por el cual clamamos: ¡Abba, Padre! El Espíritu mismo da testimonio a nuestro espíritu de que somos hijos de Dios,

El que cree en el Hijo de Dios tiene el testimonio en sí mismo; el que no cree a Dios, ha hecho a Dios mentiroso, porque no ha creído en el testimonio que Dios ha dado respecto a su Hijo. * En esto se manifestó el amor de Dios en nosotros: en que Dios ha enviado a su Hijo unigénito al mundo para que vivamos por medio de El. * En El tenemos redención mediante su sangre, el perdón de nuestros pecados según las riquezas de su gracia a fin de poder mostrar en los siglos venideros las sobreabundantes riquezas de su gracia por su bondad para con nosotros en Cristo Jesús. * Amados, si Dios así nos amó, también nosotros debemos amarnos unos a otros.

I Jn.4:7 Ro.5:5; 8:15,16 I Jn. 5:10; 4:9; Ef.1:7; 2:7 I Jn.4:11

MAYO 13 - Quiero que en todo lugar los hombres oren levantando manos santas, sin ira ni discusiones.

Los verdaderos adoradores adorarán al Padre en espíritu y en verdad; porque ciertamente a los tales el Padre busca que le adoren. Dios es espíritu, y los que le adoran deben adorarle en espíritu y en verdad. * Entonces invocarás, y el Señor responderá; clamarás, y El dirá: "Heme aquí." Si quitas de en medio de ti el yugo, el amenazar con el dedo y el hablar iniquidad,

Cuando estéis orando, perdonad si tenéis algo contra alguien, para que también vuestro Padre que está en los cielos os perdone vuestras transgresiones. * Sin fe es imposible agradar a Dios; porque es necesario que el que se acerca a Dios crea que El existe, y que es remunerador de los que le buscan. * Pero que pida con fe, sin dudar; porque el que duda es semejante a la ola del mar, impulsada por el viento y echada de una parte a otra. No piense, pues, ese hombre, que recibirá cosa alguna del Señor, * Si observo iniquidad en mi corazón, el Señor no me escuchará.

Hijitos míos, os escribo estas cosas para que no pequéis. Y si alguno peca, Abogado tenemos para con el Padre, a Jesucristo el justo. * El mismo es la propiciación por nuestros pecados, y no sólo por los nuestros, sino también por los del mundo entero.

I Ti.2:8 Jn.4:23,24 Is. 58:9 Mr.11:25 Heb.11:6 Stg.1:6,7 Sal.66:18 I Jn.2:1,2

MAYO 14 - La participación en sus padecimientos.

Le basta al discípulo llegar a ser como su maestro, y al siervo como su señor. * Fue despreciado y desechado de los hombres, varón de dolores y experimentado en aflicción; y como uno de quien los hombres esconden el rostro, fue despreciado, y no le estimamos. * En el mundo tenéis tribulación.

Pero como no sois del mundo, sino que yo os escogí de entre el mundo, por eso el mundo os odia. * Esperé compasión, pero no la hubo; busqué consoladores, pero no los hallé.

En mi primera defensa nadie estuvo a mi lado, sino que todos me abandonaron. * Las zorras tienen madrigueras y las aves del cielo nidos, pero el Hijo del Hombre no tiene dónde recostar la cabeza. * Porque no tenemos aquí una ciudad permanente, sino que buscamos la que está por venir. * Corramos con paciencia la carrera que tenemos por delante, puestos los ojos en Jesús, el autor y consumador de la fe, quien por el gozo puesto delante de El soportó la cruz, menospreciando la vergüenza, y se ha sentado a la diestra del trono de Dios.

Fil.3:10 Mt.10:25 Is.53:3 Jn.16:33 Jn.15:19 Sal.69:20 II Ti.4:16 Mt.8:20 Heb.13:14; 12:1,2

MAYO 15 - Dios enjugará toda lágrima...ya no habrá muerte...ni dolor, porque las primeras cosas han pasado.

El destruirá la muerte para siempre; el Señor Dios enjugará las lágrimas de todos los rostros, y quitará el oprobio de su pueblo de sobre toda la tierra, porque el Señor ha hablado. * Nunca más se pondrá tu sol, ni menguará tu luna, porque tendrás al Señor por luz eterna, y se habrán acabado los días de tu luto.

Ningún habitante dirá: Estoy enfermo; al pueblo que allí habita, le será perdonada su iniquidad. * No se oirá más en ella voz de lloro ni voz de clamor.

Y huirán la tristeza y el gemido. * De manos del Seol los redimiré, los libraré de la muerte. Muerte, yo seré tu muerte; yo seré tu destrucción, Seol. La compasión se ocultará de mi vista. * El último enemigo que será destruido es la muerte. * Cuando lo corruptible se revista de lo incorruptible, y lo mortal, de inmortalidad, entonces se cumplirá lo que está escrito: «La muerte ha sido devorada por la victoria.» * Lo que no se ve es eterno.

Ap.21:4 Is.25:8 Is.60:20; 33:24; 65:19; 35:10 Os.13:14 I Co.15:26,54 II Co.4:18

MAYO 16- Siervo de Cristo Jesús.

Vosotros me llamáis Maestro y Señor; y tenéis razón, porque lo soy. * Si alguno me sirve, que me siga; y donde yo estoy, allí también estará mi servidor; si alguno me sirve, el Padre lo honrará.

Tomad mi yugo sobre vosotros y aprended de mí, que soy manso y humilde de corazón, y hallaréis descanso para vuestras almas. Porque mi yugo es fácil y mi carga ligera. * Pero todo lo que para mí era ganancia, lo he estimado como pérdida por amor de Cristo. *Pero ahora, habiendo sido libertados del pecado y hechos siervos de Dios, tenéis por vuestro fruto la santificación, y como resultado la vida eterna.

Ya no os llamo siervos, porque el siervo no sabe lo que hace su señor; pero os he llamado amigos, porque os he dado a conocer todo lo que he oído de mi Padre. * Por tanto, ya no eres siervo, sino hijo; y si hijo, también heredero por medio de Dios.

Para libertad fue que Cristo nos hizo libres; por tanto, permaneced firmes, y no os sometáis otra vez al yugo de esclavitud. * Porque vosotros, hermanos, a libertad fuisteis llamados; sólo que no uséis la libertad como pretexto para la carne, sino servíos por amor los unos a los otros.

Ro.1:1 Jn.13:13; 12:26 Mt.11:29,30 Fil.3:7 Ro.6:22 Jn.15:15 Gal.4:7; 5:1,13

MAYO 17 - Yo soy el Señor su Dios. Sigan mis decretos, obedezcan mis leyes.

Sean ustedes santos en todo lo que hagan, como también es santo quien los llamó. * El que afirma que permanece en él, debe vivir como él vivió. Si reconocen que Jesucristo es justo, reconozcan también que todo el que practica la justicia ha nacido de él. * Para nada cuenta estar o no estar circuncidado; lo que importa es cumplir los mandatos de Dios.

Porque el que cumple con toda la ley pero falla en un solo punto ya es culpable de haberla quebrantado toda. * No es que nos consideremos competentes en nosotros mismos. Nuestra capacidad viene de Dios. * Enséñame, Señor, a seguir tus decretos, y los cumpliré hasta el fin.

Así que, mis queridos hermanos, como han obedecido siempre —no sólo en mi presencia sino mucho más ahora en mi ausencia— lleven a cabo su salvación con temor y temblor, pues Dios es quien produce en ustedes tanto el querer como el hacer para que se cumpla su buena voluntad.

Ez. 20:19 I P 1:15 I Jn.2:6,29 I Co.7:19 Stg.2:10 II Co. 3:5 Sal.119:33 Fil.2:12,13 Heb.13:20,21

MAYO 18 - Así como el Padre tiene vida en sí mismo, así también ha concedido al Hijo el tener vida en sí mismo.

Nuestro Salvador Cristo Jesús… quien destruyó la muerte y sacó a la luz la vida incorruptible mediante el evangelio. * Yo soy la resurrección y la vida. * Porque yo vivo, también ustedes vivirán. * Hemos llegado a tener parte con Cristo. * Fueron hechos partícipes del Espíritu Santo, *Han saboreado el don celestial.

…para que ustedes…lleguen a tener parte en la naturaleza divina. * El primer hombre, Adán, se convirtió en un ser viviente, el último Adán, en el Espíritu que da vida. * Fíjense bien en el misterio que les voy a revelar: No todos moriremos, pero todos seremos transformados, en un instante, en un abrir y cerrar de ojos, al toque final de la trompeta. Pues sonará la trompeta y los muertos resucitarán con un cuerpo incorruptible, y nosotros seremos transformados. * Santo, santo, santo es el Señor Dios Todopoderoso, el que era y que es y que ha de venir.

Al que vive por los siglos de los siglos. * Al único y bendito Soberano, Rey de reyes y Señor de señores, al único inmortal. * Al Rey eterno, inmortal, invisible, al único Dios, sea honor y gloria por los siglos de los siglos. Amén.

Jn.5:26 II Ti.1:10 Jn.11:25;14:9 Heb.3:14; 6:4 II P 1:4 I Co. 5:45,51,52 Ap.4:8,9 I Ti. 6:15,16; 1:17

MAYO 19-Lávame de toda mi maldad.

Los purificaré de todas las iniquidades que cometieron contra mí; les perdonaré todos los pecados con que se rebelaron contra mí.

Esparciré sobre vosotros agua limpia, y seréis limpiados de todas vuestras inmundicias; y de todos vuestros ídolos os limpiaré. * Yo te aseguro que quien no nazca de agua y del Espíritu, no puede entrar en el reino de Dios.

La sangre de machos cabríos y de toros, y las cenizas de una novilla rociadas sobre personas impuras, las santifican de modo que quedan limpias por fuera. Si esto es así, ¡cuánto más la sangre de Cristo, quien por medio del Espíritu eterno se ofreció sin mancha a Dios, purificará nuestra conciencia de las obras que conducen a la muerte, a fin de que sirvamos al Dios viviente

Pero Dios los salvó, haciendo honor a su nombre, para mostrar su gran poder.

La gloria, Señor, no es para nosotros; no es para nosotros sino para tu nombre, por causa de tu amor y tu verdad.

Sal. 51:2 Jer.33:8 Ez.36:25 Jn.3:5 Heb.9:13,14 Sal.106:8; 115:1

MAYO 20 - Ten cuidado de ti mismo.

Todos los deportistas se entrenan con mucha disciplina. Ellos lo hacen para obtener un premio que se echa a perder; nosotros, en cambio, por uno que dura para siempre. Así que yo no corro como quien no tiene meta; no lucho como quien da golpes al aire. Más bien, golpeo mi cuerpo y lo domino, no sea que, después de haber predicado a otros, yo mismo quede descalificado.

Pónganse toda la armadura de Dios para que puedan hacer frente a las artimañas del diablo. Porque nuestra lucha no es contra seres humanos, sino contra poderes, contra autoridades, contra potestades que dominan este mundo de tinieblas, contra fuerzas espirituales malignas en las regiones celestiales.

Los que son de Cristo Jesús han crucificado la naturaleza pecaminosa, con sus pasiones y deseos. Si el Espíritu nos da vida, andemos guiados por el Espíritu. * Porque todos los que son guiados por el Espíritu de Dios son hijos de Dios. * Sé diligente en estos asuntos; entrégate de lleno a ellos, de modo que todos puedan ver que estás progresando.

I Ti.4:16 I Co. 9:25-27 Ef.6:11,12 Gal.5:24,25 Ro.8:14 I Ti.4:15

MAYO 21 - Hermanos, fortalézcanse con el gran poder del Señor.

Te basta con mi gracia, pues mi poder se perfecciona en la debilidad. Por lo tanto, gustosamente haré más bien alarde de mis debilidades, para que permanezca sobre mí el poder de Cristo. Por eso me regocijo en debilidades, insultos, privaciones, persecuciones y dificultades que sufro por Cristo; porque cuando soy débil, entonces soy fuerte.

Soberano Señor, relataré tus obras poderosas, y haré memoria de tu justicia, de tu justicia solamente. * A la verdad, no me avergüenzo del evangelio, pues es poder de Dios para la salvación de todos los que creen.

Todo lo puedo en Cristo que me fortalece. * Pero tenemos este tesoro en vasijas de barro para que se vea que tan sublime poder viene de Dios y no de nosotros. * Con este fin trabajo y lucho fortalecido por el poder de Cristo que obra en mí.

No estén tristes, pues el gozo del Señor es nuestra fortaleza. * Ser fortalecidos en todo sentido con su glorioso poder. Así perseverarán con paciencia en toda situación.

Ef. 6:10 II Co.12:9,10 Sal.71:16 Ro.1:16 Fil.4:13 Col.1:29 II Co.4:7 Neh.8:10 Col.1:11

MAYO 22 - La paz les dejo; mi paz les doy. Yo no se la doy a ustedes como la da el mundo.

El mundo se acaba con sus malos deseos. * Ciertamente como una sombra es el hombre; ciertamente en vano se afana; amontona riquezas, y no sabe quién las recogerá. * ¿Qué fruto cosechaban entonces? ¡Cosas que ahora los avergüenzan y que conducen a la muerte!

Marta, Marta —le contestó Jesús—, estás inquieta y preocupada por muchas cosas pero sólo una es necesaria. María ha escogido la mejor, y nadie se la quitará. * Yo preferiría que estuvieran libres de preocupaciones.

Yo les he dicho estas cosas para que en mí hallen paz. En este mundo afrontarán aflicciones, pero ¡anímense! Yo he vencido al mundo. * Que el Señor de paz les conceda su paz siempre y en todas las circunstancias. * El Señor sea con todos ustedes. El Señor te bendiga y te guarde; el Señor te mire con agrado y te extienda su amor; el Señor te muestre su favor y te conceda la paz.

Jn.14:27 I Jn.2:17 Sal.39:6 Ro.6:21 Lc.10:41,42 I Co.7:32 Jn.16:33 II Ts.3:16 Nu.6:24-26

MAYO 23 - Y pondrás las dos piedras sobre las hombreras del efod, para piedras memoriales a los hijos de Israel; y Aarón llevará los nombres de ellos delante de Jehová sobre sus dos hombros por memorial.

Como Jesús permanece para siempre, su sacerdocio es imperecedero. Por eso también puede salvar por completo a los que por medio de él se acercan a Dios, ya que vive siempre para interceder por ellos.

¡Al único Dios, nuestro Salvador, que puede guardarlos para que no caigan, y establecerlos sin tacha y con gran alegría ante su gloriosa presencia.

Por lo tanto, ya que en Jesús, el Hijo de Dios, tenemos un gran sumo sacerdote que ha atravesado los cielos, aferrémonos a la fe que profesamos. Porque no tenemos un sumo sacerdote incapaz de compadecerse de nuestras debilidades, sino uno que ha sido tentado en todo de la misma manera que nosotros, aunque sin pecado. Así que acerquémonos confiadamente al trono de la gracia para recibir misericordia y hallar la gracia que nos ayude en el momento que más la necesitemos.

Que el amado del Señor repose seguro en él, porque lo protege todo el día y descansa tranquilo entre sus hombros.

Ex.28:12 Heb.7:24,25 Judas 24 Heb.4:14-16 Dt.33:12

MAYO 24 - No agravien al Espíritu Santo de Dios, con el cual fueron sellados para el día de la redención.

El amor del Espíritu… * Pero el Consolador, el Espíritu Santo…

De todas sus angustias Él mismo los salvó; no envió un emisario ni un ángel. En su amor y misericordia los rescató; los levantó y los llevó en sus brazos como en los tiempos de antaño. * Pero ellos se rebelaron y afligieron a su santo Espíritu. Por eso se convirtió en su enemigo, y luchó él mismo contra ellos.* Porque nos ha dado de su Espíritu.* En él también ustedes, cuando oyeron el mensaje de la verdad, el evangelio que les trajo la salvación, y lo creyeron, fueron marcados con el sello que es el Espíritu Santo prometido. Éste garantiza nuestra herencia hasta que llegue la redención final del pueblo adquirido por Dios, para alabanza de su gloria.

Así que les digo: Vivan por el Espíritu, y no seguirán los deseos de la naturaleza pecaminosa. Porque ésta desea lo que es contrario al Espíritu, y el Espíritu desea lo que es contrario a ella. Los dos se oponen entre sí, de modo que ustedes no pueden hacer lo que quieren. * Así mismo, en nuestra debilidad el Espíritu acude a ayudarnos.

Ef. 4:30 Ro.15:30 Jn.14:26 Is.63:9,10 I Jn.4:13 Ef.1:13,14 Gal.5:16,17 Ro.8:26

MAYO 25 - Cuán grande es tu bondad, que atesoras para los que te temen.

Fuera de ti, desde tiempos antiguos nadie ha escuchado ni percibido, ni ojo alguno ha visto, a un Dios que, como tú, actúe en favor de quienes en él confían. * Sin embargo, como está escrito: «Ningún ojo ha visto, ningún oído ha escuchado, ninguna mente humana ha concebido lo que Dios ha preparado para quienes lo aman.»

Ahora bien, Dios nos ha revelado esto por medio de su Espíritu, pues el Espíritu lo examina todo, hasta las profundidades de Dios. * Me has dado a conocer la senda de la vida; me llenarás de alegría en tu presencia, y de dicha eterna a tu derecha.* ¡Cuán precioso, oh Dios, es tu gran amor! Todo ser humano halla refugio a la sombra de tus alas.*Se sacian de la abundancia de tu casa; les das a beber de tu río de deleites. * Porque en ti está la fuente de la vida, y en tu luz podemos ver la luz.

Aunque el ejercicio físico trae algún provecho, la piedad es útil para todo, ya que incluye una promesa no sólo para la vida presente sino también para la venidera.

Sal.31:19 Is.64:4 I Co.2:9,10 Sal.16:11; 36:7-9 I Ti.4:8

MAYO 26 - El gran Pastor de las ovejas, nuestro Señor Jesús.

El Pastor supremo…

Yo soy el buen pastor; conozco a mis ovejas, y ellas me conocen a mí.* Mis ovejas oyen mi voz; yo las conozco y ellas me siguen. Yo les doy vida eterna, y nunca perecerán, ni nadie podrá arrebatármelas de la mano. * El Señor es mi pastor, nada me falta; en verdes pastos me hace descansar. Junto a tranquilas aguas me conduce; me infunde nuevas fuerzas. Me guía por sendas de justicia por amor a su nombre.

Todos andábamos perdidos, como ovejas; cada uno seguía su propio camino, pero el Señor hizo recaer sobre él la iniquidad de todos nosotros. * Yo soy el buen pastor. El buen pastor da su vida por las ovejas. * Buscaré a las ovejas perdidas, recogeré a las extraviadas, vendaré a las que estén heridas y fortaleceré a las débiles, pero exterminaré a las ovejas gordas y robustas. Yo las pastorearé con justicia.* Antes eran ustedes como ovejas descarriadas, pero ahora han vuelto al Pastor que cuida de sus vidas..

Heb. 13:20 I P.5:4 Jn.10:14,27,28 Sal.23:1-3 Is.53:6 Jn.10:11 Ez.34:16 I P.2:25

MAYO 27 - Bueno es el Señor; es refugio en el día de la angustia, y protector de los que en él confían.

Den gracias al Señor Todopoderoso, porque el Señor es bueno, porque su amor es eterno.* Dios es nuestro amparo y nuestra fortaleza, nuestra ayuda segura en momentos de angustia.

Yo le digo al Señor: «Tú eres mi refugio, mi fortaleza, el Dios en quien confío.» * ¿Quién como tú, pueblo rescatado por el Señor? Él es tu escudo y tu ayuda; él es tu espada victoriosa. * El camino de Dios es perfecto; la palabra del Señor es intachable. Escudo es Dios a los que en él se refugian. ¿Pues quién es Dios, si no el Señor? ¿Quién es la roca, si no nuestro Dios?* Pero el que ama a Dios es conocido por él.

A pesar de todo, el fundamento de Dios es sólido y se mantiene firme, pues está sellado con esta inscripción: «El Señor conoce a los suyos», y esta otra: «Que se aparte de la maldad todo el que invoca el nombre del Señor». * Porque el Señor cuida el camino de los justos, mas la senda de los malos lleva a la perdición.

…cuentas con mi favor y te considero mi amigo.

Nahum 1:7 Jer.33:11 Sal.46:1; 91:2 Dt.33:29 II S.22:31,32 I Co.8:3 II Ti.2:19 Sal.1:6 Ex.33:17

MAYO 28 - Esperamos el Salvador.

En verdad, Dios ha manifestado a toda la humanidad su gracia, la cual trae salvación y nos enseña a rechazar la impiedad y las pasiones mundanas. Así podremos vivir en este mundo con justicia, piedad y dominio propio, mientras aguardamos la bendita esperanza, es decir, la gloriosa venida de nuestro gran Dios y Salvador Jesucristo. Él se entregó por nosotros para rescatarnos de toda maldad y purificar para sí un pueblo elegido, dedicado a hacer el bien.

Pero, según su promesa, esperamos un cielo nuevo y una tierra nueva, en los que habite la justicia. Por eso, queridos hermanos, mientras esperan estos acontecimientos, esfuércense para que Dios los halle sin mancha y sin defecto, y en paz con él.

Cristo fue ofrecido en sacrificio una sola vez para quitar los pecados de muchos; y aparecerá por segunda vez, ya no para cargar con pecado alguno, sino para traer salvación a quienes lo esperan.

En aquel día se dirá: «¡Sí, éste es nuestro Dios; en él confiamos, y él nos salvó! ¡Éste es el Señor, en él hemos confiado; regocijémonos y alegrémonos en su salvación!»

Fil. 3:20 Tit.2:11-14 II P.3:13,14 Heb.9:28 Is.25:9

MAYO29 - La vida de toda criatura está en la sangre. Yo mismo se la he dado a ustedes sobre el altar, para que hagan propiciación por ustedes mismos, ya que la propiciación se hace por medio de la sangre.

¡Aquí tienen al Cordero de Dios, que quita el pecado del mundo! * La sangre del Cordero. * La preciosa sangre de Cristo, como de un cordero sin mancha y sin defecto. * Sin derramamiento de sangre no hay perdón. *La sangre de su Hijo Jesucristo nos limpia de todo pecado. * Entró una sola vez y para siempre en el Lugar Santísimo. No lo hizo con sangre de machos cabríos y becerros, sino con su propia sangre, logrando así un rescate eterno.

Así que, hermanos, mediante la sangre de Jesús, tenemos plena libertad para entrar en el Lugar Santísimo, por el camino nuevo y vivo que él nos ha abierto a través de la cortina, es decir, a través de su cuerpo;. Acerquémonos, pues, a Dios con corazón sincero y con la plena seguridad que da la fe, interiormente purificados de una conciencia culpable y exteriormente lavados con agua pura. * Uds. fueron comprados por un precio. Por tanto, honren con su cuerpo a Dios.

Lev.17:11 Jn.1:29 Ap.7:14 I P. 1:19 Heb.9:22 I Jn.1:7 Heb.9:12;10:19,20,22 I Co.6:20

MAYO 30 -Esforcémonos, pues, por entrar en ese reposo.

Entren por la puerta estrecha. Porque es ancha la puerta y espacioso el camino que conduce a la destrucción, y muchos entran por ella. Pero estrecha es la puerta y angosto el camino que conduce a la vida, y son pocos los que la encuentran.

El reino de los cielos ha venido avanzando contra viento y marea, y los que se esfuerzan logran aferrarse a él. * Trabajen, pero no por la comida que es perecedera, sino por la que permanece para vida eterna, la cual les dará el Hijo del hombre. Sobre éste ha puesto Dios el Padre su sello de aprobación.

Por lo tanto, hermanos, esfuércense más todavía por asegurarse del llamado de Dios, que fue quien los eligió. Si hacen estas cosas, no caerán jamás, y se les abrirán de par en par las puertas del reino eterno de nuestro Señor y Salvador Jesucristo. * ¿No saben que en una carrera todos los corredores compiten, pero sólo uno obtiene el premio? Corran, pues, de tal modo que lo obtengan. Todos los deportistas se entrenan con mucha disciplina. Ellos lo hacen para obtener un premio que se echa a perder; nosotros, en cambio, por uno que dura para siempre.

El que entra en el reposo de Dios descansa también de sus obras, así como Dios descansó de las suyas. * El Señor será tu luz eterna; tu Dios será tu gloria.

Heb. 4:11 Mt.7:13,14; 11:12 Jn.6:27 II P.1:10,11 I Co.9:24,25 Heb.4:10 Is.60:19

MAYO 31 - Ya no te llamarás Jacob, sino Israel, porque has luchado con Dios y con los hombres, y has vencido.

Ya en el seno materno suplantó a su hermano, y cuando se hizo hombre luchó con Dios. Luchó con el ángel, y lo venció; lloró y le rogó que lo favoreciera.

Ante la promesa de Dios no vaciló como un incrédulo, sino que se reafirmó en su fe y dio gloria a Dios. * Tengan fe en Dios —respondió Jesús. Les aseguro que si alguno le dice a este monte: "Quítate de ahí y tírate al mar", creyendo, sin abrigar la menor duda de que lo que dice sucederá, lo obtendrá. Por eso les digo: Crean que ya han recibido todo lo que estén pidiendo en oración, y lo obtendrán.

Para el que cree, todo es posible. * Dichosa tú que has creído, porque lo que el Señor te ha dicho se cumplirá! * Señor: Auméntanos la fe.

Gn.32:28 Os.12:3,4 Ro.4:20 Mr.11:22-24: 9:23 Lc.1:45; 17:5

JUNIO

JUNIO 1 - Mas el fruto del Espíritu es … paciencia, benignidad.

El Señor, el Señor, Dios compasivo y clemente, lento para la ira y abundante en misericordia y verdad. *Os ruego que viváis de una manera digna de la vocación con que habéis sido llamados, con toda humildad y mansedumbre, con paciencia, soportándoos unos a otros en amor.

Sed más bien amables unos con otros, misericordiosos, perdonándoos unos a otros, así como también Dios os perdonó en Cristo.* La sabiduría de lo alto es primeramente pura, después pacífica, amable, condescendiente, llena de misericordia y de buenos frutos, sin vacilación, sin hipocresía.

El amor es paciente, es bondadoso; el amor no tiene envidia; el amor no es jactancioso, no es arrogante.

Y no nos cansemos de hacer el bien, pues a su tiempo, si no nos cansamos, segaremos.

Por tanto, hermanos, sed pacientes hasta la venida del Señor. Mirad cómo el labrador espera el fruto precioso de la tierra, siendo paciente en ello hasta que recibe la lluvia temprana y la tardía. Sed también vosotros pacientes; fortaleced vuestros corazones, porque la venida del Señor está cerca.

Gal. 5:22 Ex.34:6 Ef.4:1,2;32 Stg.3:17 I Co.13:4 Gal.6:9 Stg.5:7,8

JUNIO 2 - Y de esta manera lo comeréis: ceñidos vuestros lomos…lo comeréis apresuradamente. Es la Pascua del Señor.

Levantaos y marchad, pues este no es lugar de descanso. * Porque no tenemos aquí una ciudad permanente, sino que buscamos la que está por venir. *Queda, por tanto, un reposo sagrado para el pueblo de Dios.

Estad siempre preparados y mantened las lámparas encendidas, y sed semejantes a hombres que esperan a su Señor que regresa de las bodas, para abrirle tan pronto como llegue y llame. Dichosos aquellos siervos a quienes el señor, al venir, halle velando; en verdad os digo que se ceñirá para servir, y los sentará a la mesa, y acercándose, les servirá.

Por tanto, ceñid vuestro entendimiento para la acción; sed sobrios en espíritu, poned vuestra esperanza completamente en la gracia que se os traerá en la revelación de Jesucristo.

Ex.12:11 Mi.2:10 Heb.13:14; 4:9 Lc.12:35-37 I P.1:13 Fil.3:13-15

JUNIO 3 - Velad, pues, porque no sabéis ni el día ni la hora en que vendrá el Hijo del hombre.

Estad alerta, no sea que vuestro corazón se cargue con disipación y embriaguez y con las preocupaciones de la vida, y aquel día venga súbitamente sobre vosotros como un lazo; porque vendrá sobre todos los que habitan sobre la faz de toda la tierra. Mas velad en todo tiempo, orando para que tengáis fuerza para escapar de todas estas cosas que están por suceder, y podáis estar en pie delante del Hijo del Hombre.

Pues vosotros mismos sabéis perfectamente que el día del Señor vendrá así como un ladrón en la noche; que cuando estén diciendo: Paz y seguridad, entonces la destrucción vendrá sobre ellos repentinamente, como dolores de parto a una mujer que está encinta, y no escaparán. Mas vosotros, hermanos, no estáis en tinieblas, para que el día os sorprenda como ladrón; porque todos vosotros sois hijos de luz e hijos del día. No somos de la noche ni de las tinieblas. Por tanto, no durmamos como los demás, sino estemos alerta y seamos sobrios.

Mt.25:13 Lc.21:34-36 I Ts.5:2-6

JUNIO 4 - La gloria postrera de esta casa será mayor que la primera y en este lugar daré paz.

La casa que ha de edificarse al Señor será de gran magnificencia, de renombre y de gloria por todas las tierras.* Los sacerdotes no podían entrar en la casa del Señor, porque la gloria del Señor llenaba la casa del Señor.

Jesús respondió y les dijo: Destruid este templo, y en tres días lo levantaré. * Pero El hablaba del templo de su cuerpo.* Y el Verbo se hizo carne, y habitó entre nosotros, y vimos su gloria, gloria como del unigénito del Padre, lleno de gracia y de verdad.

Dios, habiendo hablado hace mucho tiempo, en muchas ocasiones y de muchas maneras a los padres por los profetas, en estos últimos días nos ha hablado por su Hijo, a quien constituyó heredero de todas las cosas, por medio de quien hizo también el universo.* Gloria a Dios en las alturas, y en la tierra paz entre los hombres en quienes El se complace. * Príncipe de Paz.

Porque El mismo es nuestra paz. Y la paz de Dios, que sobrepasa todo entendimiento, guardará vuestros corazones y vuestras mentes en Cristo Jesús.

Hag.2:9 I Cr.22:5 I Cr.7:2 Jn.2:19, 21 II Co.3:10 Jn.1:14 Heb.1:1.2 Lc.2:14 Is.9:6 Ef.2:14 Fil.4:7

JUNIO 5 - Cuando hayáis hecho todo lo que se os ha ordenado, decid: "Siervos inútiles somos; hemos hecho sólo lo que debíamos haber hecho."

¿Dónde está, pues, la jactancia? Queda excluida. ¿Por cuál ley? ¿La de las obras? No, sino por la ley de la fe. * ¿Qué tienes que no recibiste? Y si lo recibiste, ¿por qué te jactas como si no lo hubieras recibido? * Porque por gracia habéis sido salvados por medio de la fe, y esto no de vosotros, sino que es don de Dios; no por obras, para que nadie se gloríe. Porque somos hechura suya, creados en Cristo Jesús para hacer buenas obras, las cuales Dios preparó de antemano para que anduviéramos en ellas. * Pero por la gracia de Dios soy lo que soy, y su gracia para conmigo no resultó vana; antes bien he trabajado mucho más que todos ellos, aunque no yo, sino la gracia de Dios en mí. * Porque de El, por El y para El son todas las cosas. A El sea la gloria para siempre. * Porque de ti proceden todas las cosas, y de lo recibido de tu mano te damos. * No entres en juicio con tu siervo, porque no es justo delante de ti ningún viviente.

Lc. 17:10 Ro.3:27 I Co.4:7 Ef.2:8-10 I Co.15:10 Ro.11:36 1 Cr.29:14 Sal.143:2

JUNIO 6 - En su amor guardará silencio.

El Señor no puso su amor en vosotros ni os escogió por ser vosotros más numerosos que otro pueblo, pues erais el más pequeño de todos los pueblos; mas porque el Señor os amó y guardó el juramento que hizo a vuestros padres, el Señor os sacó con mano fuerte y os redimió de casa de servidumbre, de la mano de Faraón, rey de Egipto. * Nosotros amamos, porque El nos amó primero. * Y aunque vosotros antes estabais alejados…sin embargo, ahora El os ha reconciliado en su cuerpo de carne, mediante su muerte, a fin de presentaros santos, sin mancha e irreprensibles delante de El. * En esto consiste el amor: no en que nosotros hayamos amado a Dios, sino en que El nos amó a nosotros y envió a su Hijo como propiciación por nuestros pecados. * Pero Dios demuestra su amor para con nosotros, en que siendo aún pecadores, Cristo murió por nosotros. * Y he aquí, se oyó una voz de los cielos que decía: Este es mi Hijo amado en quien me he complacido. * Por eso el Padre me ama, porque yo doy mi vida para tomarla de nuevo. * En estos últimos días nos ha hablado por su Hijo, a quien constituyó heredero de todas las cosas, por medio de quien hizo también el universo. El es el resplandor de su gloria y la expresión exacta de su naturaleza, y sostiene todas las cosas por la palabra de su poder. Después de llevar a cabo la purificación de los pecados, se sentó a la diestra de la Majestad en las alturas.

Sof.3:17 Dt.7:7,8 I Jn.4:19 Col.1:21,22 I Jn.4:10 Ro.5:8 Mt.3:17 Jn.10:17 He.1:2,3

JUNIO 7 - Los hombres debían orar en todo tiempo, y no desfallecer.

También les dijo: Supongamos que uno de vosotros tiene un amigo, y va a él a medianoche y le dice: "Amigo, préstame tres panes, porque un amigo mío ha llegado de viaje a mi casa, y no tengo nada que ofrecerle"; y aquél, respondiendo desde adentro, le dice: "No me molestes; la puerta ya está cerrada, y mis hijos y yo estamos acostados; no puedo levantarme para darte nada." Os digo que aunque no se levante a darle algo por ser su amigo, no obstante, por su importunidad se levantará y le dará cuanto necesite.

Con toda oración y súplica orad en todo tiempo en el Espíritu, y así, velad con toda perseverancia y súplica por todos los santos.

No te soltaré si no me bendices. * Así como un príncipe, tienes poder con Dios y con los hombres.

Perseverad en la oración, velando en ella con acción de gracias.

En esos días El se fue al monte a orar, y pasó toda la noche en oración a Dios.

Lc.18:1; 11:5-8 Ef.6:18 Gn.32:26,28 Col.4:2 Lc.6:12

JUNIO 8 - El Señor   hacía prosperar en su mano todo lo que él hacía.

Bienaventurado todo aquel que teme al Señor, que anda en sus caminos. Cuando comas del trabajo de tus manos, dichoso serás y te irá bien.

Confía en el Señor, y haz el bien; habita en la tierra, y cultiva la fidelidad. Pon tu delicia en el Señor, y El te dará las peticiones de tu corazón.

 ¡Sé fuerte y valiente! No temas ni te acobardes, porque el Señor   tu Dios estará contigo dondequiera que vayas.

Pero buscad primero su reino y su justicia, y todas estas cosas os serán añadidas. * Mientras buscó al Señor, Dios le prosperó.

Cuídate de no olvidar al Señor   tu Dios dejando de guardar sus mandamientos, sus ordenanzas y sus estatutos que yo te ordeno hoy; No sea que digas en tu corazón: "Mi poder y la fuerza de mi mano me han producido esta riqueza."

¿No está con vosotros el Señor   vuestro Dios? ¿Y no os ha dado paz por todos lados?

Gn.39:3 Sal.128:1,2; 37:3,4 Jos.1:9 Mt.6:33 II Cr.26:5 Dt.8:11,17 I Cr.22:18

JUNIO 9 - ¡Jamás hombre alguno ha hablado como este hombre habla!

Eres el más hermoso de los hijos de los hombres; la gracia se derrama en tus labios; por tanto, Dios te ha bendecido para siempre.* El Señor Dios me ha dado lengua de discípulo, para que yo sepa sostener con una palabra al fatigado. * Su paladar, dulcísimo, y todo él, deseable. Este es mi amado y éste es mi amigo.

Y todos hablaban bien de El y se maravillaban de las palabras llenas de gracia que salían de su boca. * Les enseñaba como uno que tiene autoridad, y no como sus escribas. * Que la palabra de Cristo habite en abundancia en vosotros, con toda sabiduría. * La espada del Espíritu que es la palabra de Dios. * La palabra de Dios es viva y eficaz, y más cortante que cualquier espada de dos filos. *Las armas de nuestra contienda no son carnales, sino poderosas en Dios para la destrucción de fortalezas; destruyendo especulaciones y todo razonamiento altivo que se levanta contra el conocimiento de Dios, y poniendo todo pensamiento en cautiverio a la obediencia de Cristo,

Jn.7:46 Sal.45:2 Is.50:4 Cant.5:16 Lc.4:22 Mt.7:29 Col.3:16 Ef.6:17 Heb.4:12 II Co.10:4,5

JUNIO 10 - El hijo menor partió a un país lejano, y allí malgastó su hacienda viviendo perdidamente.

Y esto erais algunos de vosotros; pero fuisteis lavados, pero fuisteis santificados, pero fuisteis justificados en el nombre del Señor Jesucristo y en el Espíritu de nuestro Dios.

Nosotros en otro tiempo vivíamos en las pasiones de nuestra carne, satisfaciendo los deseos de la carne y de la mente, y éramos por naturaleza hijos de ira, lo mismo que los demás. Pero Dios, que es rico en misericordia, por causa del gran amor con que nos amó, aun cuando estábamos muertos en nuestros delitos, nos dio vida juntamente con Cristo (por gracia habéis sido salvados), y con El nos resucitó, y con El nos sentó en los lugares celestiales en Cristo Jesús. * En esto consiste el amor: no en que nosotros hayamos amado a Dios, sino en que El nos amó a nosotros y envió a su Hijo como propiciación por nuestros pecados. * Pero Dios demuestra su amor para con nosotros, en que siendo aún pecadores, Cristo murió por nosotros.

Si cuando éramos enemigos fuimos reconciliados con Dios por la muerte de su Hijo, mucho más, habiendo sido reconciliados, seremos salvos por su vida.

Lc.15:13 I Co.6:11 Ef.2:3-6 I Jn. 4:10 Ro.5:8,10

JUNIO 11 - levantándose, fue a su padre. Y cuando todavía estaba lejos, su padre lo vio y sintió compasión por él, y corrió, se echó sobre su cuello y lo besó.

Compasivo y clemente es el Señor, lento para la ira y grande en misericordia. No contenderá con nosotros para siempre, ni para siempre guardará su enojo. No nos ha tratado según nuestros pecados, ni nos ha pagado conforme a nuestras iniquidades. Porque como están de altos los cielos sobre la tierra, así es de grande su misericordia para los que le temen. Como está de lejos el oriente del occidente, así alejó de nosotros nuestras transgresiones. Como un padre se compadece de sus hijos, así se compadece el Señor   de los que le temen.

Habéis recibido un espíritu de adopción como hijos, por el cual clamamos: ¡Abba, Padre! El Espíritu mismo da testimonio a nuestro espíritu de que somos hijos de Dios.

Pero ahora en Cristo Jesús, vosotros, que en otro tiempo estabais lejos, habéis sido acercados por la sangre de Cristo. Así pues, ya no sois extranjeros ni advenedizos, sino que sois conciudadanos de los santos y sois de la familia de Dios.

Lc.15:20 Sal.103:8-13 Ro.8:15,16 Ef.2:13,19

JUNIO 12 - Todo lo que resiste el fuego, pasaréis por el fuego y será limpio.

El Señor   tu Dios te está probando para ver si amas al Señor   tu Dios con todo tu corazón y con toda tu alma. * Y El se sentará como fundidor y purificador de plata, y purificará a los hijos de Leví y los acrisolará como a oro y como a plata, y serán los que presenten ofrendas en justicia al Señor.

La obra de cada uno se hará evidente; porque el día la dará a conocer, pues con fuego será revelada; el fuego mismo probará la calidad de la obra de cada uno.

También volveré mi mano contra ti, te limpiaré de tu escoria como con lejía, y quitaré toda tu impureza * Así dice el Señor   de los ejércitos: He aquí, los refinaré y los probaré.

Porque tú nos has probado, oh Dios; nos has refinado como se refina la plata… pasamos por el fuego y por el agua, pero tú nos sacaste a un lugar de abundancia. * Cuando pases por el fuego, no te quemarás, ni la llama te abrasará.

Nu.31:23 Dt.13:3 Mal.3:3 I Co. 3:13 Is.1:25 Jer.9:7 Sal.66:10,12 Is.43:2

JUNIO 13 - Permaneced en mí, y yo en vosotros.

Con Cristo he sido crucificado, y ya no soy yo el que vive, sino que Cristo vive en mí; y la vida que ahora vivo en la carne, la vivo por fe en el Hijo de Dios, el cual me amó y se entregó a sí mismo por mí.

Porque yo sé que en mí, es decir, en mi carne, no habita nada bueno; porque el querer está presente en mí, pero el hacer el bien, no. ¡Miserable de mí! ¿Quién me libertará de este cuerpo de muerte? Gracias a Dios, por Jesucristo Señor nuestro. Así que yo mismo, por un lado, con la mente sirvo a la ley de Dios, pero por el otro, con la carne, a la ley del pecado.

Y si Cristo está en vosotros, aunque el cuerpo esté muerto a causa del pecado, sin embargo, el espíritu está vivo a causa de la justicia.

Si en verdad permanecéis en la fe, bien cimentados y constantes, sin moveros de la esperanza del evangelio que habéis oído. * Ahora, hijitos, permaneced en él, para que cuando se manifieste, tengamos confianza, para que en su venida no nos alejemos de él avergonzados. * El que dice que permanece en él, debe andar como él anduvo.

Jn.15:4 Gal.2:20 Ro.7:18,24,25;

JUNIO 14 - Así como abundan en nosotros las aflicciones de Cristo, así abunda también por el mismo Cristo nuestra consolación.

…participar de sus padecimientos.

Al contrario, gozaos por cuanto sois participantes de los padecimientos de Cristo, para que también en la revelación de su gloria os gocéis con gran alegría. * Si somos muertos con él, también viviremos con él.

Y si hijos, también herederos; herederos de Dios y coherederos con Cristo, si es que padecemos juntamente con él, para que juntamente con él seamos glorificados. * Queriendo Dios mostrar más abundantemente a los herederos de la promesa la inmutabilidad de su consejo, interpuso juramento, para que por dos cosas inmutables, en las cuales es imposible que Dios mienta, tengamos un fortísimo consuelo los que hemos acudido para asirnos de la esperanza puesta delante de nosotros.

Y el mismo Jesucristo Señor nuestro, y Dios nuestro Padre, el cual nos amó y nos dio consolación eterna y buena esperanza por gracia, conforte vuestros corazones y os confirme en toda buena palabra y obra.

II Co.1:5 Fil.3:10 I P 4:13 II Ti.2:11 Ro.8:17 Heb.6:17,18 II Ts.2:16,17

JUNIO 15 - Las cosas secretas pertenecen al Señor nuestro Dios, mas las cosas reveladas nos pertenecen a nosotros.

Señor, mi corazón no es soberbio, ni mis ojos altivos; no ando tras las grandezas, ni en cosas demasiado difíciles para mí; sino que he calmado y acallado mi alma; como niño destetado en el regazo de su madre, como niño destetado reposa en mí mi alma.

Los secretos del Señor son para los que le temen, y El les dará a conocer su pacto. * Pero hay un Dios en el cielo que revela los misterios.

Ya no os llamo siervos, porque el siervo no sabe lo que hace su señor; pero os he llamado amigos, porque os he dado a conocer todo lo que he oído de mi Padre. Si me amáis, guardaréis mis mandamientos. Y yo rogaré al Padre, y El os dará otro Consolador para que esté con vosotros para siempre; es decir, el Espíritu de verdad, a quien el mundo no puede recibir, porque ni le ve ni le conoce, pero vosotros sí le conocéis porque mora con vosotros y estará en vosotros.

Dt. 29:29 Sal. 131:1,2; 25:14 Dan.2:28 Jn.15:15; 14:15-17

JUNIO 16 - Tened cuidado cómo andáis; no como insensatos, sino como sabios, aprovechando bien el tiempo, porque los días son malos.

Solamente guardad cuidadosamente el mandamiento que os mandó de amar al Señor vuestro Dios, andar en todos sus caminos, guardar sus mandamientos y de allegarse a El y servirle con todo vuestro corazón y con toda vuestra alma.

Andad sabiamente para con los de afuera, aprovechando bien el tiempo.

Que vuestra conversación sea siempre con gracia, sazonada como con sal, para que sepáis cómo debéis responder a cada persona. * Absteneos de toda forma de mal.

Al tardarse el novio, a todas les dio sueño y se durmieron. Pero a medianoche se oyó un clamor: "¡Aquí está el novio! Salid a recibirlo." Velad, pues, porque no sabéis ni el día ni la hora.

Así que, hermanos, sed tanto más diligentes para hacer firme vuestro llamado y elección de parte de Dios; porque mientras hagáis estas cosas nunca tropezaréis;

Dichosos aquellos siervos a quienes el señor, al venir, halle velando.

Ef. 5:15,16 Jos.22:5 Col.4:5,6 I Ts.5:22 Mt.25:5,6,13 II P. 1:10 Lc.12:37

JUNIO 17 - En todo, mediante oración y súplica con acción de gracias, sean dadas a conocer vuestras peticiones delante de Dios.

Amo al Señor, porque oye mi voz y mis súplicas. Porque a mí ha inclinado su oído; por tanto le invocaré mientras yo viva. * Y al orar, no uséis repeticiones sin sentido, como los gentiles, porque ellos se imaginan que serán oídos por su palabrería.

Y de la misma manera, también el Espíritu nos ayuda en nuestra debilidad; porque no sabemos orar como debiéramos, pero el Espíritu mismo intercede por nosotros con gemidos indecibles.

Quiero que en todo lugar los hombres oren levantando manos santas, sin ira ni discusiones. * Con toda oración y súplica orad en todo tiempo en el Espíritu, y así, velad con toda perseverancia y súplica por todos los santos. * Además os digo, que si dos de vosotros se ponen de acuerdo sobre cualquier cosa que pidan aquí en la tierra, les será hecho por mi Padre que está en los cielos.

Fil.4:6 Sal.116:1,2 Mt.6:7 Ro.8:26 I Ti.2:8 Ef.6:18 Mt.18:19

JUNIO 18 - Y pondrás el propiciatorio encima del arca...y allí me encontraré contigo.

El camino al Lugar Santísimo aún no había sido revelado. * Jesús, clamando otra vez a gran voz, exhaló el espíritu. Y he aquí, el velo del templo se rasgó en dos, de arriba abajo.

Entonces, hermanos, puesto que tenemos confianza para entrar al Lugar Santísimo por la sangre de Jesús, por un camino nuevo y vivo que El inauguró para nosotros por medio del velo, es decir, su carne, acerquémonos con corazón sincero, en plena certidumbre de fe, teniendo nuestro corazón purificado de mala conciencia y nuestro cuerpo lavado con agua pura.

Por tanto, acerquémonos con confianza al trono de la gracia para que recibamos misericordia, y hallemos gracia para la ayuda oportuna siendo justificados gratuitamente por su gracia por medio de la redención que es en Cristo Jesús, a quien Dios exhibió públicamente como propiciación por su sangre a través de la fe, como demostración de su justicia, porque en su tolerancia, Dios pasó por alto los pecados cometidos anteriormente,

Por medio de El los unos y los otros tenemos nuestra entrada al Padre en un mismo Espíritu.

Ex.25:21,22 Heb.9:8 Mt.27:50,51 Heb.10:19,20,22; 4:16 Ro.3:24,25 Ef.2:18

JUNIO 19- Santidad, sin la cual nadie verá al Señor.

Respondió Jesús y le dijo: En verdad, en verdad te digo que el que no nace de nuevo no puede ver el reino de Dios. * Jamás entrará en ella nada inmundo, ni el que practica abominación y mentira. * No hay defecto en ti. * Habla a toda la congregación de los hijos de Israel y diles: "Seréis santos porque yo, el Señor   vuestro Dios, soy santo".

Como hijos obedientes, no os conforméis a los deseos que antes teníais en vuestra ignorancia, sino que así como aquel que os llamó es santo, así también sed vosotros santos en toda vuestra manera de vivir; porque escrito está: Sed santos, porque Yo soy santo. Y si invocáis como Padre a aquel que imparcialmente juzga según la obra de cada uno, conducíos en temor durante el tiempo de vuestra peregrinación;

En cuanto a vuestra anterior manera de vivir, os despojéis del viejo hombre, que se corrompe según los deseos engañosos, y que seáis renovados en el espíritu de vuestra mente, y os vistáis del nuevo hombre, el cual, en la semejanza de Dios, ha sido creado en la justicia y santidad de la verdad.

Nos escogió en El antes de la fundación del mundo, para que fuéramos santos y sin mancha delante de El en amor.

Heb.12:14 Jn.3:3 Ap. 21:27 Cant.4:7 Lev. 19:2 I P 1:14-17 Ef.4:22-24; 1:4

JUNIO 20 - Llévate a este niño y críamelo, y yo te daré tu salario.

Id a la viña, y os daré lo que sea justo. * Porque cualquiera que os dé de beber un vaso de agua, por razón de vuestro nombre, ya que sois seguidores de Cristo, en verdad os digo que no perderá su recompensa. * El alma generosa será prosperada, y el que riega será también regado.

Porque Dios no es injusto como para olvidarse de vuestra obra y del amor que habéis mostrado hacia su nombre, habiendo servido, y sirviendo aún, a los santos. * Ahora bien, el que planta y el que riega son una misma cosa, pero cada uno recibirá su propia recompensa conforme a su propia labor.

Entonces los justos le responderán, diciendo: "Señor, ¿cuándo te vimos hambriento, y te dimos de comer, o sediento, y te dimos de beber? "¿Y cuándo te vimos como forastero, y te recibimos, o desnudo, y te vestimos? Respondiendo el Rey, les dirá: "En verdad os digo que en cuanto lo hicisteis a uno de estos hermanos míos, aun a los más pequeños, a mí lo hicisteis. Entonces el Rey dirá a los de su derecha: "Venid, benditos de mi Padre, heredad el reino preparado para vosotros desde la fundación del mundo.

Ex. 2:9 Mt.20:4 Mr.9:41 Pr.11:25 Heb.6:10 I Co.3:8 Mt.25:37,38,40,34

JUNIO 21 - Cristo sufrió por vosotros, dejándoos ejemplo, para que sigáis sus pisadas.

Ni aun el Hijo del Hombre vino para ser servido, sino para servir, y para dar su vida en rescate por muchos. * Cualquiera de vosotros que desee ser el primero será siervo de todos. * Jesús de Nazaret …anduvo haciendo bien.

Llevad los unos las cargas de los otros, y cumplid así la ley de Cristo. * La mansedumbre y la benignidad de Cristo. * Con actitud humilde cada uno de vosotros considere al otro como más importante que a sí mismo. * Padre, perdónalos, porque no saben lo que hacen. * Sed más bien amables unos con otros, misericordiosos, perdonándoos unos a otros, así como también Dios os perdonó en Cristo. * El que dice que permanece en El, debe andar como El anduvo.

Puestos los ojos en Jesús, el autor y consumador de la fe, quien por el gozo puesto delante de El soportó la cruz, menospreciando la vergüenza, y se ha sentado a la diestra del trono de Dios.

I P. 2:21 Mr.10:45, 44 Hch.10:38 Gal.6:2 II Co.10:1 Fil.2:3 Lc.23:34 Ef.4:32 I Jn.2:6 Heb.12:2

JUNIO 22 - Porque habéis muerto, y vuestra vida está escondida con Cristo en Dios.

Nosotros, que hemos muerto al pecado, ¿cómo viviremos aún en él? * Con Cristo he sido crucificado, y ya no soy yo el que vive, sino que Cristo vive en mí; y la vida que ahora vivo en la carne, la vivo por fe en el Hijo de Dios, el cual me amó y se entregó a sí mismo por mí. * Por todos murió, para que los que viven, ya no vivan para sí, sino para aquel que murió y resucitó por ellos.

De modo que si alguno está en Cristo, nueva criatura es; las cosas viejas pasaron; he aquí, son hechas nuevas. * Nosotros estamos en aquel que es verdadero, en su Hijo Jesucristo. Este es el verdadero Dios y la vida eterna.

Como tú, oh Padre, estás en mí y yo en ti, que también ellos estén en nosotros. * Vosotros sois el cuerpo de Cristo, y cada uno individualmente un miembro de él. * Porque yo vivo, vosotros también viviréis.

Al vencedor le daré del maná escondido y le daré una piedrecita blanca, y grabado en la piedrecita un nombre nuevo, el cual nadie conoce sino aquel que lo recibe.

Col 3:3 Ro.6:2 Gal. 2:20 II Co. 15, 17 I Jn. 5:20; 17:21 I Co.12:27 Jn.14:19 Ap.2:17

JUNIO 23 - Yo rogaré al Padre, y El os dará otro Consolador, el Espíritu de verdad.

Pero yo os digo la verdad: os conviene que yo me vaya; porque si no me voy, el Consolador no vendrá a vosotros; pero si me voy, os lo enviaré. * El Espíritu mismo da testimonio a nuestro espíritu de que somos hijos de Dios.

Pues no habéis recibido un espíritu de esclavitud para volver otra vez al temor, sino que habéis recibido un espíritu de adopción como hijos, por el cual clamamos: ¡Abba, Padre!

Y de la misma manera, también el Espíritu nos ayuda en nuestra debilidad; porque no sabemos orar como debiéramos, pero el Espíritu mismo intercede por nosotros con gemidos indecibles; * El Dios de la esperanza os llene de todo gozo y paz en el creer, para que abundéis en esperanza por el poder del Espíritu Santo.

La esperanza no desilusiona, porque el amor de Dios ha sido derramado en nuestros corazones por medio del Espíritu Santo que nos fue dado. * En esto sabemos que permanecemos en El y El en nosotros: en que nos ha dado de su Espíritu.

Jn. 14:16,17; 16:7 Ro.8:16, 15,26; 15:13; 5:5 I Jn.4:13

JUNIO 24 - El arca del pacto del Señor   iba delante de ellos buscándoles un lugar dónde descansar.

En tu mano están mis años. * El nos escoge nuestra heredad. * Señor, guíame en tu justicia…allana delante de mí tu camino. * Encomienda al Señor   tu camino, confía en El, que El actuará; * Reconócele en todos tus caminos, y El enderezará tus sendas.

Tus oídos oirán detrás de ti una palabra: Este es el camino, andad en él, ya sea que vayáis a la derecha o a la izquierda. * El Señor   es mi pastor, nada me faltará. En lugares de verdes pastos me hace descansar; junto a aguas de reposo me conduce.

Como un padre se compadece de sus hijos, así se compadece el Señor   de los que le temen. Porque El sabe de qué estamos hechos, se acuerda de que somos sólo polvo. * Vuestro Padre celestial sabe que necesitáis todas estas cosas. * Echando toda vuestra ansiedad sobre El, porque El tiene cuidado de vosotros.

Nu.10:33 Sal. 31:15; 47:4; 5:8; 37:5; Pro.3:6 Is. 30:21 Sal. 23:1,2; 103:13,14 Mt. 6:32 I P.5:7

JUNIO 25 - Cuando El se manifieste, seremos semejantes a El porque le veremos como El es.

A todos los que le recibieron, les dio el derecho de llegar a ser hijos de Dios, es decir, a los que creen en su nombre.

Nos ha concedido sus preciosas y maravillosas promesas, a fin de que por ellas lleguéis a ser partícipes de la naturaleza divina, habiendo escapado de la corrupción que hay en el mundo por causa de la concupiscencia.

Desde la antigüedad no habían escuchado ni dado oídos, ni el ojo había visto a un Dios fuera de ti que obrara a favor del que esperaba en El.

Ahora vemos por un espejo, veladamente, pero entonces veremos cara a cara; ahora conozco en parte, pero entonces conoceré plenamente, como he sido conocido.

Jesucristo…el cual transformará el cuerpo de nuestro estado de humillación en conformidad al cuerpo de su gloria, por el ejercicio del poder que tiene aun para sujetar todas las cosas a sí mismo.

En cuanto a mí, en justicia contemplaré tu rostro; al despertar, me saciaré cuando contemple tu imagen.

I Jn.3:2 Jn.1:12 II P. 1:4 Is.64:4 I Co.13:12 Fil.3:20,21 Sal.17:15

JUNIO 26 - ¡Oh, si en verdad me bendijeras…y me guardaras del mal! Y Dios le concedió lo que pidió.

La bendición del Señor es la que enriquece, y El no añade tristeza con ella.

Cuando está quieto, ¿quién puede condenarle? y cuando esconde su rostro, ¿quién puede contemplarle? * La salvación es del Señor. ¡Sea sobre tu pueblo tu bendición!

Cuán grande es tu bondad, que has guardado para los que te temen, que has obrado para los que en ti se refugian, delante de los hijos de los hombres!* No te ruego que los saques del mundo, sino que los guardes del maligno.

Pedid, y se os dará; buscad, y hallaréis; llamad, y se os abrirá. Porque todo el que pide, recibe; y el que busca, halla; y al que llama, se le abrirá.

El Señor redime el alma de sus siervos; y no será condenado ninguno de los que en El se refugian.

I Cr. 4:10 Pr. 10:22 Job.34:29 Sal.3:8; 31:19 Jn.17:15 Mt.7:7,8 Sal.34:22

JUNIO 27 - ¿Y quién podrá sostenerse?

Pero quién podrá soportar el día de su venida? ¿Y quién podrá mantenerse en pie cuando El aparezca? Porque El es como fuego de fundidor y como jabón de lavanderos. * Después de esto miré, y vi una gran multitud, que nadie podía contar, de todas las naciones, tribus, pueblos y lenguas, de pie delante del trono y delante del Cordero, vestidos con vestiduras blancas y con palmas en las manos.

Estos son los que vienen de la gran tribulación, y han lavado sus vestiduras y las han emblanquecido en la sangre del Cordero. Por eso están delante del trono de Dios, y le sirven día y noche en su templo; y el que está sentado en el trono extenderá su tabernáculo sobre ellos. Ya no tendrán hambre ni sed, ni el sol los abatirá, ni calor alguno, pues el Cordero en medio del trono los pastoreará y los guiará a manantiales de aguas de vida, y Dios enjugará toda lágrima de sus ojos. * No hay ahora condenación para los que están en Cristo Jesús, los que no andan conforme a la carne sino conforme al Espíritu. * Permaneced firmes, y no os sometáis otra vez al yugo de esclavitud.

Ap. 6:17 Mal.3:2 Ap.7:9,14-17 Ro.8:1 Gal.5:1

JUNIO 28 - Yo sé que mi Redentor vive.

Porque si cuando éramos enemigos fuimos reconciliados con Dios por la muerte de su Hijo, mucho más, habiendo sido reconciliados, seremos salvos por su vida. * El conserva su sacerdocio inmutable puesto que permanece para siempre. Por lo cual El también es poderoso para salvar para siempre a los que por medio de El se acercan a Dios, puesto que vive perpetuamente para interceder por ellos.

Porque yo vivo, vosotros también viviréis.

Si hemos esperado en Cristo para esta vida solamente, somos, de todos los hombres, los más dignos de lástima. Mas ahora Cristo ha resucitado de entre los muertos, primicias de los que durmieron. * Vendrá un Redentor a Sion y a los que en Jacob se aparten de la transgresión–declara el Señor.

En El tenemos redención mediante su sangre, el perdón de nuestros pecados según las riquezas de su gracia.

No fuisteis redimidos de vuestra vana manera de vivir heredada de vuestros padres con cosas perecederas como oro o plata, sino con sangre preciosa, como de un cordero sin tacha y sin mancha, la sangre de Cristo.

Job 19:25 Ro.5:10 Heb.7:24,25 Jn.14:19 I Co.15:19,2 Is.59:20 Ef.1:7 I P.1:19,20

JUNIO 29 - Sus mandamientos no son gravosos.

Esta es la voluntad de mi Padre: que todo aquel que ve al Hijo y cree en El, tenga vida eterna.

Todo lo que pidamos lo recibimos de El, porque guardamos sus mandamientos y hacemos las cosas que son agradables delante de El. * Porque mi yugo es fácil y mi carga ligera.

Si ustedes me aman, obedecerán mis mandamientos. ¿Quién es el que me ama? El que hace suyos mis mandamientos y los obedece. Y al que me ama, mi Padre lo amará, y yo también lo amaré y me manifestaré a él.

Bienaventurado el hombre que halla sabiduría y el hombre que adquiere entendimiento. * Sus caminos son caminos agradables y todas sus sendas, paz. * Mucha paz tienen los que aman tu ley, y nada los hace tropezar. * En lo íntimo de mi ser me deleito en la ley de Dios.

Este es su mandamiento: que creamos en el nombre de su Hijo Jesucristo, y que nos amemos unos a otros como El nos ha mandado.

El amor no perjudica al prójimo. Así que el amor es el cumplimiento de la ley.

I Jn. 5:3 Jn.6:40 I Jn.3:22 Mt.11:30 Jn.14:15,21 Pr.3:13,17 Sal.119:165 Ro.7:22 I Jn.3:23 Ro.13:10

JUNIO 30-Yo reprendo y disciplino a todos los que amo.

Hijo mío, no tomes a la ligera la disciplina del Señor y no te des por vencido cuando te corrija. Pues el Señor disciplina a los que ama y castiga a todo el que recibe como hijo.

Porque él hiere, pero venda la herida; golpea, pero trae alivio. * Humíllense, pues, bajo la poderosa mano de Dios, para que él los exalte a su debido tiempo. * Te he probado en el horno de la aflicción. * El Señor nos hiere y nos aflige, pero no porque sea de su agrado.

No nos trata conforme a nuestros pecados ni nos paga según nuestras maldades. Tan grande es su amor por los que le temen como alto es el cielo sobre la tierra. Tan lejos de nosotros echó nuestras transgresiones como lejos del oriente está el occidente. Tan compasivo es el Señor con los que le temen como lo es un padre con sus hijos. Él conoce nuestra condición; sabe que somos de barro.

Ap:19 Heb.12:5,6 Pr.3:12 Job.5:18 I P.5:6 Is.48:10 Lam.3:33 Sal.103:10-14

JULIO

JULIO 1 - El fruto del Espíritu es… bondad.

Por tanto, imiten a Dios, como hijos muy amados. * Pero yo les digo: Amen a sus enemigos y oren por quienes los persiguen, para que sean hijos de su Padre que está en el cielo. Él hace que salga el sol sobre malos y buenos, y que llueva sobre justos e injustos. * Sean compasivos, así como su Padre es compasivo. * El fruto de la luz consiste en toda bondad, justicia y verdad.

Pero cuando se manifestaron la bondad y el amor de Dios nuestro Salvador, él nos salvó, no por nuestras propias obras de justicia sino por su misericordia. Nos salvó mediante el lavamiento de la regeneración y de la renovación por el Espíritu Santo, el cual fue derramado abundantemente sobre nosotros por medio de Jesucristo nuestro Salvador. * El Señor es bueno con todos; él se compadece de toda su creación. * El que no escatimó ni a su propio Hijo, sino que lo entregó por todos nosotros, ¿cómo no habrá de darnos generosamente, junto con él, todas las cosas?

Gal. 5:22 Ef.5:1 Mt.5:44,45 Lc.6:36 Ef.5:9 Tito 4:4-6 Sal.145:9 Ro.8:32

JULIO 2 - Esta es la ordenanza de la Pascua: ningún extranjero comerá de ella.

Los sacerdotes del antiguo lugar de culto no tienen derecho a comer de lo que hay en nuestro altar. * Te aseguro que si una persona no nace de nuevo no podrá ver el reino de Dios.

En ese tiempo estabais separados de Cristo, excluidos de la ciudadanía de Israel, extraños a los pactos de la promesa, sin tener esperanza, y sin Dios en el mundo. Pero ahora, ustedes que estaban lejos de Dios, ya han sido acercados a él, pues están unidos a Jesucristo por medio de su muerte en la cruz. * Cristo nos ha dado la paz. Por medio de su sacrificio en la cruz, Cristo ha derribado el muro de odio que separaba a judíos y no judíos, y de nuestros dos pueblos ha hecho uno solo. Cristo ha puesto fin a los mandatos y reglas de la ley, y por medio de sí mismo ha creado, con los dos grupos, un solo pueblo amigo. * Por eso, para Dios ustedes ya no son extranjeros. Al contrario, ahora forman parte del pueblo de Dios y tienen todos los derechos; ahora son de la familia de Dios.

Yo estoy a tu puerta, y llamo; si oyes mi voz y me abres, entraré en tu casa y cenaré contigo.

Ex.12:43 Heb.13:10 Jn. 3:3 Ef.2:12,13, 14, 15, 19 Ap. 3:20

JULIO 3 - Y como somos sus hijos, tenemos derecho a todo lo bueno que él ha preparado para nosotros. Todo eso lo compartiremos con Cristo.

Y si están unidos a Cristo, entonces son miembros de la gran familia de Abraham y tienen derecho a recibir las promesas que Dios le hizo.

¡Miren! Dios el Padre nos ama tanto que la gente nos llama hijos de Dios, y la verdad es que lo somos. Por eso los pecadores de este mundo no nos conocen, porque tampoco han conocido a Dios.

Ustedes ya no son como los esclavos de cualquier familia, sino que son hijos de Dios. Y como son sus hijos, gracias a él tienen derecho a sus riquezas. El decidió enviar a Jesucristo para adoptarnos como hijos suyos, pues así había pensado hacerlo desde un principio.

Padre, los seguidores que tengo me los diste tú, y quiero que estén donde yo voy a estar, para que vean todo el poder que me has dado, pues me has amado desde antes de que existiera el mundo.

A los que triunfen sobre las dificultades y no dejen de confiar en mí… les daré poder sobre los países del mundo, Los que triunfen sobre las dificultades y mantengan su confianza en mí, reinarán conmigo, así como yo he triunfado y ahora reino con mi Padre.

Ro. 8:17 Gal.3:29 I Jn.3:1 Gal.4:7 Ef.1:5 Jn.17:24 Ap.2:26; 3:21

JULIO 4 - Estaba sentado junto al pecho de Jesús.

Como uno a quien consuela su madre, así os consolaré yo. Le traían niños para que los tocara…y tomándolos en sus brazos, los bendecía, poniendo las manos sobre ellos.

Jesús llamó a sus discípulos y les dijo: —Siento compasión de toda esta gente. Ya han estado conmigo tres días, y no tienen comida. No quiero que se vayan sin comer, pues podrían desmayarse en el camino. * Tenemos un sumo sacerdote que … puede compadecerse de nuestras flaquezas. * En su amor y en su compasión los redimió. No os dejaré huérfanos; vendré a vosotros.

¿Puede una mujer olvidar a su niño de pecho, sin compadecerse del hijo de sus entrañas? Aunque ellas se olvidaran, yo no te olvidaré. * El Cordero en medio del trono los pastoreará y los guiará a manantiales de aguas de vida, y Dios enjugará toda lágrima de sus ojos.

Jn.13:23 Is.66:13 Mr.10:13,16 Mt.15:32 Heb.4:15 Is. 63:9 Jn.14:18 Is.49:15 Ap.7:17

JULIO 5 - Sabemos y creemos que Dios nos ama.

Pero Dios es muy compasivo, y su amor por nosotros es inmenso. Por eso, aunque estábamos muertos por culpa de nuestros pecados, él nos dio vida cuando resucitó a Cristo. Nos hemos salvado gracias al amor de Dios, aunque no lo merecíamos. Dios, al resucitar a Jesucristo, nos resucitó y nos dio un lugar en el cielo, junto a él. Hizo esto para mostrar en el futuro la bondad y el gran amor con que nos amó por medio de Jesucristo.

Dios amó tanto a la gente de este mundo, que me entregó a mí, que soy su único Hijo, para que todo el que crea en mí no muera, sino que tenga vida eterna.

Dios no nos negó ni siquiera a su propio Hijo, sino que lo entregó por nosotros, así que también nos dará junto con él todas las cosas. * El Señor es bueno para con todos, y su compasión, sobre todas sus obras. * Nosotros amamos a nuestros hermanos porque Dios nos amó primero. * Dios te ha bendecido porque confiaste en sus promesas.

I Jn. 4:16 Ef. 2:4-7 Jn. 3:16 Ro.8:32 Sal.145:9 I Jn. 4:19 Lc.1:45

JULIO 6 - Que vuestra conversación sea siempre con gracia.

Como manzanas de oro en engastes de plata es la palabra dicha a su tiempo. Como pendiente de oro y adorno de oro fino es el sabio que reprende al oído atento.

No salga de vuestra boca ninguna palabra mala, sino sólo la que sea buena para edificación, según la necesidad del momento, para que imparta gracia a los que escuchan.

El hombre bueno de su buen tesoro saca cosas buenas; y el hombre malo de su mal tesoro saca cosas malas. * Por tus palabras serás justificado, y por tus palabras serás condenado. * La lengua de los sabios sana. * Entonces los que temían al Señor   se hablaron unos a otros, y el Señor   prestó atención y escuchó, y fue escrito delante de El un libro memorial para los que temen al Señor   y para los que estiman su nombre.

Si apartas lo precioso de lo vil, serás mi portavoz.

Mas así como vosotros abundáis en todo: en fe, en palabra, en conocimiento, en toda solicitud, y en el amor que hemos inspirado en vosotros, ved que también abundéis en esta obra de gracia.

Col.4:6 Pr.25:11,12 Ef.4:29 Mt. 12:35,37 Pr. 12:18 Mal. 3:16 Jer.15:19 II Co. 8:7

JULIO 7 Entonces Jesús fue llevado por el Espíritu al desierto para ser tentado por el diablo.

Cristo, en los días de su carne, habiendo ofrecido oraciones y súplicas con gran clamor y lágrimas al que podía librarle de la muerte, fue oído a causa de su temor reverente; y aunque era Hijo, aprendió obediencia por lo que padeció; y habiendo sido hecho perfecto, vino a ser fuente de eterna salvación para todos los que le obedecen,

No tenemos un sumo sacerdote que no pueda compadecerse de nuestras flaquezas, sino uno que ha sido tentado en todo como nosotros, pero sin pecado.

No os ha sobrevenido ninguna tentación que no sea común a los hombres; y fiel es Dios, que no permitirá que vosotros seáis tentados más allá de lo que podéis soportar, sino que con la tentación proveerá también la vía de escape, a fin de que podáis resistirla. * Te basta mi gracia, pues mi poder se perfecciona en la debilidad. Por tanto, muy gustosamente me gloriaré más bien en mis debilidades, para que el poder de Cristo more en mí.

Mt.4:1 Heb.5:7-9; 4:15 I Co. 10:13 II Co.12:9

JULIO 8 Si confesamos nuestros pecados, El es fiel y justo para perdonarnos los pecados y para limpiarnos de toda maldad.

Porque yo reconozco mis transgresiones, y mi pecado está siempre delante de mí. Contra ti, contra ti sólo he pecado, y he hecho lo malo delante de tus ojos. * Y levantándose, fue a su padre. Y cuando todavía estaba lejos, su padre lo vio y sintió compasión por él, y corrió, se echó sobre su cuello y lo besó.

He disipado como una densa nube tus transgresiones, y como espesa niebla tus pecados. * Vuélvete a mí, porque yo te he redimido. * Vuestros pecados os han sido perdonados por su nombre. * Dios os perdonó en Cristo.

…para demostrar en este tiempo su justicia, a fin de que El sea justo y sea el que justifica al que tiene fe en Jesús. * Entonces os rociaré con agua limpia y quedaréis limpios; de todas vuestras inmundicias y de todos vuestros ídolos os limpiaré.

…y andarán conmigo vestidos de blanco, porque son dignos. * Este es el que vino mediante agua y sangre, Jesucristo; no sólo con agua, sino con agua y con sangre.

I Jn. 1:9 Sal.51:3,4 Lc.15:20 Is.44:22 I Jn.2:12 Ef.4:32 Ro.3:26 Ez. 36:25 Ap.3:4 I Jn.5:6

JULIO 9 - Mira, he quitado de ti tu iniquidad y te vestiré de ropas de gala.

¡Cuán bienaventurado es aquel cuya transgresión es perdonada, cuyo pecado es cubierto! - Todos nosotros somos como trapo de inmundicia. * Porque yo sé que en mí, es decir, en mi carne, no habita nada bueno; porque el querer está presente en mí, pero el hacer el bien, no. * Todos los que fuisteis bautizados en Cristo, de Cristo os habéis revestido.

Habéis desechado al viejo hombre con sus malos hábitos, y os habéis vestido del nuevo hombre, el cual se va renovando hacia un verdadero conocimiento, conforme a la imagen de aquel que lo creó. * No teniendo mi propia justicia derivada de la ley, sino la que es por la fe en Cristo, la justicia que procede de Dios sobre la base de la fe. * Traed la mejor ropa y vestidlo. * Y a ella le fue concedido vestirse de lino fino, resplandeciente y limpio, porque las acciones justas de los santos son el lino fino. * En gran manera me gozaré en el Señor, mi alma se regocijará en mi Dios; porque El me ha vestido de ropas de salvación, me ha envuelto en manto de justicia.

Zac.3:4 Sal.32:1 Is.64:6 Ro.7:18 Gal.3:27 Col. 3:9,10 Fil.3:9 Lc.15:22 Ap. 19:8 Is.61:10

JULIO 10 - Un discípulo no está por encima del maestro.

Vosotros me llamáis Maestro y Señor; y tenéis razón, porque lo soy. *Le basta al discípulo llegar a ser como su maestro, y al siervo como su señor. * Si me persiguieron a mí, también os perseguirán a vosotros; si guardaron mi palabra, también guardarán la vuestra. * Yo les he dado tu palabra y el mundo los ha odiado, porque no son del mundo, como tampoco yo soy del mundo. * Considerad, pues, a aquel que soportó tal hostilidad de los pecadores contra sí mismo, para que no os canséis ni os desaniméis en vuestro corazón. Porque todavía, en vuestra lucha contra el pecado, no habéis resistido hasta el punto de derramar sangre.

Por tanto, puesto que tenemos en derredor nuestro tan gran nube de testigos, despojémonos también de todo peso y del pecado que tan fácilmente nos envuelve, y corramos con paciencia la carrera que tenemos por delante, puestos los ojos en Jesús, el autor y consumador de la fe, quien por el gozo puesto delante de El soportó la cruz, menospreciando la vergüenza, y se ha sentado a la diestra del trono de Dios.

Por tanto, puesto que Cristo ha padecido en la carne, armaos también vosotros con el mismo propósito.

Mt.10:24 Jn. 13:13 Mt.10:25 Jn. 15:20; 17:14 He.12:3,4, 1,2 I P. 4:1

JULIO 11 - Estoy contigo para salvarte.

¿Se le podrá quitar la presa al poderoso, o rescatar al cautivo del tirano?

Ciertamente así dice el Señor: Aun los cautivos del poderoso serán recobrados, y rescatada será la presa del tirano; con el que contienda contigo yo contenderé, y salvaré a tus hijos.

Toda carne sabrá que yo, el Señor, soy tu Salvador tu Redentor, el Poderoso de Jacob.* No temas, porque yo estoy contigo; no te desalientes, porque yo soy tu Dios. Te fortaleceré, ciertamente te ayudaré, sí, te sostendré con la diestra de mi justicia. * No tenemos un sumo sacerdote que no pueda compadecerse de nuestras flaquezas, sino uno que ha sido tentado en todo como nosotros, pero sin pecado.

Por cuanto El mismo fue tentado en el sufrimiento, es poderoso para socorrer a los que son tentados. *Por el Señor   son ordenados los pasos del hombre, y el Señor   se deleita en su camino. * Cuando caiga, no quedará derribado, porque el Señor   sostiene su mano.

Jer.15:20 Is.49:24-26; 41:10 Heb.4:15; 2:18 Sal.37:23,24

JULIO 12 - Mi presencia irá contigo, y yo te daré descanso.

Sed firmes y valientes, no temáis ni os aterroricéis ante ellos, porque el Señor tu Dios es el que va contigo; no te dejará ni te desamparará.

El Señor   irá delante de ti; El estará contigo, no te dejará ni te desamparará; no temas ni te acobardes.

¿No te lo he ordenado yo? ¡Sé fuerte y valiente! No temas ni te acobardes, porque el Señor   tu Dios estará contigo dondequiera que vayas. * Reconócele en todos tus caminos, y El enderezará tus sendas.

Sea vuestro carácter sin avaricia, contentos con lo que tenéis, porque El mismo ha dicho: Nunca te dejaré ni te desampararé, de manera que decimos confiadamente: El Señor   es el que me ayuda; no temeré. ¿Qué podrá hacerme el hombre? Nuestra suficiencia es de Dios.

Y no nos metas en tentación.

Yo sé, oh Señor, que no depende del hombre su camino, ni de quien anda el dirigir sus pasos. * En tu mano están mis tiempos.

Ex.33:14 Dt.31:6,8 Jos.1:9 Pr.3:6 Heb.13:5,6 II Co.3:5 Mt.6:13 Jer.10:23 Sal.31:15

JULIO 13 - Yo soy de mi amado, y su deseo tiende hacia mí.

Por lo cual también sufro estas cosas, pero no me avergüenzo; porque yo sé en quién he creído, y estoy convencido de que es poderoso para guardar mi depósito hasta aquel día.

Estoy convencido de que ni la muerte, ni la vida, ni ángeles, ni principados, ni lo presente, ni lo por venir, ni los poderes, ni lo alto, ni lo profundo, ni ninguna otra cosa creada nos podrá separar del amor de Dios que es en Cristo Jesús Señor nuestro.

Cuando estaba con ellos, los guardaba en tu nombre, el nombre que me diste; y los guardé y ninguno se perdió. * El Señor se deleita en su pueblo. * Mis delicias están con los hijos de los hombres.

Dios, que es rico en misericordia, por causa del gran amor con que nos amó. * Nadie tiene un amor mayor que éste: que uno dé su vida por sus amigos.

Pues por precio habéis sido comprados; por tanto, glorificad a Dios en vuestro cuerpo y en vuestro espíritu, los cuales son de Dios.

Si vivimos, para el Señor vivimos, y si morimos, para el Señor morimos; por tanto, ya sea que vivamos o que muramos, del Señor somos.

Cant.7:10 II Ti.1:12 Ro.8:38,39 Jn.17:12 Sal.149:4 Pr.8:31 Ef.2:4 Jn.15:13 I Co.6:20 Ro.14:8

JULIO 14 - Porque de la abundancia del corazón habla la boca.

Que la palabra de Cristo habite en abundancia en vosotros. * Con toda diligencia guarda tu corazón, porque de él brotan los manantiales de la vida.

Muerte y vida están en poder de la lengua. * La boca del justo profiere sabiduría y su lengua habla rectitud. La ley de su Dios está en su corazón; no vacilan sus pasos.

Nosotros no podemos dejar de decir lo que hemos visto y oído. * Yo creí, por tanto he hablado.

Todo el que me confiese delante de los hombres, yo también le confesaré delante de mi Padre que está en los cielos.

Con el corazón se cree para justicia, y con la boca se confiesa para salvación.

Mt.12:34 Col.3:16 Pr.4:23; 18:21 Sal.37:30,31 Ef.4:29 Hch.4:20 Sal.116:10 Mt.10:32 Ro.10:10

JULIO 15 - Hágase tu voluntad, así en la tierra como en el cielo.

Bendecid al Señor, vosotros sus ángeles, poderosos en fortaleza, que ejecutáis su mandato, obedeciendo la voz de su palabra. Bendecid al Señor, vosotros todos sus ejércitos, que le servís haciendo su voluntad.

He descendido del cielo, no para hacer mi voluntad, sino la voluntad del que me envió. * Me deleito en hacer tu voluntad, Dios mío; tu ley está dentro de mi corazón. * Padre mío, si ésta no puede pasar sin que yo la beba, hágase tu voluntad. * No todo el que me dice: "Señor, Señor", entrará en el reino de los cielos, sino el que hace la voluntad de mi Padre que está en los cielos.

No son los oidores de la ley los justos ante Dios, sino los que cumplen la ley, ésos serán justificados. * Si sabéis esto, seréis felices si lo practicáis.

A aquel, pues, que sabe hacer lo bueno y no lo hace, le es pecado. * No os adaptéis a este mundo, sino transformaos mediante la renovación de vuestra mente.

Mt.6:10 Sal.103:20,21 Jn.6:38 Sal.40:8 Mt.26:42 Mt.7:21 Ro.2:13 Jn.13:17 Stg.4:17 Ro.12:2

JULIO 16 - Vosotros seréis para mí un reino de sacerdotes y una nación santa.

Tú fuiste inmolado, y con tu sangre compraste para Dios a gente de toda tribu, lengua, pueblo y nación. Y los has hecho un reino y sacerdotes para nuestro Dios; y reinarán sobre la tierra.

Pero vosotros sois linaje escogido, real sacerdocio, nación santa, pueblo adquirido para posesión de Dios, a fin de que anunciéis las virtudes de aquel que os llamó de las tinieblas a su luz admirable; * Y vosotros seréis llamados sacerdotes del Señor; ministros de nuestro Dios se os llamará.

…sacerdotes de Dios y de Cristo * Por tanto, hermanos santos, participantes del llamamiento celestial, considerad a Jesús, el Apóstol y Sumo Sacerdote de nuestra fe. * Ofrezcamos continuamente mediante El, sacrificio de alabanza a Dios, es decir, el fruto de labios que confiesan su nombre.

Porque somos hechura suya, creados en Cristo Jesús para hacer buenas obras, las cuales Dios preparó de antemano para que anduviéramos en ellas.

El templo de Dios es santo, y eso es lo que vosotros sois.

Ex.19:6 Ro.5:9,10 I P 2:9 Is.61:6 Ap.20:6 Heb.3:1; 13:15 Ef.2:10 I Co.3:17

JULIO 17 - Tú eres un Dios clemente y compasivo lento para la ira y rico en misericordia, y que te arrepientes del mal con que amenazas.

Te ruego que sea engrandecido el poder del Señor, tal como tú lo has declarado, diciendo: "El Señor   es lento para la ira y abundante en misericordia, y perdona la iniquidad y la transgresión; mas de ninguna manera tendrá por inocente al culpable; sino que castigará la iniquidad de los padres sobre los hijos hasta la tercera y la cuarta generación."

No recuerdes contra nosotros las iniquidades de nuestros antepasados; venga pronto a nuestro encuentro tu compasión, porque estamos muy abatidos. Ayúdanos oh Dios de nuestra salvación, por la gloria de tu nombre; líbranos y perdona nuestros pecados por amor de tu nombre. * Aunque nuestras iniquidades testifican contra nosotros, oh Señor, obra por amor de tu nombre. En verdad han sido muchas nuestras apostasías, contra ti hemos pecado.

Reconocemos, oh Señor, nuestra impiedad, la iniquidad de nuestros padres, pues hemos pecado contra ti. * Señor, si tú tuvieras en cuenta las iniquidades, ¿quién, oh Señor, podría permanecer? Pero en ti hay perdón, para que seas temido.

Jonás 4:2 Nu.14:17,18 Sal.79:8,9 Jer.14:7,20 Sal.130:3,4

JULIO 18 - Llama a sus ovejas por nombre y las conduce afuera.

El sólido fundamento de Dios permanece firme, teniendo este sello: El Señor conoce a los que son suyos, y: Que se aparte de la iniquidad todo aquel que menciona el nombre del Señor.

Muchos me dirán en aquel día: "Señor, Señor, ¿no profetizamos en tu nombre, y en tu nombre echamos fuera demonios, y en tu nombre hicimos muchos milagros?" Y entonces les declararé: "Jamás os conocí; Apartaos de mi, los que practicáis la iniquidad."

El Señor   conoce el camino de los justos, mas el camino de los impíos perecerá. * He aquí, en las palmas de mis manos, te he grabado; tus muros están constantemente delante de mí. * Ponme como sello sobre tu corazón, como sello sobre tu brazo.

Bueno es el Señor, una fortaleza en el día de la angustia, y conoce a los que en El se refugian. * Y si me voy y preparo un lugar para vosotros, vendré otra vez y os tomaré conmigo; para que donde yo estoy, allí estéis también vosotros.

Jn. 10:3 II Ti. 2:19 Mt.7:22,23 Sal. 1:6 Is.49:16 Cant.8:6 Nah.1:7 Jn.14:2,3

JULIO 19 - Porque grandes cosas me ha hecho el Poderoso; y santo es su nombre.

¿Quién como tú entre los dioses, oh Señor   ¿Quién como tú, majestuoso en santidad, temible en las alabanzas, haciendo maravillas?

No hay nadie como tú entre los dioses, oh Señor, ni hay obras como las tuyas. * ¡Oh Señor! ¿Quién no temerá y glorificará tu nombre? Pues sólo tú eres santo; porque todas las naciones vendrán y adorarán en tu presencia, pues tus justos juicios han sido revelados.

…Santificado sea tu nombre. * Bendito sea el Señor, Dios de Israel, porque nos ha visitado y ha efectuado redención para su pueblo,

¿Quién es éste que viene de Edom, de Bosra con vestiduras de colores brillantes; éste, majestuoso en su ropaje, que marcha en la plenitud de su fuerza? Soy yo que hablo en justicia, poderoso para salvar.

He ayudado a un poderoso; he exaltado a uno escogido de entre el pueblo. * Y a aquel que es poderoso para hacer todo mucho más abundantemente de lo que pedimos o entendemos, según el poder que obra en nosotros, a El sea la gloria.

Lc.1:49 Ex.15:11 Sal.86:8 Ap.15:4 Mt.6:9 Lc.1:68 Is.63:1 Sal.89:19 Ef.3:20,21

JULIO 20 - Ellos no son del mundo, como tampoco yo soy del mundo.

Fue despreciado y desechado de los hombres, varón de dolores y experimentado en aflicción. * En el mundo tenéis tribulación; pero confiad, yo he vencido al mundo. * Porque convenía que tuviéramos tal sumo sacerdote: santo, inocente, inmaculado, apartado de los pecadores.

…para que seáis irreprensibles y sencillos, hijos de Dios sin tacha en medio de una generación torcida y perversa. * Jesús de Nazaret… anduvo haciendo bien y sanando a todos los oprimidos por el diablo; porque Dios estaba con El. * Así que entonces, hagamos bien a todos según tengamos oportunidad, y especialmente a los de la familia de la fe.

Existía la luz verdadera que, al venir al mundo, alumbra a todo hombre. * Vosotros sois la luz del mundo. Una ciudad situada sobre un monte no se puede ocultar. Así brille vuestra luz delante de los hombres, para que vean vuestras buenas acciones y glorifiquen a vuestro Padre que está en los cielos.

Jn.17:16 Is.53:3 Jn.16:33 Heb.7:26 Fil.2:15 Hch.10:38 Gal.6:10 Jn.1:9 Mt.5:14,16

JULIO 21 - ¿Cuál es el beneficio de la circuncisión?

Grande, en todo sentido. * Circuncidaos para el Señor, y quitad los prepucios de vuestros corazones. * Si su corazón incircunciso se humilla, y reconocen sus iniquidades, entonces yo me acordaré de mi pacto con Jacob, me acordaré también de mi pacto con Isaac y de mi pacto con Abraham, y me acordaré de la tierra.*Pues os digo que Cristo se hizo servidor de la circuncisión para demostrar la verdad de Dios, para confirmar las promesas dadas a los padres.

En El también fuisteis circuncidados con una circuncisión no hecha por manos, al quitar el cuerpo de la carne mediante la circuncisión de Cristo. *Y cuando estabais muertos en vuestros delitos y en la incircuncisión de vuestra carne, os dio vida juntamente con El, habiéndonos perdonado todos los delitos.

En cuanto a vuestra anterior manera de vivir, os despojéis del viejo hombre, que se corrompe según los deseos engañosos, y que seáis renovados en el espíritu de vuestra mente, y os vistáis del nuevo hombre, el cual, en la semejanza de Dios, ha sido creado en la justicia y santidad de la verdad.

Ro.3:1, 2 Jer.4:4 Lc.26:41,42 Ro.15:8 Col.2:11,13 Ef.4:22-24

JULIO 22 - Porque por cuanto El murió, murió al pecado de una vez para siempre; pero en cuanto vive, vive para Dios.

…con los transgresores fue contado. * Cristo, habiendo sido ofrecido una vez para llevar los pecados de muchos. * El mismo llevó nuestros pecados en su cuerpo sobre la cruz, a fin de que muramos al pecado y vivamos a la justicia, porque por sus heridas fuisteis sanados. * Porque por una ofrenda El ha hecho perfectos para siempre a los que son santificados. * El conserva su sacerdocio inmutable puesto que permanece para siempre. Por lo cual El también es poderoso para salvar para siempre a los que por medio de El se acercan a Dios, puesto que vive perpetuamente para interceder por ellos.

Dios demuestra su amor para con nosotros, en que siendo aún pecadores, Cristo murió por nosotros. Entonces mucho más, habiendo sido ahora justificados por su sangre, seremos salvos de la ira de Dios por medio de El.

Por tanto, puesto que Cristo ha padecido en la carne, armaos también vosotros con el mismo propósito, pues quien ha padecido en la carne ha terminado con el pecado, para vivir el tiempo que le queda en la carne, no ya para las pasiones humanas, sino para la voluntad de Dios.

Ro.6:10 Is.53:12 Heb.9:28 I P 2:24 Heb.10:14; 7:24,25 Ro.5:8,9 I P 4:1,2

JULIO 23 - Entonces vendrá el fin.

Pero de aquel día o de aquella hora nadie sabe, ni siquiera los ángeles en el cielo, ni el Hijo, sino sólo el Padre. * Estad alerta, velad; porque no sabéis cuándo es el tiempo señalado. * Y lo que a vosotros digo, a todos lo digo: ¡Velad! * El Señor no se tarda en cumplir su promesa, según algunos entienden la tardanza, sino que es paciente para con vosotros, no queriendo que nadie perezca, sino que todos vengan al arrepentimiento. * Sed también vosotros pacientes; fortaleced vuestros corazones, porque la venida del Señor está cerca. * Hermanos, no os quejéis unos contra otros, para que no seáis juzgados; mirad, el Juez está a las puertas. * Sí, vengo pronto.

Puesto que todas estas cosas han de ser destruidas de esta manera, ¡qué clase de personas no debéis ser vosotros en santa conducta y en piedad. * Mas el fin de todas las cosas se acerca; sed pues prudentes y de espíritu sobrio para la oración. * Estad siempre preparados y mantened las lámparas encendidas, y sed semejantes a hombres que esperan a su Señor que regresa de las bodas, para abrirle tan pronto como llegue y llame.

I Co. 15:24 Mr.13:33,37 II P.3:9 Stg.5:8,9 Ap.22:20 II P 3:11 I P 4:7 Lc.12:35,36

JULIO 24 - Perseverando en el sufrimiento.

El Señor es; que haga lo que bien le parezca. * Porque aunque yo tuviera * razón, no podría responder; tendría que implorar la misericordia de mi juez.* El Señor dio y el Señor quitó; bendito sea el nombre del Señor. * ¿Aceptaremos el bien de Dios y no aceptaremos el mal? En todo esto Job no pecó con sus labios.

Jesús lloró.

Fue despreciado y desechado de los hombres, varón de dolores y experimentado en aflicción. * Ciertamente El llevó nuestras enfermedades, y cargó con nuestros dolores. * Porque el Señor al que ama, disciplina, y azota a todo el que recibe por hijo.* Al presente ninguna disciplina parece ser causa de gozo, sino de tristeza; sin embargo, a los que han sido ejercitados por medio de ella, les da después fruto apacible de justicia. * Fortalecidos con todo poder según la potencia de su gloria, para obtener toda perseverancia y paciencia, con gozo. * Estas cosas os he hablado para que en mí tengáis paz. En el mundo tenéis tribulación; pero confiad, yo he vencido al mundo.

Ro.12:12 Is. 3:18 Job 9:15; 1:21; 2:10 Jn.11:35 Is.53:3,4 Heb.12:6,11 Col 1:11 Jn.16:33

JULIO 25 -Nosotros sabemos que hemos pasado de muerte a vida.

El que oye mi palabra y cree al que me envió, tiene vida eterna y no viene a condenación, sino que ha pasado de muerte a vida. * El que tiene al Hijo tiene la vida, y el que no tiene al Hijo de Dios, no tiene la vida.

El que nos confirma con vosotros en Cristo, y el que nos ungió, es Dios, quien también nos selló y nos dio el Espíritu en nuestro corazón como garantía. * En esto sabremos que somos de la verdad, y aseguraremos nuestros corazones delante de El. Amados, si nuestro corazón no nos condena, confianza tenemos delante de Dios; * Sabemos que somos de Dios, y que todo el mundo yace bajo el poder del maligno.

El os dio vida a vosotros, que estabais muertos en vuestros delitos y pecados...aun cuando estábamos muertos en nuestros delitos, nos dio vida juntamente con Cristo (por gracia habéis sido salvados), * El nos libró del dominio de las tinieblas y nos trasladó al reino de su Hijo amado.

I Jn.3:14 Jn.5:24 I Jn.5:12 II Co. 1:21,22 I Jn. 3:19,21; 5:19 Ef. 2:1,5 Col.1:13

JULIO 26 - Por la fe Abraham, al ser llamado, obedeció, saliendo para un lugar que había de recibir como herencia.

El nos escoge nuestra heredad. * Lo guió en tierra desierta, en la horrenda soledad de un desierto; lo rodeó, cuidó de él, lo guardó como a la niña de sus ojos. Como un águila que despierta su nidada, que revolotea sobre sus polluelos, extendió sus alas y los tomó, los llevó sobre su plumaje. El Señor solo lo guió, y con él no hubo dios extranjero.

Yo soy el Señor   tu Dios, que te enseña para tu beneficio, que te conduce por el camino en que debes andar. * He aquí, Dios es exaltado en su poder ¿quién es maestro como El?

Por fe andamos, no por vista.

Así pues, salgamos a El fuera del campamento, llevando su oprobio. * No tenemos aquí una ciudad permanente, sino que buscamos la que está por venir.

Amados, os ruego como a extranjeros y peregrinos, que os abstengáis de las pasiones carnales que combaten contra el alma. * Levantaos y marchad, pues este no es lugar de descanso.

Heb. 11:8 Sal.47:4 Dt.32:10-12 Is.48:17 Job.36:22 II Co.5:7 Heb.13:14 I P2:11 Mi.2:10

JULIO 27 - Cristo, que es la imagen de Dios.

Entonces será revelada la gloria del Señor, y toda carne a una la verá.*Nadie ha visto jamás a Dios; el unigénito Dios, que está en el seno del Padre, El le ha dado a conocer. * Y el Verbo se hizo carne, y habitó entre nosotros, y vimos su gloria, gloria como del unigénito del Padre, lleno de gracia y de verdad. * El que me ha visto a mí, ha visto al Padre. * El es el resplandor de su gloria y la expresión exacta de su naturaleza, y sostiene todas las cosas por la palabra de su poder.,* El fue manifestado en la carne.

…en quien tenemos redención: el perdón de los pecados. El es la imagen del Dios invisible, el primogénito de toda creación. * A los que de antemano conoció, también los predestinó a ser hechos conforme a la imagen de su Hijo, para que El sea el primogénito entre muchos hermanos. * Y tal como hemos traído la imagen del terrenal, traeremos también la imagen del celestial.

II Co. 4:4 Is.40:5 Jn.1:18,14; 14:9 Heb.1:3 I Ti.3:16 Col. 1:14,15 Ro.8:29 I Co.15:49

JULIO 28 - Andad en amor.

Un mandamiento nuevo os doy: que os améis los unos a los otros; que como yo os he amado, así también os améis los unos a los otros. * Sobre todo, sed fervientes en vuestro amor los unos por los otros, pues el amor cubre multitud de pecados. * El amor cubre todas las transgresiones.

Y cuando estéis orando, perdonad si tenéis algo contra alguien, para que también vuestro Padre que está en los cielos os perdone vuestras transgresiones. * Antes bien, amad a vuestros enemigos, y haced bien, y prestad no esperando nada a cambio, y vuestra recompensa será grande, y seréis hijos del Altísimo; porque El es bondadoso para con los ingratos y perversos. * No te regocijes cuando caiga tu enemigo, y no se alegre tu corazón cuando tropiece;

…no devolviendo mal por mal, o insulto por insulto, sino más bien bendiciendo, porque fuisteis llamados con el propósito de heredar bendición. * Si es posible, en cuanto de vosotros dependa, estad en paz con todos los hombres. * Sed más bien amables unos con otros, misericordiosos, perdonándoos unos a otros, así como también Dios os perdonó en Cristo.

Hijos, no amemos de palabra ni de lengua, sino de hecho y en verdad.

Ef.5:2 Jn.13:34 I P.4:8 Pr.10:12 Mr.11:25 Lc. 6:35 Pr.24:17 I P 3:9 Ro. 12:18 Ef.4:32 I Jn.3:18

JULIO 29 - Oh, si rasgaras los cielos y descendieras, si los montes se estremecieran ante tu presencia.

Apresúrate, amado mío, y sé como una gacela o un cervatillo sobre los montes de los aromas. * Nosotros mismos gemimos en nuestro interior, aguardando ansiosamente la adopción como hijos, la redención de nuestro cuerpo. * Oh Señor, inclina tus cielos y desciende; toca los montes para que humeen. * Este mismo Jesús, que ha sido tomado de vosotros al cielo, vendrá de la misma manera, tal como le habéis visto ir al cielo. * Así también Cristo, habiendo sido ofrecido una vez para llevar los pecados de muchos, aparecerá por segunda vez, sin relación con el pecado, para salvación de los que ansiosamente le esperan. * Y en aquel día se dirá: He aquí, éste es nuestro Dios a quien hemos esperado para que nos salvara; éste es el Señor a quien hemos esperado; regocijémonos y alegrémonos en su salvación. * El que testifica de estas cosas dice: Sí, vengo pronto. Amén. Ven, Señor Jesús.

…aguardando la esperanza bienaventurada y la manifestación de la gloria de nuestro gran Dios y Salvador Cristo Jesús.* Porque nuestra ciudadanía está en los cielos, de donde también ansiosamente esperamos a un Salvador, el Señor Jesucristo,

Is.64:1 Cant. 8:14 Ro.8:23 Sal.144:5 Hch.1:11 Heb.9:28 Is.25:9 Ap. 22:20 Tit.2:13 Fil.3:20

JULIO 30 - Buscad las cosas de arriba, donde está Cristo sentado a la diestra de Dios.

Adquiere sabiduría, adquiere inteligencia la sabiduría de lo alto. * El abismo dice: "No está en mí"; y el mar dice: "No está conmigo." * Hemos sido sepultados con El por medio del bautismo para muerte, a fin de que como Cristo resucitó de entre los muertos por la gloria del Padre, así también nosotros andemos en novedad de vida. Porque si hemos sido unidos a El en la semejanza de su muerte, ciertamente lo seremos también en la semejanza de su resurrección. * Despojémonos también de todo peso y del pecado que tan fácilmente nos envuelve, y corramos con paciencia la carrera que tenemos por delante. * Dios, que es rico en misericordia, por causa del gran amor con que nos amó, aun cuando estábamos muertos en nuestros delitos, nos dio vida juntamente con Cristo (por gracia habéis sido salvados), y con El nos resucitó, y con El nos sentó en los lugares celestiales en Cristo Jesús,

Porque los que dicen tales cosas, claramente dan a entender que buscan una patria propia. * Buscad al Señor, vosotros todos, humildes de la tierra que habéis cumplido sus preceptos; buscad la justicia, buscad la humildad.

Col. 3:1 Pr.4:5 Stg.3:17 Job.28:14 Ro.6:4,5 Heb.12:1 Ef.2:4-6 Heb.11:14 Sof.2:3

JULIO 31 - Sufre penalidades como buen soldado de Cristo Jesús.

Lo he puesto por testigo a los pueblos, por guía y jefe de las naciones. * Porque convenía que aquel para quien son todas las cosas y por quien son todas las cosas, llevando muchos hijos a la gloria, hiciera perfecto por medio de los padecimientos al autor de la salvación de ellos.

Es necesario que a través de muchas tribulaciones entremos en el reino de Dios. * Nuestra lucha no es contra sangre y carne, sino contra principados, contra potestades, contra los poderes de este mundo de tinieblas, contra las huestes espirituales de maldad en las regiones celestes. Por tanto, tomad toda la armadura de Dios, para que podáis resistir en el día malo, y habiéndolo hecho todo, estar firmes. * Aunque andamos en la carne, no luchamos según la carne; porque las armas de nuestra contienda no son carnales, sino poderosas en Dios para la destrucción de fortalezas; * El Dios de toda gracia, que os llamó a su gloria eterna en Cristo, El mismo os perfeccionará, afirmará, fortalecerá y establecerá.

II Ti.2:3 Is.55:4 Heb.2:10 Hch.14:22 Ef.6:12,13 II Co.10:3,4 I P 5:10

AGOSTO

AGOSTO 1 - El fruto del Espíritu es...fe.

Por gracia habéis sido salvados por medio de la fe, y esto no de vosotros, sino que es don de Dios. * Sin fe es imposible agradar a Dios; porque es necesario que el que se acerca a Dios crea que El existe, y que es remunerador de los que le buscan. * El que cree en El no es condenado; pero el que no cree, ya ha sido condenado, porque no ha creído en el nombre del unigénito Hijo de Dios.

¡Creo, ayúdame en mi incredulidad! * El que guarda su palabra, en él verdaderamente el amor de Dios se ha perfeccionado. En esto sabemos que estamos en El. * La fe que obra por amor. * La fe sin obras es estéril. * Por fe andamos, no por vista. * Cristo he sido crucificado, y ya no soy yo el que vive, sino que Cristo vive en mí; y la vida que ahora vivo en la carne, la vivo por fe en el Hijo de Dios, el cual me amó y se entregó a sí mismo por mí.

...a quien sin haberle visto, le amáis, y a quien ahora no veis, pero creéis en El, y os regocijáis grandemente con gozo inefable y lleno de gloria, obteniendo, como resultado de vuestra fe, la salvación de vuestras almas.

Gal. 5:22 Ef.2:8 Heb.11:6 Jn.3:18 Mr.9:24 I Jn.2:5 Gal.5:6 Stg.2:20 II Co.5:7 Gal.2:20 I P. 1:8,9

AGOSTO 2 - El Cordero que fue inmolado desde la fundación del mundo.

El cordero será un macho sin defecto …entonces toda la asamblea de la congregación de Israel lo matará al anochecer. Y tomarán parte de la sangre y la pondrán en los dos postes y en el dintel de las casas donde lo coman… y cuando yo vea la sangre pasaré sobre vosotros.

…la sangre rociada. * Cristo, nuestra Pascua, ha sido sacrificado por nosotros.

…entregado por el plan predeterminado y el previo conocimiento de Dios.

…según su propósito y según la gracia que nos fue dada en Cristo Jesús desde la eternidad,* En El tenemos redención mediante su sangre, el perdón de nuestros pecados según las riquezas de su gracia. * Por tanto, puesto que Cristo ha padecido en la carne, armaos también vosotros con el mismo propósito, pues quien ha padecido en la carne ha terminado con el pecado, para vivir el tiempo que le queda en la carne, no ya para las pasiones humanas, sino para la voluntad de Dios.

Ap. 13:8 Ex.12:5-7 Heb.12:24 I Co.5:7 Hch.2:23 II Ti.1:9 Ef.1:7 I P. 4:1,2

AGOSTO 3 - Es su misericordia para los que le temen.

¡Cuán grande es tu bondad, que has guardado para los que te temen, que has obrado para los que en ti se refugian, delante de los hijos de los hombres! * De las conspiraciones de los hombres tú los escondes en lo secreto de tu presencia; en un refugio los pondrás a cubierto de los enredos de las lenguas.

Si invocáis como Padre a aquel que imparcialmente juzga según la obra de cada uno, conducíos en temor durante el tiempo de vuestra peregrinación;

El Señor está cerca de todos los que le invocan, de todos los que le invocan en verdad. Cumplirá el deseo de los que le temen, también escuchará su clamor y los salvará. * Porque se enterneció tu corazón y te humillaste delante del Señor cuando oíste lo que hablé contra este lugar y contra sus habitantes, que vendrían a ser desolación y maldición, y has rasgado tus vestidos y has llorado delante de mí, ciertamente te he oído'–declara el Señor.

A éste miraré: al que es humilde y contrito de espíritu, y que tiembla ante mi palabra. * Cercano está el Señor a los quebrantados de corazón, y salva a los abatidos de espíritu.

Lc.1:50 Sal.31:19,20 I P. 1:17 Sal.145:18,19 II R.22:19 Is.66:2 Sal.34:18

AGOSTO 4 - ¡Consumado es! E inclinando la cabeza, entregó el espíritu.

Jesús, el autor y consumador de la fe. * Yo te glorifiqué en la tierra, habiendo terminado la obra que me diste que hiciera. * Hemos sido santificados mediante la ofrenda del cuerpo de Jesucristo una vez para siempre. Y ciertamente todo sacerdote está de pie, día tras día, ministrando y ofreciendo muchas veces los mismos sacrificios, que nunca pueden quitar los pecados; pero El, habiendo ofrecido un solo sacrificio por los pecados para siempre, se sentó a la diestra de Dios, esperando de ahí en adelante hasta que sus enemigos sean puestos por estrado de sus pies. Porque por una ofrenda El ha hecho perfectos para siempre a los que son santificados.

…habiendo cancelado el documento de deuda que consistía en decretos contra nosotros y que nos era adverso, y lo ha quitado de en medio, clavándolo en la cruz. * Yo doy mi vida para tomarla de nuevo. Nadie me la quita, sino que yo la doy de mi propia voluntad. Tengo autoridad para darla, y tengo autoridad para tomarla de nuevo * Nadie tiene un amor mayor que éste: que uno dé su vida por sus amigos

Jn. 19:30 Heb.12:2 Jn.17:4 Heb.10:10-14 Col.2:14 Jn.10:17,18; 15:13

AGOSTO 5 - Andemos en novedad de vida.

Porque de la manera que presentasteis vuestros miembros como esclavos a la impureza y a la iniquidad, para iniquidad, así ahora presentad vuestros miembros como esclavos a la justicia, para santificación. * Por consiguiente, hermanos, os ruego por las misericordias de Dios que presentéis vuestros cuerpos como sacrificio vivo y santo, aceptable a Dios, que es vuestro culto racional. Y no os adaptéis a este mundo, sino transformaos mediante la renovación de vuestra mente, para que verifiquéis cuál es la voluntad de Dios: lo que es bueno, aceptable y perfecto.

De modo que si alguno está en Cristo, nueva criatura es; las cosas viejas pasaron; he aquí, son hechas nuevas. * Ni la circuncisión es nada, ni la incircuncisión, sino una nueva creación. Y a los que anden conforme a esta regla, paz y misericordia sea sobre ellos y sobre el Israel de Dios.

Esto digo, pues, y afirmo juntamente con el Señor: que ya no andéis así como andan también los gentiles, en la vanidad de su mente. Pero vosotros no habéis aprendido a Cristo de esta manera, si en verdad lo oísteis y habéis sido enseñados en El, conforme a la verdad que hay en Jesús, y os vistáis del nuevo hombre, el cual, en la semejanza de Dios, ha sido creado en la justicia y santidad de la verdad.

Pr. 6:4, 19 Ro. 12:1,2 II Co.5:17 Gal.6:15,16 Ef. 4:17,20,21,24

AGOSTO 6 - El Señor a quien ama reprende.

Ved ahora que yo, yo soy el Señor, y fuera de mí no hay dios. Yo hago morir y hago vivir. Yo hiero y yo sano, no hay quien pueda librar de mi mano.

Porque yo sé los planes que tengo para vosotros–declara el SEÑOR–planes de bienestar y no de calamidad, para daros un futuro y una esperanza. * Porque mis pensamientos no son vuestros pensamientos, ni vuestros caminos mis caminos–declara el Señor.

Por tanto, he aquí, la seduciré, la llevaré al desierto, y le hablaré al corazón. * Por tanto, debes comprender en tu corazón que el Señor tu Dios te estaba disciplinando así como un hombre disciplina a su hijo.

Al presente ninguna disciplina parece ser causa de gozo, sino de tristeza; sin embargo, a los que han sido ejercitados por medio de ella, les da después fruto apacible de justicia. * Humillaos, pues, bajo la poderosa mano de Dios, para que El os exalte a su debido tiempo.

Yo sé, Señor, que tus juicios son justos, y que en tu fidelidad me has afligido.

Pr. 3:12 Dt.33:39 Jer.29:11 Is.55:8 Os.2:14 Dt.8:5 Heb.12:11 Sal.119:75

AGOSTO 7 - El Consolador, el Espíritu Santo, a quien el Padre enviará en mi nombre.

Si tú conocieras el don de Dios, y quién es el que te dice: "Dame de beber", tú le habrías pedido a El, y El te hubiera dado agua viva.

Pues si vosotros siendo malos, sabéis dar buenas dádivas a vuestros hijos, ¿cuánto más vuestro Padre celestial dará el Espíritu Santo a los que se lo pidan? * En verdad, en verdad os digo: si pedís algo al Padre, os lo dará en mi nombre.

Hasta ahora nada habéis pedido en mi nombre; pedid y recibiréis, para que vuestro gozo sea completo. * No tenéis, porque no pedís.

Cuando…el Espíritu de verdad, venga, os guiará a toda la verdad, porque no hablará por su propia cuenta, sino que hablará todo lo que oiga, y os hará saber lo que habrá de venir. El me glorificará, porque tomará de lo mío y os lo hará saber.

Mas ellos se rebelaron y contristaron su santo Espíritu; por lo cual El se convirtió en su enemigo y peleó contra ellos.

Jn. 14:6; 4:10 Lc.11:13 Jn.16:23,24 Stg.4:2 Jn.16:13,14 Is.63:10

AGOSTO 8 - La senda de los justos es como la luz de la aurora, que va aumentando en resplandor hasta que es pleno día.

No que ya lo haya alcanzado o que ya haya llegado a ser perfecto, sino que sigo adelante, a fin de poder alcanzar aquello para lo cual también fui alcanzado por Cristo Jesús. * Conozcamos, pues, esforcémonos por conocer al Señor.

Entonces los justos resplandecerán como el sol en el reino de su Padre. * Pero nosotros todos, con el rostro descubierto, contemplando como en un espejo la gloria del Señor, estamos siendo transformados en la misma imagen de gloria en gloria, como por el Señor, el Espíritu.

Cuando venga lo perfecto, lo incompleto se acabará. * Porque ahora vemos por un espejo, veladamente, pero entonces veremos cara a cara; ahora conozco en parte, pero entonces conoceré plenamente, como he sido conocido. * Amados, ahora somos hijos de Dios y aún no se ha manifestado lo que habremos de ser. Pero sabemos que cuando El se manifieste, seremos semejantes a El, porque le veremos como El es. Y todo el que tiene esta esperanza puesta en El, se purifica, así como El es puro.

Pr. 4:18 Fil. 3:12 Os. 6:3 Mt.13:43 II Co.3:18 I Co.13:10,12 I Jn.3:2,3

AGOSTO 9 - Toda tú eres hermosa, amada mía, y no hay defecto en ti.

Toda cabeza está enferma, y todo corazón desfallecido. De la planta del pie a la cabeza no hay en él nada sano, sino golpes, verdugones y heridas recientes; no han sido curadas, ni vendadas, ni suavizadas con aceite. * Todos nosotros somos como el inmundo, y como trapo de inmundicia todas nuestras obras justas. *Porque yo sé que en mí, es decir, en mi carne, no habita nada bueno; porque el querer está presente en mí, pero el hacer el bien, no.

Fuisteis lavados, …. fuisteis santificados, …fuisteis justificados en el nombre del Señor   Jesucristo y en el Espíritu de nuestro Dios. * Toda radiante está la hija del rey dentro de su palacio. Tu hermosura, que era perfecta, gracias al esplendor que yo puse en ti–declara el Señor Dios.

Y sea la gracia del Señor nuestro Dios sobre nosotros. * Estos son los que vienen de la gran tribulación, y han lavado sus vestiduras y las han emblanquecido en la sangre del Cordero. * Una iglesia en toda su gloria, sin que tenga mancha ni arruga ni cosa semejante, sino que fuera santa e inmaculada. * Habéis sido hechos completos en El.

Cant. 4:7 Is. 1:5,6; 64:6 Ro.7:18 I Co.6:11 Sal.45:13 EZ.16:14 Sal.90:17 Ef.5:27 Col.2:10

AGOSTO 10 - No te ruego que los saques del mundo, sino que los guardes del maligno.

Para que seáis irreprensibles y sencillos, hijos de Dios sin tacha en medio de una generación torcida y perversa, en medio de la cual resplandecéis como luminares en el mundo.

Vosotros sois la sal de la tierra… Vosotros sois la luz del mundo. * Así brille vuestra luz delante de los hombres, para que vean vuestras buenas acciones y glorifiquen a vuestro Padre que está en los cielos. * Y además, yo te guardé de pecar contra mí. * Fiel es el Señor quien os fortalecerá y protegerá del maligno. * Pero yo no hice así, a causa del temor de Dios. * Se dio a sí mismo por nuestros pecados para librarnos de este presente siglo malo, conforme a la voluntad de nuestro Dios y Padre.

Y a aquel que es poderoso para guardaros sin caída y para presentaros sin mancha en presencia de su gloria con gran alegría, al único Dios nuestro Salvador, por medio de Jesucristo nuestro Señor, sea gloria, majestad, dominio y autoridad, antes de todo tiempo, y ahora y por todos los siglos. Amén.

Jn.17:15 Fil.2:15 Mt.5:13,14,16 Gen.20:6 II Ts.3:• Neh.5:15 Gal.1:4 Jud.24,25

AGOSTO 11 - Para anular mediante la muerte el poder de aquel que tenía el poder de la muerte.

Nuestro Salvador Cristo Jesús, quien abolió la muerte y sacó a la luz la vida y la inmortalidad por medio del evangelio. * El destruirá la muerte para siempre; el Señor Dios enjugará las lágrimas de todos los rostros, y quitará el oprobio de su pueblo de sobre toda la tierra, porque el Señor ha hablado.

Cuando esto corruptible se haya vestido de incorrupción, y esto mortal se haya vestido de inmortalidad, entonces se cumplirá la palabra que está escrita: Devorada ha sido la muerte en victoria. ¿Dónde está, oh muerte, tu victoria? ¿Dónde, oh sepulcro, tu aguijón? El aguijón de la muerte es el pecado, y el poder del pecado es la ley; pero a Dios gracias, que nos da la victoria por medio de nuestro Señor Jesucristo.

No nos ha dado Dios espíritu de cobardía, sino de poder, de amor y de dominio propio.

Aunque pase por el valle de sombra de muerte, no temeré mal alguno, porque tú estás conmigo; tu vara y tu cayado me infunden aliento.

Heb.2:14 II Ti.1:10 Is.25:8 I Co.15:54-57 II Ti.1:7 Sal.23:4

AGOSTO 12 -No rechaza para siempre el Señor, antes bien, si aflige, también se compadecerá según su gran misericordia.

Tú no temas, siervo mío Jacob—declara el Señor   porque yo estoy contigo;…pero no acabaré contigo, sino que te castigaré con justicia.

Por un breve momento te abandoné, pero con gran compasión te recogeré. En un acceso de ira escondí mi rostro de ti por un momento, pero con misericordia eterna tendré compasión de ti –dice el Señor   tu Redentor. Porque los montes serán quitados y las colinas temblarán, pero mi misericordia no se apartará de ti, y el pacto de mi paz no será quebrantado– dice el Señor, que tiene compasión de ti. Oh afligida, azotada por la tempestad, sin consuelo, he aquí, yo asentaré tus piedras en antimonio, y tus cimientos en zafiros.

La indignación del Señor   soportaré, porque he pecado contra El, hasta que defienda mi causa y establezca mi derecho. El me sacará a la luz, y yo veré su justicia.

Lam.3:31,32 Jer.46:28 Is.54:7,8,10,11 Mi.7:9

AGOSTO 13 - Les ha preparado una ciudad.

Y si me voy y preparo un lugar para vosotros, vendré otra vez y os tomaré conmigo; para que donde yo estoy, allí estéis también vosotros.

Una herencia incorruptible, inmaculada, y que no se marchitará, reservada en los cielos para vosotros. Porque no tenemos aquí una ciudad permanente, sino que buscamos la que está por venir.

Este mismo Jesús, que ha sido tomado de vosotros al cielo, vendrá de la misma manera, tal como le habéis visto ir al cielo. Por tanto, hermanos, sed pacientes hasta la venida del Señor. Mirad cómo el labrador espera el fruto precioso de la tierra, siendo paciente en ello hasta que recibe la lluvia temprana y la tardía. * Sed también vosotros pacientes; fortaleced vuestros corazones, porque la venida del Señor   está cerca.

Porque dentro de muy poco tiempo, el que ha de venir vendrá y no tardará. Los que estemos vivos y que permanezcamos, seremos arrebatados juntamente con ellos en las nubes al encuentro del Señor   en el aire, y así estaremos con el Señor   siempre. Por tanto, confortaos unos a otros con estas palabras.

Heb. 11:16 Jn.14:3 I P. 1:4 Heb. 13:14 Hch.1:11 Stg.5:7,8 Heb. 10:37 I Ts.4:17,18

AGOSTO 14 - El gozo del Señor es vuestra fortaleza.

Gritad de júbilo, cielos, y regocíjate, tierra.

He aquí, Dios es mi salvador, confiaré y no temeré; porque mi fortaleza y mi canción es el Señor Dios, El ha sido mi salvación. * El Señor es mi fuerza y mi escudo; en El confía mi corazón, y soy socorrido; por tanto, mi corazón se regocija, y le daré gracias con mi cántico.

En gran manera me gozaré en el Señor, mi alma se regocijará en mi Dios; porque El me ha vestido de ropas de salvación, me ha envuelto en manto de justicia como el novio se engalana con una corona, como la novia se adorna con sus joyas.

Por tanto, en Cristo Jesús he hallado razón para gloriarme en las cosas que se refieren a Dios. * Y no sólo esto, sino que también nos gloriamos en Dios por medio de nuestro Señor Jesucristo, por quien ahora hemos recibido la reconciliación.

Con todo yo me alegraré en el Señor, me regocijaré en el Dios de mi salvación.

Neh.8:10 Is.49:13; 12:2 Sal.28:7 Is. 61:10 Ro.15:7; 5:11 Hab.3:18

AGOSTO 15 - El Dios de paz os haga aptos en toda obra buena para hacer su voluntad.

Sed perfectos, confortaos, sed de un mismo sentir, vivid en paz; y el Dios de amor y paz será con vosotros. * Por gracia habéis sido salvados por medio de la fe, y esto no de vosotros, sino que es don de Dios; no por obras, para que nadie se gloríe.

Toda buena dádiva y todo don perfecto viene de lo alto, desciende del Padre de las luces, con el cual no hay cambio ni sombra de variación. * Dios es quien obra en vosotros tanto el querer como el hacer, para su beneplácito.

No os adaptéis a este mundo, sino transformaos mediante la renovación de vuestra mente, para que verifiquéis cuál es la voluntad de Dios: lo que es bueno, aceptable y perfecto. * Llenos del fruto de justicia que es por medio de Jesucristo, para la gloria y alabanza de Dios.

No que seamos suficientes en nosotros mismos para pensar que cosa alguna procede de nosotros, sino que nuestra suficiencia es de Dios.

Heb.13:20,21 II Co.13:11 Ef.2:8,9 Stg. 1:17 Fil.2:12,13 Ro.12:2 Fil.1:11 II Co.3:5

AGOSTO 16 - La casa que ha de edificarse al Señor   será de gran magnificencia.

También vosotros, como piedras vivas, sed edificados como casa espiritual para un sacerdocio santo, para ofrecer sacrificios espirituales aceptables a Dios por medio de Jesucristo. * ¿No sabéis que sois templo de Dios y que el Espíritu de Dios habita en vosotros? * Si alguno destruye el templo de Dios, Dios lo destruirá a él, porque el templo de Dios es santo, y eso es lo que vosotros sois. * ¿O no sabéis que vuestro cuerpo es templo del Espíritu Santo, que está en vosotros, el cual tenéis de Dios, y que no sois vuestros? * Pues por precio habéis sido comprados; por tanto, glorificad a Dios en vuestro cuerpo y en vuestro espíritu, los cuales son de Dios. * ¿O qué acuerdo tiene el templo de Dios con los ídolos? Porque nosotros somos el templo del Dios vivo, como Dios dijo:* Habitaré en ellos, y andaré entre ellos; y seré su Dios, y ellos serán mi pueblo.

Así pues, ya no sois extranjeros ni advenedizos, sino que sois conciudadanos de los santos y sois de la familia de Dios, edificados sobre el fundamento de los apóstoles y profetas, siendo Cristo Jesús mismo la piedra angular, en quien todo el edificio, bien ajustado, va creciendo para ser un templo santo en el Señor, en quien también vosotros sois juntamente edificados para morada de Dios en el Espíritu.

I Cr. 22:5 I P.2:5 I Co.3:16,17; 6:19,20 II Co. 6:16 Ef.2:19,20

AGOSTO 17 - Orad unos por otros para que seáis sanados.

Y Abraham respondió, y dijo: He aquí, ahora me he atrevido a hablar al Señor, yo que soy polvo y ceniza. * Tal vez falten cinco para los cincuenta justos, ¿destruirás por los cinco a toda la ciudad? Y El respondió: No la destruiré si hallo allí cuarenta y cinco. * Y Jesús decía: Padre, perdónalos, porque no saben lo que hacen. Y echaron suertes, repartiéndose entre sí sus vestidos. * Pero yo os digo: amad a vuestros enemigos y orad por los que os persiguen.

Yo ruego por ellos; no ruego por el mundo, sino por los que me has dado; porque son tuyos; Mas no ruego sólo por éstos, sino también por los que han de creer en mí por la palabra de ellos, * Llevad los unos las cargas de los otros, y cumplid así la ley de Cristo. * Por tanto, confesaos vuestros pecados unos a otros, y orad unos por otros para que seáis sanados. La oración eficaz del justo puede lograr mucho. * Elías era un hombre de pasiones semejantes a las nuestras, y oró fervientemente para que no lloviera, y no llovió sobre la tierra por tres años y seis meses.

Stg. 5:16 Gen. 18:27,28 Lc. 23:24 Mt.5:44 Jn.17:9,20 Gal.6:2 Stg.5:16,17

AGOSTO 18 - ¿Qué dios hay en los cielos o en la tierra que pueda hacer obras y hechos tan poderosos como los tuyos?

Porque, ¿quién en el firmamento se puede comparar al Señor?¿Quién entre los hijos de los poderosos es como el Señor.* Oh Señor, Dios de los ejércitos, ¿quién como tú, poderoso Señor? Tu fidelidad también te rodea.

No hay nadie como tú entre los dioses, oh Señor, ni hay obras como las tuyas. A causa de tu palabra, conforme a tu propio corazón, tú has hecho toda esta grandeza, para que lo sepa tu siervo. Oh Señor DIOS, por eso tú eres grande; pues no hay nadie como tú, ni hay Dios fuera de ti, conforme a todo lo que hemos oído con nuestros oídos.* Está escrito: Cosas que ojo no vio, ni oído oyó, ni han entrado al corazón del hombre, son las cosas que Dios ha preparado para los que le aman.. Pero Dios nos las reveló por medio del Espíritu, porque el Espíritu todo lo escudriña, aun las profundidades de Dios.

Las cosas secretas pertenecen al Señor nuestro Dios, mas las cosas reveladas nos pertenecen a nosotros y a nuestros hijos para siempre, a fin de que guardemos todas las palabras de esta ley.

Dt. 3:24 Sal. 89:6,8; 86.8 II S. 7:21,22 I Co.2:9,10 Dt. 29:29

AGOSTO 19 - Como aquel que os llamó es santo, así también sed vosotros santos en toda vuestra manera de vivir.

Así como sabéis de qué manera os exhortábamos, alentábamos e implorábamos a cada uno de vosotros, como un padre lo haría con sus propios hijos, para que anduvierais como es digno del Dios que os ha llamado a su reino y a su gloria. * A fin de que anunciéis las virtudes de aquel que os llamó de las tinieblas a su luz admirable.

Antes erais tinieblas, pero ahora sois luz en el Señor; andad como hijos de luz (porque el fruto de la luz consiste en toda bondad, justicia y verdad), examinando qué es lo que agrada al Señor. Y no participéis en las obras estériles de las tinieblas, sino más bien, desenmascaradlas.

Sed llenos del fruto de justicia que es por medio de Jesucristo, para la gloria y alabanza de Dios. * Así brille vuestra luz delante de los hombres, para que vean vuestras buenas acciones y glorifiquen a vuestro Padre que está en los cielos.

Ya sea que comáis, que bebáis, o que hagáis cualquier otra cosa, hacedlo todo para la gloria de Dios.

I P 1:15 I Ts.2:11,12 I P 2:9 Ef.5:8-11 Fil.1:11 Mt. 5:16 I Co.10:31

AGOSTO 20 - Dios no es hombre, para que mienta, ni hijo de hombre, para que se arrepienta.

El Padre de las luces, con el cual no hay cambio ni sombra de variación. * Jesucristo es el mismo ayer y hoy y por los siglos. * Escudo y baluarte es su fidelidad. * De la misma manera Dios, deseando mostrar más plenamente a los herederos de la promesa la inmutabilidad de su propósito, interpuso un juramento, a fin de que por dos cosas inmutables, en las cuales es imposible que Dios mienta, seamos grandemente animados los que hemos huido para refugiarnos, echando mano de la esperanza puesta delante de nosotros. * Reconoce, pues, que el Señor tu Dios es Dios, el Dios fiel, que guarda su pacto y su misericordia hasta mil generaciones con aquellos que le aman y guardan sus mandamientos; * Todas las sendas del Señor son misericordia y verdad para aquellos que guardan su pacto y sus testimonios.

Bienaventurado aquel cuya ayuda es el Dios de Jacob, cuya esperanza está en el Señor su Dios, que hizo los cielos y la tierra, el mar y todo lo que en ellos hay; que guarda la verdad para siempre;

Nu. 23:19 Stg.1:17 Heb. 13:8 Sal. 91:4 Heb.6:17,18 Dt.7:9 Sal.25:10; 146:5,6

AGOSTO 21 - El Señor es mi porción.

Todo es vuestros...y vosotros de Cristo, y Cristo de Dios. * Nuestro gran Dios y Salvador Cristo Jesús... se dio a sí mismo por nosotros. * Dios... todo sometió bajo sus pies, y a El lo dio por cabeza sobre todas las cosas a la iglesia, * Cristo amó a la iglesia y se dio a sí mismo por ella, a fin de presentársela a sí mismo, una iglesia en toda su gloria, sin que tenga mancha ni arruga ni cosa semejante, sino que fuera santa e inmaculada. * En el Señor se gloriará mi alma; lo oirán los humildes y se regocijarán.

En gran manera me gozaré en el Señor, mi alma se regocijará en mi Dios; porque El me ha vestido de ropas de salvación, me ha envuelto en manto de justicia como el novio se engalana con una corona, como la novia se adorna con sus joyas. * ¿A quién tengo yo en los cielos, sino a ti? Y fuera de ti, nada deseo en la tierra. Mi carne y mi corazón pueden desfallecer, pero Dios es la fortaleza de mi corazón y mi porción para siempre.

Yo dije al Señor: Tú eres mi Señor; ningún bien tengo fuera de ti. * El Señor es la porción de mi herencia y de mi copa; tú sustentas mi suerte. * Las cuerdas cayeron para mí en lugares agradables; en verdad mi herencia es hermosa para mí.

Sal.119:57 I Co.3:21,23 Tit. 2:13,14 Ef.1:22; 5:25,27 Sal.34:2 Is. 61:10 Sal.73:25,26; 16:2,5,6

AGOSTO 22 -Ninguno de nosotros vive para sí mismo, y ninguno muere para sí mismo.

Si vivimos, para el Señor vivimos, y si morimos, para el Señor morimos; por tanto, ya sea que vivamos o que muramos, del Señor somos. * Nadie busque su propio bien, sino el de su prójimo.

Pues por precio habéis sido comprados; por tanto, glorificad a Dios en vuestro cuerpo y en vuestro espíritu, los cuales son de Dios. * Conforme a mi anhelo y esperanza de que en nada seré avergonzado, sino que con toda confianza, aun ahora, como siempre, Cristo será exaltado en mi cuerpo, ya sea por vida o por muerte. Pues para mí, el vivir es Cristo y el morir es ganancia. Pero si el vivir en la carne, esto significa para mí una labor fructífera, entonces, no sé cuál escoger, pues de ambos lados me siento apremiado, teniendo el deseo de partir y estar con Cristo, pues eso es mucho mejor.

Pues mediante la ley yo morí a la ley, a fin de vivir para Dios. Con Cristo he sido crucificado, y ya no soy yo el que vive, sino que Cristo vive en mí; y la vida que ahora vivo en la carne, la vivo por fe en el Hijo de Dios, el cual me amó y se entregó a sí mismo por mí.

Ro. 14:7,8 I Co.10:24; 6:20 Fil.1:20-23 Gal.2:19,20

AGOSTO 23 - Con amor eterno te he amado, por eso te he atraído con misericordia.

Nosotros siempre tenemos que dar gracias a Dios por vosotros, hermanos amados por el Señor, porque Dios os ha escogido desde el principio para salvación mediante la santificación por el Espíritu y la fe en la verdad. Y fue para esto que El os llamó mediante nuestro evangelio, para que alcancéis la gloria de nuestro Señor Jesucristo.

Nos ha salvado y nos ha llamado con un llamamiento santo, no según nuestras obras, sino según su propósito y según la gracia que nos fue dada en Cristo Jesús desde la eternidad.

Tus ojos vieron mi embrión, y en tu libro se escribieron todos los días que me fueron dados, cuando no existía ni uno solo de ellos. * Porque de tal manera amó Dios al mundo, que dio a su Hijo unigénito, para que todo aquel que cree en El, no se pierda, mas tenga vida eterna. * En esto consiste el amor: no en que nosotros hayamos amado a Dios, sino en que El nos amó a nosotros y envió a su Hijo como propiciación por nuestros pecados.

Jer.31:3 II Ts. 2:13,14 II Tim. 1:9 Sal.139:16 Jn.3:16 I Jn. 4:10

AGOSTO 24 - Estoy consciente de sus sufrimientos.

Fue despreciado y desechado de los hombres, varón de dolores y experimentado en aflicción; y como uno de quien los hombres esconden el rostro, fue despreciado, y no le estimamos. * No tenemos un sumo sacerdote que no pueda compadecerse de nuestras flaquezas, sino uno que ha sido tentado en todo como nosotros, pero sin pecado.

El mismo tomó nuestras flaquezas y llevó nuestras enfermedades. * Entonces Jesús, cansado del camino, se sentó junto al pozo. * Y cuando Jesús la vio llorando, y a los judíos que vinieron con ella llorando también, se conmovió profundamente en el espíritu, y se entristeció. Jesús lloró. * Pues por cuanto El mismo fue tentado en el sufrimiento, es poderoso para socorrer a los que son tentados.

El miró desde su excelso santuario; desde el cielo el Señor se fijó en la tierra, para oír el gemido de los prisioneros, para poner en libertad a los condenados a muerte. * El sabe el camino que tomo; cuando me haya probado, saldré como el oro. * Cuando mi espíritu desmayaba dentro de mí, tú conociste mi senda. * El que os toca, toca la niña de su ojo. * En todas sus angustias El fue afligido, y el ángel de su presencia los salvó.

Ex.3:7 Is.53:3 Heb.4:15 Mt.8:17 Jn.4:6; 11:33,35 Heb.2:18 Sal.102:19,20 Job.23:10 Sal.142:3 Zac.2:8 Is.63:9

AGOSTO 25 - Mirad la roca de donde fuisteis tallados, y la cantera de donde fuisteis excavados.

He aquí, yo nací en iniquidad. * Ningún ojo se apiadó de ti… sino que fuiste echada al campo abierto, porque fuiste aborrecida el día en que naciste. Yo pasé junto a ti y te vi revolcándote en tu sangre. Mientras estabas en tu sangre, te dije: "¡Vive!" * Me sacó del hoyo de la destrucción, del lodo cenagoso; asentó mis pies sobre una roca y afirmó mis pasos. Puso en mi boca un cántico nuevo, un canto de alabanza a nuestro Dios.

Porque mientras aún éramos débiles, a su tiempo Cristo murió por los impíos. Porque a duras penas habrá alguien que muera por un justo, aunque tal vez alguno se atreva a morir por el bueno. Pero Dios demuestra su amor para con nosotros, en que siendo aún pecadores, Cristo murió por nosotros.

Dios, que es rico en misericordia, por causa del gran amor con que nos amó, aun cuando estábamos muertos en nuestros delitos, nos dio vida juntamente con Cristo (por gracia habéis sido salvados),

Is.51:1 Sal.51:5 Ez. 16:5,6 Sal.40:2,3 Rom.5:6-8 Ef.2:4,5

AGOSTO 26 - Harás también una lámina de oro puro, y grabarás en ella, como las grabaduras de un sello: "Santidad al Señor."

La santidad, sin la cual nadie verá al Señor. * Dios es espíritu, y los que le adoran deben adorarle en espíritu y en verdad. * Todos nosotros somos como el inmundo, y como trapo de inmundicia todas nuestras obras justas.

Entre los que se acercan a mí manifestaré mi santidad, y ante todo el pueblo manifestaré mi gloria. * Esta es la ley del templo: todo su territorio sobre la cumbre del monte por todo alrededor será santísimo. * La santidad conviene a tu casa, eternamente, oh Señor. * Y por ellos yo me santifico, para que ellos también sean santificados en la verdad.

Teniendo, pues, un gran sumo sacerdote que trascendió los cielos, Jesús, el Hijo de Dios, retengamos nuestra fe. Por tanto, acerquémonos con confianza al trono de la gracia para que recibamos misericordia, y hallemos gracia para la ayuda oportuna.

Ex.28:36 Heb.12:14 Jn.4:24 Is.64:6 Lc.10:3 Ez.43:12 Sal.93:5 Jn.17:19 Heb.4:14,16

AGOSTO 27 - Lámpara es a mis pies tu palabra, y luz para mi camino.

Por la palabra de tus labios yo me he guardado de las sendas de los violentos. Mis pasos se han mantenido firmes en tus senderos. No han resbalado mis pies.

Tus oídos oirán detrás de ti una palabra: Este es el camino, andad en él, ya sea que vayáis a la derecha o a la izquierda. * Jesús les habló otra vez, diciendo: Yo soy la luz del mundo; el que me sigue no andará en tinieblas, sino que tendrá la luz de la vida.

Y así tenemos la palabra profética más segura, a la cual hacéis bien en prestar atención como a una lámpara que brilla en el lugar oscuro, hasta que el día despunte y el lucero de la mañana aparezca en vuestros corazones.

Porque ahora vemos por un espejo, veladamente, pero entonces veremos cara a cara; ahora conozco en parte, pero entonces conoceré plenamente, como he sido conocido.

Y ya no habrá más noche, y no tendrán necesidad de luz de lámpara ni de luz del sol, porque el Señor Dios los iluminará, y reinarán por los siglos de los siglos.

Sal.119:105; 17:4,5 Pr.6:22,23 Is.30:21 Jn.8:21 II P. 1:19 I Co. 13:12 Ap.22:5

AGOSTO 28 - El acusador de nuestros hermanos, el que los acusa delante de nuestro Dios día y noche, ha sido arrojado.

Ellos lo vencieron por medio de la sangre del Cordero y por la palabra del testimonio de ellos, y no amaron sus vidas, llegando hasta sufrir la muerte. * ¿Quién acusará a los escogidos de Dios? Dios es el que justifica. * ¿Quién es el que condena? Cristo Jesús es el que murió, sí, más aún, el que resucitó, el que además está a la diestra de Dios, el que también intercede por nosotros. * Y habiendo despojado a los poderes y autoridades, hizo de ellos un espectáculo público, triunfando sobre ellos por medio de El.

Así que, por cuanto los hijos participan de carne y sangre, El igualmente participó también de lo mismo, para anular mediante la muerte el poder de aquel que tenía el poder de la muerte, es decir, el diablo, y librar a los que por el temor a la muerte, estaban sujetos a esclavitud durante toda la vida.

Pero en todas estas cosas somos más que vencedores por medio de aquel que nos amó. * Revestíos con toda la armadura de Dios para que podáis estar firmes contra las insidias del diablo. * Tomad también el yelmo de la salvación, y la espada del Espíritu que es la palabra de Dios. * A Dios gracias, que nos da la victoria por medio de nuestro Señor   Jesucristo.

Ap. 12:10,11 Ro.8:33,34 Col.2:15 Heb.2:14,15 Ro.8:37 Ef.6:11,17 I Co.15:57

AGOSTO 29 - El que confía en el Señor   es bienaventurado.

Abraham no titubeó con incredulidad, sino que se fortaleció en fe, dando gloria a Dios, y estando plenamente convencido de que lo que Dios había prometido, poderoso era también para cumplirlo.

Los hijos de Judá prevalecieron porque se apoyaron en el Señor, Dios de sus padres. * Dios es nuestro refugio y fortaleza, nuestro pronto auxilio en las tribulaciones.

No temeremos aunque la tierra sufra cambios, y aunque los montes se deslicen al fondo de los mares. * Es mejor refugiarse en el Señor que confiar en el hombre. Es mejor refugiarse en el Señor que confiar en príncipes.

Por el Señor son ordenados los pasos del hombre, y el Señor se deleita en su camino. Cuando caiga, no quedará derribado, porque el Señor   sostiene su mano. * Probad y ved que el Señor es bueno. ¡Cuán bienaventurado es el hombre que en El se refugia! * Temed al Señor, vosotros sus santos, pues nada les falta a aquellos que le temen.

Pr.16:20 Ro.4:20,21 II Cr.13:18 Sal.46:1,2; 118:8,9; 37:23,24; 34:8,9

AGOSTO 30 - El rey extendió…el cetro de oro. Ester entonces se acercó y tocó el extremo del cetro.

Y será que cuando él clame a mí, yo le oiré, porque soy clemente. * Y nosotros hemos llegado a conocer y hemos creído el amor que Dios tiene para nosotros. Dios es amor, y el que permanece en amor permanece en Dios y Dios permanece en él. * En esto se perfecciona el amor en nosotros, para que tengamos confianza en el día del juicio, pues como El es, así somos también nosotros en este mundo.

En el amor no hay temor, sino que el perfecto amor echa fuera el temor, porque el temor involucra castigo, y el que teme no es hecho perfecto en el amor. * Nosotros amamos, porque El nos amó primero.

Acerquémonos con corazón sincero, en plena certidumbre de fe, teniendo nuestro corazón purificado de mala conciencia y nuestro cuerpo lavado con agua pura. * Por medio de El los unos y los otros tenemos nuestra entrada al Padre en un mismo Espíritu. * En quien tenemos libertad y acceso a Dios con confianza por medio de la fe en El. * Por tanto, acerquémonos con confianza al trono de la gracia para que recibamos misericordia, y hallemos gracia para la ayuda oportuna.

Ester 5:2 Ex.22:27 I Jn. 4:16-19 Heb.10:22 Ef.2:18; 3:12 Heb. 4:16

AGOSTO 31 - La dádiva surgió a causa de muchas transgresiones resultando en justificación.

Aunque vuestros pecados sean como la grana como la nieve serán emblanquecidos; aunque sean rojos como el carmesí, como blanca lana quedarán. * Yo, yo soy el que borro tus transgresiones por amor a mí mismo, y no recordaré tus pecados. Hazme recordar, discutamos juntos nuestro caso; habla tú para justificarte.

He disipado como una densa nube tus transgresiones, y como espesa niebla tus pecados. * Vuélvete a mí, porque yo te he redimido.* De tal manera amó Dios al mundo, que dio a su Hijo unigénito, para que todo aquel que cree en El, no se pierda, mas tenga vida eterna. * Pero no sucede con la dádiva como con la transgresión. Porque si por la transgresión de uno murieron los muchos, mucho más, la gracia de Dios y el don por la gracia de un hombre, Jesucristo, abundaron para los muchos.

Y esto erais algunos de vosotros; pero fuisteis lavados, pero fuisteis santificados, pero fuisteis justificados en el nombre del Señor   Jesucristo y en el Espíritu de nuestro Dios.

Ro.5:16 Is. 1:18; 43:25,26; 44:22 Jn.3:16 Ro.5:15 I Co.6:11

SEPTIEMBRE

SEPTIEMBRE 1 - Mas el fruto del Espíritu es mansedumbre.

Los mansos aumentarán también su alegría en el Señor, los necesitados de la humanidad se regocijarán en el Santo de Israel. * Si no os convertís y os hacéis como niños, no entraréis en el reino de los cielos. Así pues, cualquiera que se humille como este niño, ése es el mayor en el reino de los cielos.

Que vuestro adorno no sea externo…sino que sea el yo interno, con el adorno incorruptible de un espíritu manso y sereno, lo cual es precioso delante de Dios * El amor no es jactancioso, no es arrogante.* Pero tú, oh hombre de Dios,… sigue la mansedumbre…Tomad mi yugo sobre vosotros y aprended de mí, que soy manso y humilde de corazón. * Fue oprimido y afligido, pero no abrió su boca; como cordero que es llevado al matadero, y como oveja que ante sus trasquiladores permanece muda, no abrió El su boca.

También Cristo sufrió por vosotros, dejándoos ejemplo para que sigáis sus pisadas, el cual no cometió pecado, ni engaño alguno se halló en su boca; y quien cuando le ultrajaban, no respondía ultrajando; cuando padecía, no amenazaba, sino que se encomendaba a aquel que juzga con justicia;

Gal. 5:23 Is.29:19 Mt. 18:3,4 I P 3:4 I Co.13:4 I Ti 6:11 Mt. 11:29 Is.53:7 I P 2:21-23

SEPTIEMBRE 2 - Espera al Señor; esfuérzate y aliéntese tu corazón. Sí, espera al Señor.

¿Acaso no lo sabes? ¿Es que no lo has oído? El Dios eterno, el Señor, el creador de los confines de la tierra no se fatiga ni se cansa. Su entendimiento es inescrutable. El da fuerzas al fatigado, y al que no tiene fuerzas, aumenta el vigor. * No temas, porque yo estoy contigo; no te desalientes, porque yo soy tu Dios. Te fortaleceré, ciertamente te ayudaré, sí, te sostendré con la diestra de mi justicia.

Tú has sido baluarte para el desvalido, baluarte para el necesitado en su angustia, refugio contra la tormenta, sombra contra el calor, pues el aliento de los crueles es como turbión contra el muro. * Sabiendo que la prueba de vuestra fe produce paciencia, y que la paciencia ha de tener su perfecto resultado, para que seáis perfectos y completos, sin que os falte nada. * No desechéis vuestra confianza, la cual tiene gran recompensa. Porque tenéis necesidad de paciencia, para que cuando hayáis hecho la voluntad de Dios, obtengáis la promesa.

Sal.27:14 Is.40: 8,29; 41:10; 25:4 Stg.1:3,4 Heb.10:35,36

SEPTIEMBRE 3 - Nada leudado se verá contigo, ni levadura alguna se verá en todo tu territorio.

El temor del Señor   es aborrecer el mal. * Aborreciendo lo malo. * Absteneos de toda forma de mal.

Mirad bien de que nadie deje de alcanzar la gracia de Dios; de que ninguna raíz de amargura, brotando, cause dificultades y por ella muchos sean contaminados; * Si observo iniquidad en mi corazón, el Señor   no me escuchará.

¿No sabéis que un poco de levadura fermenta toda la masa? Limpiad la levadura vieja para que seáis masa nueva, así como lo sois, sin levadura. Porque aun Cristo, nuestra Pascua, ha sido sacrificado por nosotros. Por tanto, celebremos la fiesta no con la levadura vieja, ni con la levadura de malicia y maldad, sino con panes sin levadura de sinceridad y de verdad.

Por tanto, examínese cada uno a sí mismo, y entonces coma del pan y beba de la copa. * Que se aparte de la iniquidad todo aquel que menciona el nombre del Señor. * Porque convenía que tuviéramos tal sumo sacerdote: santo, inocente, inmaculado, apartado de los pecadores y exaltado más allá de los cielos. * En El no hay pecado.

Ex.13:7 Pr.8:13 Ro.12:9 I Ts. 5:22 Heb.12:15 Sal.66:18 I Co.5:6-8; 11:28 II Ti.2:19 Heb.7:26 I Jn.3:5

SEPTIEMBRE 4 - Espera, hija mía,

Estate alerta, y ten calma; no temas ni desmaye tu corazón. * Estad quietos, y sabed que yo soy Dios. * Jesús le dijo ¿No te dije que si crees, verás la gloria de Dios?

Será humillado el orgullo del hombre y abatida la altivez de los hombres; el Señor   solo será exaltado en aquel día, * María… sentada a los pies del Señor, escuchaba su palabra. * María ha escogido la parte buena, la cual no le será quitada. * En arrepentimiento y en reposo seréis salvos; en quietud y confianza está vuestro poder. * Meditad en vuestro corazón sobre vuestro lecho, y callad.

Confía callado en el Señor   y espérale con paciencia; no te irrites a causa del que prospera en su camino, por el hombre que lleva a cabo sus intrigas. * No temerá recibir malas noticias; su corazón está firme, confiado en el Señor. Su corazón está seguro, no temerá, * El que cree no será perturbado.

Ruth 3:1 Is.7:4 Sal.46:10 Jn.11:40 Is. 2:17 Lc. 10:39,40 Is.30:15 Sal.4:4 Sal.37:7; 112:7,8 Is.28:16

SEPTIEMBRE 5 - Porque así como el cuerpo es uno, y tiene muchos miembros, así también es Cristo.

El es también la cabeza del cuerpo que es la iglesia. * Y a El lo dio por cabeza sobre todas las cosas a la iglesia, la cual es su cuerpo, la plenitud de aquel que lo llena todo en todo. * Somos miembros de su cuerpo, de su carne y de sus huesos. * Un cuerpo has preparado para mí.

Tus ojos vieron mi embrión, y en tu libro se escribieron todos los días que me fueron dados, cuando no existía ni uno solo de ellos. * Eran tuyos y me los diste. * Nos escogió en El antes de la fundación del mundo. * Porque a los que de antemano conoció, también los predestinó a ser hechos conforme a la imagen de su Hijo.

Crezcamos en todos los aspectos en aquel que es la cabeza, es decir, Cristo, de quien todo el cuerpo (estando bien ajustado y unido por la cohesión que las coyunturas proveen), conforme al funcionamiento adecuado de cada miembro, produce el crecimiento del cuerpo para su propia edificación en amor.

I Co.12:12 Col. 1:18 Ef.1:22,23; 5:30 Heb.10:5 Sal. 139:16 Jn.17:6 Ef. 1:4 Ro.8:29 Ef. 4:15,16

SEPTIEMBRE 6 - Alcemos nuestro corazón en nuestras manos hacia Dios en los cielos.

Quién es como el Señor nuestro Dios, que está sentado en las alturas, que se humilla para mirar lo que hay en el cielo y en la tierra? * A ti, oh Señor,, elevo mi alma.

A ti extiendo mis manos; mi alma te anhela como la tierra sedienta. * Respóndeme pronto, oh Señor, porque mi espíritu desfallece; no escondas de mí tu rostro, para que no llegue yo a ser como los que descienden a la sepultura. * Por la mañana hazme oír tu misericordia, porque en ti confío; enséñame el camino por el que debo andar, pues a ti elevo mi alma.

Porque tu misericordia es mejor que la vida, mis labios te alabarán. * Así te bendeciré mientras viva, en tu nombre alzaré mis manos. * Alegra el alma de tu siervo, porque a ti, oh Señor, elevo mi alma.

Pues tú, Señor, eres bueno y perdonador, abundante en misericordia para con todos los que invocan. * Y todo lo que pidáis en mi nombre, lo haré, para que el Padre sea glorificado en el Hijo.

Lam. 3:41 Sal. 113:5,6; 25:1; 143:6-8; 63:3,4; 86:4,5 Jn.14:13

SEPTIEMBRE 7 - Gozándoos en la esperanza.

…la esperanza reservada para vosotros en los cielos.

Si hemos esperado en Cristo para esta vida solamente, somos, de todos los hombres, los más dignos de lástima. * Es necesario que a través de muchas tribulaciones entremos en el reino de Dios. * El que no carga su cruz y viene en pos de mí, no puede ser mi discípulo.

A fin de que nadie se inquiete por causa de estas aflicciones, porque vosotros mismos sabéis que para esto hemos sido destinados. * Regocijaos en el Señor siempre. Otra vez lo diré: ¡Regocijaos! * Y el Dios de la esperanza os llene de todo gozo y paz en el creer, para que abundéis en esperanza por el poder del Espíritu Santo. * Bendito sea el Dios y Padre de nuestro Señor Jesucristo, quien según su gran misericordia, nos ha hecho nacer de nuevo a una esperanza viva, mediante la resurrección de Jesucristo de entre los muertos.

A quien sin haberle visto, le amáis, y a quien ahora no veis, pero creéis en El, y os regocijáis grandemente con gozo inefable y lleno de gloria. * Por medio de quien también hemos obtenido entrada por la fe a esta gracia en la cual estamos firmes, y nos gloriamos en la esperanza de la gloria de Dios.

Ro.12:12 Col. 1:5 I Co.15:19 Hch.14:22 Lc.14:27 I Ts. 3:3 Fil.4:4 Ro.15:13 I P. 1:3, 8 Ro.5:2

SEPTIEMBRE 8 - Has sido pesado en la balanza y hallado falto de peso.

El Señor es Dios de sabiduría, y por El son pesadas las acciones. * Lo que entre los hombres es de alta estima, abominable es delante de Dios.

Dios ve no como el hombre ve, pues el hombre mira la apariencia exterior, pero el Señor mira el corazón. * No os dejéis engañar, de Dios nadie se burla; pues todo lo que el hombre siembre, eso también segará. Porque el que siembra para su propia carne, de la carne segará corrupción, pero el que siembra para el Espíritu, del Espíritu segará vida eterna. * Pues ¿qué provecho obtendrá un hombre si gana el mundo entero, pero pierde su alma? O ¿qué dará un hombre a cambio de su alma?

Pero todo lo que para mí era ganancia, lo he estimado como pérdida por amor de Cristo. * He aquí, tú deseas la verdad en lo más íntimo, y en lo secreto me harás conocer sabiduría. * Tú has probado mi corazón, me has visitado de noche; me has puesto a prueba y nada hallaste;

Dan.5:27 I S.2:3 Lc.16:15 I S.16:7 Gal.6:7,8 Mt. 16:26 Fil.3:7 Sal.51:6; 17:3

SEPTIEMBRE 9- A los hambrientos ha colmado de bienes y ha despedido a los ricos con las manos vacías.

Porque dices: "Soy rico, me he enriquecido y de nada tengo necesidad"; y no sabes que eres un miserable y digno de lástima, y pobre, ciego y desnudo, te aconsejo que de mí compres oro refinado por fuego para que te hagas rico, y vestiduras blancas para que te vistas y no se manifieste la vergüenza de tu desnudez, y colirio para ungir tus ojos para que puedas ver.

'Yo reprendo y disciplino a todos los que amo; sé, pues, celoso y arrepiéntete. * Bienaventurados los que tienen hambre y sed de justicia, pues ellos serán saciados. * Los afligidos y los necesitados buscan agua, pero no la hay, su lengua está reseca de sed. Yo, el Señor, les responderé, yo, el Dios de Israel, no los abandonaré. * Yo, el Señor, soy tu Dios, que te saqué de la tierra de Egipto; abre bien tu boca y la llenaré.

¿Por qué gastáis dinero en lo que no es pan, y vuestro salario en lo que no sacia? Escuchadme atentamente, y comed lo que es bueno, y se deleitará vuestra alma en la abundancia. * Yo soy el pan de la vida; el que viene a mí no tendrá hambre, y el que cree en mí nunca tendrá sed.

Lc.1:53 Ap.3:17-19 Mt.5:6 Is.41:17 Sal.81:10 Is.55:2 Jn.6:35

SEPTIEMBRE 10 - Les daré un solo corazón y un solo camino, para que me teman siempre, para bien de ellos y de sus hijos después de ellos.

Además, os daré un corazón nuevo y pondré un espíritu nuevo dentro de vosotros. * Bueno y recto es el Señor   por tanto, El muestra a los pecadores el camino. * Dirige a los humildes en la justicia, y enseña a los humildes su camino. * Todas las sendas del Señor   son misericordia y verdad para aquellos que guardan su pacto y sus testimonios.

Para que todos sean uno. Como tú, oh Padre, estás en mí y yo en ti, que también ellos estén en nosotros, para que el mundo crea que tú me enviaste.

Os ruego que viváis de una manera digna de la vocación con que habéis sido llamados, con toda humildad y mansedumbre, con paciencia, soportándoos unos a otros en amor, esforzándoos por preservar la unidad del Espíritu en el vínculo de la paz. Hay un solo cuerpo y un solo Espíritu, así como también vosotros fuisteis llamados en una misma esperanza de vuestra vocación;

Un solo Señor, una sola fe, un solo bautismo,

Un solo Dios y Padre de todos, que está sobre todos, por todos y en todos.

Jer. 32:39 Ez.36:26 Sal.25:8-10 Jn.17:21 Ef.4:1-6

SEPTIEMBRE 11 -No os adaptéis a este mundo, sino transformaos mediante la renovación de vuestra mente.

No seguirás a la multitud para hacer el mal.* ¿No sabéis que la amistad del mundo es enemistad hacia Dios? Por tanto, el que quiere ser amigo del mundo, se constituye enemigo de Dios. * ¿Qué asociación tienen la justicia y la iniquidad? ¿O qué comunión la luz con las tinieblas? ¿O qué armonía tiene Cristo con Belial? ¿O qué tiene en común un creyente con un incrédulo? ¿O qué acuerdo tiene el templo de Dios con los ídolos? * No améis al mundo ni las cosas que están en el mundo. Si alguno ama al mundo, el amor del Padre no está en él. Y el mundo pasa, y también sus pasiones, pero el que hace la voluntad de Dios permanece para siempre.

…Anduvisteis en otro tiempo según la corriente de este mundo, conforme al príncipe de la potestad del aire, el espíritu que ahora opera en los hijos de desobediencia. * Pero vosotros no habéis aprendido a Cristo de esta manera, si en verdad lo oísteis y habéis sido enseñados en El, conforme a la verdad que hay en Jesús,

Ro.12:2 Ex.23:2 Stg.4:4 II Co.6:14-16 I Jn. 2:15,17 Ef. 2:2; 4:20,21

SEPTIEMBRE 12 - He visto sus caminos, pero lo sanaré.

Yo, el Señor, soy tu sanador.

Oh Señor, tú me has escudriñado y conocido. Tú conoces mi sentarme y mi levantarme; desde lejos comprendes mis pensamientos. Tú escudriñas mi senda y mi descanso, y conoces bien todos mis caminos. * Has puesto nuestras iniquidades delante de ti, nuestros pecados secretos a la luz de tu presencia. * Y no hay cosa creada oculta a su vista, sino que todas las cosas están al descubierto y desnudas ante los ojos de aquel a quien tenemos que dar cuenta.

Venid ahora, y razonemos–dice el Señor– aunque vuestros pecados sean como la grana, como la nieve serán emblanquecidos; aunque sean rojos como el carmesí, como blanca lana quedarán. * Que tenga piedad de él, y diga: "Líbralo de descender a la fosa, he hallado su rescate". * Mas El fue herido por nuestras transgresiones, molido por nuestras iniquidades. El castigo, por nuestra paz, cayó sobre El, y por sus heridas hemos sido sanados.

Me ha enviado para vendar a los quebrantados de corazón. * Tu fe te ha sanado; vete en paz y queda sana de tu aflicción.

Is. 57:18 Ex.15:26 Sal.139:1-3; 90:8 Heb.4:13 Is.1:18 Job.33:24 Is.53:5; 61:1 Mr.5:34

SEPTIEMBRE 13 - Si alguno tiene sed, que venga a mí y beba.

Anhelaba mi alma, y aun deseaba con ansias los atrios del Señor; mi corazón y mi carne cantan con gozo al Dios vivo. * Oh Dios, tú eres mi Dios; te buscaré con afán. Mi alma tiene sed de ti, mi carne te anhela cual tierra seca y árida donde no hay agua. Así te contemplaba en el santuario, para ver tu poder y tu gloria.

Todos los sedientos, venid a las aguas; y los que no tenéis dinero, venid, comprad y comed. Venid, comprad vino y leche sin dinero y sin costo alguno. * El Espíritu y la esposa dicen: Ven. Y el que oye, diga: Ven. Y el que tiene sed, venga; y el que desea, que tome gratuitamente del agua de la vida.

El que beba del agua que yo le daré, no tendrá sed jamás, sino que el agua que yo le daré se convertirá en él en una fuente de agua que brota para vida eterna. * Mi sangre es verdadera bebida. * Comed, amigos; bebed y embriagaos, oh amados.

Jn.7:37 Sal.84:2; 63:1,2 Is. 55:1 Ap.22:17 Jn. 4:14; 6:55 Cant. 5:1

SEPTIEMBRE 14 - Yo, yo soy vuestro consolador.

Bendito sea el Dios y Padre de nuestro Señor Jesucristo, Padre de misericordias y Dios de toda consolación, el cual nos consuela en toda tribulación nuestra, para que nosotros podamos consolar a los que están en cualquier aflicción con el consuelo con que nosotros mismos somos consolados por Dios.

Como un padre se compadece de sus hijos, así se compadece el Señor de los que le temen. Porque El sabe de qué estamos hechos, se acuerda de que somos sólo polvo.

Como uno a quien consuela su madre, así os consolaré yo.

Echando toda vuestra ansiedad sobre El, porque El tiene cuidado de vosotros. * Mas tú, Señor, eres un Dios compasivo y lleno de piedad, lento para la ira y abundante en misericordia y verdad. * El os dará otro Consolador.... el Espíritu de verdad.

El Espíritu nos ayuda en nuestra debilidad. * El enjugará toda lágrima de sus ojos, y ya no habrá muerte, ni habrá más duelo, ni clamor, ni dolor, porque las primeras cosas han pasado.

Is. 51:12 II Co. 1:3,4 Sal.103:13,14 Is. 66:13 I P 5:7 Sal.86:15 Jn.14:16,17 Ro.8:26 Ap.21:4

SEPTIEMBRE 15 - El pecado no tendrá dominio sobre vosotros, pues no estáis bajo la ley sino bajo la gracia.

¿Entonces qué? ¿Pecaremos porque no estamos bajo la ley, sino bajo la gracia? ¡De ningún modo!

Por tanto, hermanos míos, también a vosotros se os hizo morir a la ley por medio del cuerpo de Cristo, para que seáis unidos a otro, a aquel que resucitó de entre los muertos, a fin de que llevemos fruto para Dios.

No estoy sin la ley de Dios, sino bajo la ley de Cristo. * El aguijón de la muerte es el pecado, y el poder del pecado es la ley; pero a Dios gracias, que nos da la victoria por medio de nuestro Señor Jesucristo.

Porque la ley del Espíritu de vida en Cristo Jesús te ha libertado de la ley del pecado y de la muerte. * El que comete pecado es esclavo del pecado; Así que, si el Hijo os hace libres, seréis realmente libres.

Para libertad fue que Cristo nos hizo libres; por tanto, permaneced firmes, y no os sometáis otra vez al yugo de esclavitud.

Ro. 6:14,15; 7:4 I Co.9:21; 15:56,57 Ro.8:2 Jn.8:34,36 Gal.5:1

SEPTIEMBRE 16 - El Señor sondea los corazones.

El Señor conoce el camino de los justos, mas el camino de los impíos perecerá. * El Señor mostrará quién es de El, y quién es santo.

Tu Padre, que ve en lo secreto, te recompensará.

Escudríñame, oh Dios, y conoce mi corazón; pruébame y conoce mis inquietudes. Y ve si hay en mí camino malo, y guíame en el camino eterno.

En el amor no hay temor, sino que el perfecto amor echa fuera el temor. * Señor, todo mi anhelo está delante de ti, y mi suspiro no te es oculto. * Cuando mi espíritu desmayaba dentro de mí, tú conociste mi senda.

Aquel que escudriña los corazones sabe cuál es el sentir del Espíritu, porque El intercede por los santos conforme a la voluntad de Dios.

El sólido fundamento de Dios permanece firme, teniendo este sello: El Señor conoce a los que son suyos, y: Que se aparte de la iniquidad todo aquel que menciona el nombre del Señor.

Pr. 21:2 Sal.1:6 Nu.16:5 Mt. 6:4 Sal.139:23,24 I Jn. 4:18 Sal.38:9; 142:3 Ro.8:27 II Ti. 2:19

SEPTIEMBRE 17 - No quebrará la caña cascada.

Los sacrificios de Dios son el espíritu contrito; al corazón contrito y humillado, oh Dios, no despreciarás. * Sana a los quebrantados de corazón, y venda sus heridas.

Porque así dice el Alto y Sublime que vive para siempre, cuyo nombre es Santo: Habito en lo alto y santo, y también con el contrito y humilde de espíritu, para vivificar el espíritu de los humildes y para vivificar el corazón de los contritos. Porque no contenderé para siempre, ni siempre estaré enojado, pues el espíritu desfallecería ante mí, y el aliento de los que yo he creado.

Buscaré la perdida, haré volver la descarriada, vendaré la perniquebrada y fortaleceré la enferma. * Por tanto, fortaleced las manos débiles y las rodillas que flaquean, y haced sendas derechas para vuestros pies, para que la pierna coja no se descoyunte, sino que se sane.

He aquí, vuestro Dios… vendrá… y os salvará.

Mt. 12:20 Sal.51:17; 147:3 Is.57:15,16 Eze.34:16 Heb.12:12,13 Is.35:4

SEPTIEMBRE 18 - Abre mis ojos, para que vea las maravillas de tu ley.

Entonces les abrió la mente para que comprendieran las Escrituras. * A vosotros se os ha concedido conocer los misterios del reino de los cielos, pero a ellos no se les ha concedido.

Te alabo, Padre, Señor del cielo y de la tierra, porque ocultaste estas cosas a sabios e inteligentes, y las revelaste a los niños. Sí, Padre, porque así fue de tu agrado. * Y nosotros hemos recibido, no el espíritu del mundo, sino el Espíritu que viene de Dios, para que conozcamos lo que Dios nos ha dado gratuitamente.

¡Cuán preciosos también son para mí, oh Dios, tus pensamientos! ¡Cuán inmensa es la suma de ellos! Si los contara, serían más que la arena; al despertar aún estoy contigo.

¡Oh, profundidad de las riquezas y de la sabiduría y del conocimiento de Dios! ¡Cuán insondables son sus juicios e inescrutables sus caminos! Pues, ¿Quién ha conocido la mente del Señor?, ¿O quién llegó a ser su consejero?, Porque de El, por El y para El son todas las cosas. A El sea la gloria para siempre. Amén.

Sal. 119:18 Lc.24:45 Mt.13:11; 11:25,26 I Co.2:12 Sal. 139:17,18 Ro. 11:33,34,36

SEPTIEMBRE 19 - El Dios de toda gracia.

Proclamaré el nombre del Señor   delante de ti; y tendré misericordia del que tendré misericordia, y tendré compasión de quien tendré compasión. * Que tenga piedad de él, y diga: "Líbralo de descender a la fosa, he hallado su rescate". * Siendo justificados gratuitamente por su gracia por medio de la redención que es en Cristo Jesús, a quien Dios exhibió públicamente como propiciación por su sangre a través de la fe, como demostración de su justicia, porque en su tolerancia, Dios pasó por alto los pecados cometidos anteriormente. * La gracia y la verdad fueron hechas realidad por medio de Jesucristo * Por gracia habéis sido salvados por medio de la fe, y esto no de vosotros, sino que es don de Dios. * Gracia, misericordia y paz de Dios Padre y de Cristo Jesús nuestro Señor. * A cada uno de nosotros se nos ha concedido la gracia conforme a la medida del don de Cristo. * Según cada uno ha recibido un don especial, úselo sirviéndoos los unos a los otros como buenos administradores de la multiforme gracia de Dios. * Pero El da mayor gracia. Por eso dice: Dios resiste a los soberbios pero da gracia a los humildes. * Creced en la gracia y el conocimiento de nuestro Señor   y Salvador Jesucristo. A El sea la gloria ahora y hasta el día de la eternidad. Amén.

I P. 5:10 Ex. 33:19 Job.33:24 Ro. 3:24,25 Jn.1:17 Ef.2:18 I Ti. 1:2 Ef.4:7 I P. 4:10 Stg.4:6 II P.3:18

SEPTIEMBRE 20 - Bienaventurado el hombre que halla sabiduría y el hombre que adquiere entendimiento.

Porque el que me halla, halla la vida, y alcanza el favor del Señor. * Así dice el Señor: No se gloríe el sabio de su sabiduría, ni se gloríe el poderoso de su poder, ni el rico se gloríe de su riqueza; mas el que se gloríe, gloríese de esto: de que me entiende y me conoce, pues yo soy el Señor. * El principio de la sabiduría es el temor del Señor, y el conocimiento del Santo es inteligencia. * Pero todo lo que para mí era ganancia, lo he estimado como pérdida por amor de Cristo. Y aún más, yo estimo como pérdida todas las cosas en vista del incomparable valor de conocer a Cristo Jesús, mi Señor, por quien lo he perdido todo, y lo considero como basura a fin de ganar a Cristo. * En quien están escondidos todos los tesoros de la sabiduría y del conocimiento. * Mío es el consejo y la prudencia, yo soy la inteligencia, el poder es mío.

…Cristo Jesús, el cual se hizo para nosotros sabiduría de Dios, y justificación, y santificación, y redención. * El fruto del justo es árbol de vida, y el que gana almas es sabio.

Pr. 3:13; 8:35 Jer. 9:23,24 Pr.9:10 Fil.3:7,8 Col. 2:3 Pr.8:14 I Co. 1:30 Pr. 11:30

SEPTIEMBRE 21 - Y sabemos que para los que aman a Dios, todas las cosas cooperan para bien.

Pues el furor del hombre te alabará; con un residuo de furor te ceñirás.* Vosotros pensasteis hacerme mal, pero Dios lo tornó en bien. * Todo es vuestro: ...o el mundo, o la vida, o la muerte, o lo presente, o lo por venir, todo es vuestro, y vosotros de Cristo, y Cristo de Dios. * Porque todo esto es por amor a vosotros, para que la gracia que se está extendiendo por medio de muchos, haga que las acciones de gracias abunden para la gloria de Dios. Por tanto no desfallecemos, antes bien, aunque nuestro hombre exterior va decayendo, sin embargo nuestro hombre interior se renueva de día en día. Pues esta aflicción leve y pasajera nos produce un eterno peso de gloria que sobrepasa toda comparación,

Tened por sumo gozo, hermanos míos, el que os halléis en diversas pruebas, sabiendo que la prueba de vuestra fe produce paciencia, y que la paciencia ha de tener su perfecto resultado, para que seáis perfectos y completos, sin que os falte nada.

Ro. 8:28 Sal.76:10 Gen. 50:20 I Co.3:21-23 II Co. 4:15-17 Stg.1:2-4

SEPTIEMBRE 22 - Séale agradable mi meditación; yo me alegraré en el Señor.

Como el manzano entre los árboles del bosque, así es mi amado entre los jóvenes. A su sombra placentera me he sentado, y su fruto es dulce a mi paladar. * Porque, ¿quién en el firmamento se puede comparar al Señor? ¿Quién entre los hijos de los poderosos es como el Señor.

Mi amado es resplandeciente y rubio, distinguido entre diez mil.* Una perla de gran valor. * Jesucristo...el soberano de los reyes de la tierra. * Su cabeza es como oro, oro puro, sus cabellos, como racimos de dátiles, negros como el cuervo. * Y todo sometió bajo sus pies, y a El lo dio por cabeza sobre todas las cosas a la iglesia, * El es también la cabeza del cuerpo que es la iglesia; y El es el principio, el primogénito de entre los muertos, a fin de que El tenga en todo la primacía. * Sus mejillas, como eras de bálsamo, como riberas de hierbas aromáticas. * No pudo pasar inadvertido;

Sus labios son lirios que destilan mirra líquida.* ¡Jamás hombre alguno ha hablado como este hombre habla!* Su aspecto, como el Líbano, gallardo como los cedros. * Haz resplandecer tu rostro sobre tu siervo; * ¡Alza, oh Señor, sobre nosotros la luz de tu rostro!

Sal. 104:34 Cant. 2:• Sal.89:6 Cant. 5:10 Mt.13:46 Ap. 1:5 Cant. 5:11 Ef.1:22 Col.1:18 Cant. 5:13 Mr. 7:24 Cant. 5:13 Jn. 7:46 Cant. 5:15 Sal.31:16; 4:6

SEPTIEMBRE 23 - Nuestro Dios no nos ha abandonado.

Amados, no os sorprendáis del fuego de prueba que en medio de vosotros ha venido para probaros, como si alguna cosa extraña os estuviera aconteciendo.

Es para vuestra corrección que sufrís; Dios os trata como a hijos; porque ¿qué hijo hay a quien su padre no discipline? Pero si estáis sin disciplina, de la cual todos han sido hechos participantes, entonces sois hijos ilegítimos y no hijos verdaderos. * El Señor tu Dios te está probando para ver si amas al Señor tu Dios con todo tu corazón y con toda tu alma.

Porque el Señor, a causa de su gran nombre, no desamparará a su pueblo, pues el Señor se ha complacido en haceros pueblo suyo. * ¿Puede una mujer olvidar a su niño de pecho, sin compadecerse del hijo de sus entrañas? Aunque ellas se olvidaran, yo no te olvidaré. * Bienaventurado aquel cuya ayuda es el Dios de Jacob, cuya esperanza está en el Señor, su Dios,

¿Y no hará Dios justicia a sus escogidos, que claman a El día y noche? ¿Se tardará mucho en responderles? Os digo que pronto les hará justicia.

Esdras 9:9 I P.4:12 Heb.12:7,8 Dt. 13:3 I S.12:22 Is.49:15 Sal.146:5 Lc.18:7,8

SEPTIEMBRE 24 - Estar cerca de Dios es mi bien.

Oh Señor, yo amo la habitación de tu casa, y el lugar donde habita tu gloria. * Mejor es un día en tus atrios que mil fuera de ellos. Prefiero estar en el umbral de la casa de mi Dios que morar en las tiendas de impiedad.* Cuán bienaventurado es el que tú escoges, y acercas a ti, para que more en tus atrios. Seremos saciados con el bien de tu casa, tu santo templo.

Bueno es el Señor para los que en El esperan, para el alma que le busca.

El Señor espera para tener piedad de vosotros, y por eso se levantará para tener compasión de vosotros. * El Señor es un Dios de justicia; ¡cuán bienaventurados son todos los que en El esperan!

Entonces, hermanos, puesto que tenemos confianza para entrar al Lugar Santísimo por la sangre de Jesús, por un camino nuevo y vivo que El inauguró para nosotros por medio del velo, es decir, su carne, acerquémonos con corazón sincero, en plena certidumbre de fe, teniendo nuestro corazón purificado de mala conciencia y nuestro cuerpo lavado con agua pura.

Sal. 73:28; 26:8; 84:10; 65:4 Lam. 3:25 Is. 30:18 Heb. 10:19,20,22

SEPTIEMBRE 25 - Que la paciencia ha de tener su perfecto resultado, para que seáis perfectos y completos, sin que os falte nada.

En lo cual os regocijáis grandemente, aunque ahora, por un poco de tiempo si es necesario, seáis afligidos con diversas pruebas, para que la prueba de vuestra fe, más preciosa que el oro que perece, aunque probado por fuego, sea hallada que resulta en alabanza, gloria y honor en la revelación de Jesucristo. * Nos gloriamos en las tribulaciones, sabiendo que la tribulación produce paciencia; y la paciencia, carácter probado; y el carácter probado, esperanza.

Bueno es esperar en silencio la salvación del Señor. * Sabiendo que tenéis para vosotros mismos una mejor y más duradera posesión. Por tanto, no desechéis vuestra confianza, la cual tiene gran recompensa. Porque tenéis necesidad de paciencia, para que cuando hayáis hecho la voluntad de Dios, obtengáis la promesa.

Nuestro Señor Jesucristo mismo, y Dios nuestro Padre, que nos amó y nos dio consuelo eterno y buena esperanza por gracia, consuele vuestros corazones y os afirme en toda obra y palabra buena.

Stg. 1:4 I P. 1:6,7 Ro. 5:3,4 Lam.3:26 Heb.10:34-36 II Ts. 2:16,17

SEPTIEMBRE 26 - Dios de fidelidad y sin injusticia, justo y recto es El.

Aquel que juzga con justicia. * Todos nosotros debemos comparecer ante el tribunal de Cristo, para que cada uno sea recompensado por sus hechos estando en el cuerpo, de acuerdo con lo que hizo, sea bueno o sea malo. * De modo que cada uno de nosotros dará a Dios cuenta de sí mismo.

El alma que peque, ésa morirá. * Todos nosotros nos descarriamos como ovejas, nos apartamos cada cual por su camino; pero el Señor hizo que cayera sobre El la iniquidad de todos nosotros.

La misericordia y la verdad se han encontrado, la justicia y la paz se han besado. * La misericordia triunfa sobre el juicio. * La paga del pecado es muerte, pero la dádiva de Dios es vida eterna en Cristo Jesús Señor nuestro.

Un Dios justo y salvador; no hay ninguno fuera de mí. * Para demostrar en este tiempo su justicia, a fin de que El sea justo y sea el que justifica al que tiene fe en Jesús. * Siendo justificados gratuitamente por su gracia por medio de la redención que es en Cristo Jesús,

Dt. 32:4 I P2:23 II Co.5:10 Ro.14:12 Ez.18:4 Zac. 13:7 Is.53:6 Sal.85:10 Stg.2:13 Ro.6:23 Is.45:21 Ro.3:26, 24

SEPTIEMBRE 27 - Humillaos, pues, bajo la poderosa mano de Dios, para que El os exalte a su debido tiempo.

Abominación al Señor es todo el que es altivo de corazón; ciertamente no quedará sin castigo. * Mas ahora, oh Señor, tú eres nuestro Padre, nosotros el barro, y tú nuestro alfarero; obra de tus manos somos todos nosotros. No te enojes en exceso, oh Señor, ni para siempre te acuerdes de la iniquidad; he aquí, mira, te rogamos, todos nosotros somos tu pueblo.

Me has castigado, y castigado fui como becerro indómito. Hazme volver para que sea restaurado, pues tú, Señor, eres mi Dios. Porque después que me aparté, me arrepentí, y después que comprendí, me di golpes en el muslo; me avergoncé y también me humillé, porque llevaba el oprobio de mi juventud. * Bueno es para el hombre llevar el yugo en su juventud.

Porque la aflicción no viene del polvo, ni brota el infortunio de la tierra; porque el hombre nace para la aflicción, como las chispas vuelan hacia arriba.

I P. 5:6 Pr. 16:5 Is. 64:8,9 Jer. 31:18,19 Lam. 3:27 Job 5:6,7

SEPTIEMBRE 28 - Invocarán mi nombre sobre los hijos de Israel, y yo los bendeciré.

Oh Señor, Dios nuestro, otros señores fuera de ti nos han gobernado; pero en ti solo confesamos tu nombre. * Hemos venido a ser como aquellos sobre los que nunca gobernaste, como aquellos que nunca fueron llamados por tu nombre.

Entonces verán todos los pueblos de la tierra que sobre ti es invocado el nombre del Señor; y te temerán. * Porque el Señor, a causa de su gran nombre, no desamparará a su pueblo, pues el Señor se ha complacido en haceros pueblo suyo.

¡Oh Señor, escucha! ¡Señor, perdona! ¡Señor, atiende y actúa! ¡No tardes, por amor de ti mismo, Dios mío! Porque tu nombre se invoca sobre tu ciudad y sobre tu pueblo.

Ayúdanos oh Dios de nuestra salvación, por la gloria de tu nombre líbranos y perdona nuestros pecados por amor de tu nombre. ¿Por qué han de decir las naciones: Dónde está su Dios?

El nombre del Señor es torre fuerte, a ella corre el justo y está a salvo.

Nu. 6:27 Is.26:13; 63:19 Dt. 28:10 I S. 12:22 Dan. 9:19 Sal. 79:9,10 Pr. 18:10

SEPTIEMBRE 29 - En esto conocemos el amor: en que El puso su vida por nosotros.

…conocer el amor de Cristo que sobrepasa el conocimiento. * Nadie tiene un amor mayor que éste: que uno dé su vida por sus amigos. * Porque conocéis la gracia de nuestro Señor Jesucristo, que siendo rico, sin embargo por amor a vosotros se hizo pobre, para que vosotros por medio de su pobreza llegarais a ser ricos. * Amados, si Dios así nos amó, también nosotros debemos amarnos unos a otros. * Sed más bien amables unos con otros, misericordiosos, perdonándoos unos a otros, así como también Dios os perdonó en Cristo.

Soportándoos unos a otros y perdonándoos unos a otros, si alguno tiene queja contra otro; como Cristo os perdonó, así también hacedlo vosotros. *Porque ni aun el Hijo del Hombre vino para ser servido, sino para servir, y para dar su vida en rescate por muchos. * Porque para este propósito habéis sido llamados, pues también Cristo sufrió por vosotros, dejándoos ejemplo para que sigáis sus pisadas. * Pues si yo, el Señor y el Maestro, os lavé los pies, vosotros también debéis lavaros los pies unos a otros. * Porque os he dado ejemplo, para que como yo os he hecho, vosotros también hagáis. * Nosotros debemos poner nuestras vidas por los hermanos.

I Jn. 3:16 Ef. 3:19 Jn.15:13 II Co.8:9 I Jn.4:11 Ef.4:32 Col.3:13 Mr. 10:45 I P.2:21 Jn.13:14,15 I Jn.3:16

SEPTIEMBRE 30 - El sabe el camino que tomo; cuando me haya probado, saldré como el oro.

Porque El sabe de qué estamos hechos, se acuerda de que somos sólo polvo. * El no castiga por gusto, ni aflige a los hijos de los hombres.

El sólido fundamento de Dios permanece firme, teniendo este sello: El Señor conoce a los que son suyos, y: Que se aparte de la iniquidad todo aquel que menciona el nombre del Señor. Ahora bien, en una casa grande no solamente hay vasos de oro y de plata, sino también de madera y de barro, y unos para honra y otros para deshonra. Por tanto, si alguno se limpia de estas cosas, será un vaso para honra, santificado, útil para el Señor, preparado para toda buena obra.

Y El se sentará como fundidor y purificador de plata, y purificará a los hijos de Leví y los acrisolará como a oro y como a plata, y serán los que presenten ofrendas en justicia al Señor. * Los refinaré como se refina la plata, y los probaré como se prueba el oro. * Invocará él mi nombre, y yo le responderé; diré: "El es mi pueblo", y él dirá: "El Señor es mi Dios."

Job 23:10 Sal.103:14 Lam. 3:33 II Ti.2:19-21 Mal. 3:3 Zac.13:9

OCTUBRE

OCTUBRE 1 - El fruto del Espíritu es dominio propio.

Todos los deportistas se entrenan con mucha disciplina. Ellos lo hacen para obtener un premio que se echa a perder; nosotros, en cambio, por uno que dura para siempre. Así que yo no corro como quien no tiene meta; no lucho como quien da golpes al aire. Más bien, golpeo mi cuerpo y lo domino, no sea que, después de haber predicado a otros, yo mismo quede descalificado.

No se emborrachen con vino, que lleva al desenfreno. Al contrario, sean llenos del Espíritu. *Si alguien quiere ser mi discípulo, tiene que negarse a sí mismo, tomar su cruz y seguirme.

No debemos, pues, dormirnos como los demás, sino mantenernos alerta y en nuestro sano juicio. Los que duermen, de noche duermen, y los que se emborrachan, de noche se emborrachan. Nosotros que somos del día, por el contrario, estemos siempre en nuestro sano juicio, protegidos por la coraza de la fe y del amor, y por el casco de la esperanza de salvación

Y nos enseña a rechazar la impiedad y las pasiones mundanas. Así podremos vivir en este mundo con justicia, piedad y dominio propio, mientras aguardamos la bendita esperanza, es decir, la gloriosa venida de nuestro gran Dios y Salvador Jesucristo.

Gal. 5:23 I Co. 9 :25-27 Ef. 5:18 Mt. 16:24 I Ts. 5:6-8 Tit. 2:12,13

OCTUBRE 2 - El hombre soltará en el desierto al macho cabrío, y éste se llevará a tierra árida todas las iniquidades.

Tan lejos de nosotros echó nuestras transgresiones como lejos del oriente está el occidente. * El arroja al fondo del mar todos nuestros pecados. * ¿Qué Dios hay como tú, que perdone la maldad y pase por alto el delito? * Todos andábamos perdidos, como ovejas; cada uno seguía su propio camino pero el Señor   hizo recaer sobre él la iniquidad de todos nosotros.

El cargará con las iniquidades de ellos. Por lo tanto, le daré un puesto entre los grandes, y repartirá el botín con los fuertes, porque derramó su vida hasta la muerte y fue contado entre los transgresores. Cargó con el pecado de muchos, e intercedió por los pecadores.

¡Aquí tienen al Cordero de Dios, que quita el pecado del mundo!

Lev. 16:22 Sal.103:12 Jer. 50:20 Mi. 7:19,18 Is. 53:6 Is. 53:11,12 Jn. 1:29

OCTUBRE 3 - Al que nos ama y que por su sangre nos ha librado de nuestros pecados.

Fuerte es el amor, como la muerte, Ni las muchas aguas pueden apagarlo, ni los ríos pueden extinguirlo. * Nadie tiene amor más grande que el dar la vida por sus amigos. * Él mismo, en su cuerpo, llevó al madero nuestros pecados, para que muramos al pecado y vivamos para la justicia. Por sus heridas ustedes han sido sanados. *En él tenemos la redención mediante su sangre, el perdón de nuestros pecados, conforme a las riquezas de la gracia

Ya han sido lavados, ya han sido santificados, ya han sido justificados en el nombre del Señor   Jesucristo y por el Espíritu de nuestro Dios. * Pero ustedes son linaje escogido, real sacerdocio, nación santa, pueblo que pertenece a Dios, para que proclamen las obras maravillosas de aquel que los llamó de las tinieblas a su luz admirable. * Por lo tanto, hermanos, tomando en cuenta la misericordia de Dios, les ruego que cada uno de ustedes, en adoración espiritual, ofrezca su cuerpo como sacrificio vivo, santo y agradable a Dios.

Ap. 1:5 Cant. 8:6,7 Jn. 15:13 I P. 2:24 Ef.1:7 I Co. 6:11 I P.2:9 Ro.12:1

OCTUBRE 4 - Moisés no sabía que, por haberle hablado el Señor, la piel de su rostro resplandecía.

La gloria, Señor, no es para nosotros; no es para nosotros sino para tu nombre, por causa de tu amor y tu verdad. *Y le contestarán los justos: "Señor, ¿cuándo te vimos hambriento y te alimentamos, o sediento y te dimos de beber? * No hagan nada por egoísmo o vanidad; más bien, con humildad consideren a los demás como superiores a ustedes mismos. * Allí se transfiguró en presencia de ellos; su rostro resplandeció como el sol, y su ropa se volvió blanca como la luz. * Todos los que estaban sentados en el Consejo fijaron la mirada en Esteban y vieron que su rostro se parecía al de un ángel.

Yo les he dado la gloria que me diste, para que sean uno, así como nosotros somos uno. * Así, todos nosotros, que con el rostro descubierto reflejamos como en un espejo la gloria del Señor, somos transformados a su semejanza con más y más gloria por la acción del Señor, que es el Espíritu.

Ustedes son la luz del mundo. Una ciudad en lo alto de una colina no puede esconderse.* Ni se enciende una lámpara para cubrirla con un cajón. Por el contrario, se pone en la repisa para que alumbre a todos los que están en la casa.

Ex. 34:29 Sal.115:1 Mt.25:37 Fil.2:3 I P.5:5 Mt. 17:2 Hch.6:15 Jn.17:2 II Co.3:18 Mt.5:14,15

OCTUBRE 5 - Invócame en el día de la angustia: yo te libraré y tú me honrarás.

¿Por qué voy a inquietarme? ¿Por qué me voy a angustiar? En Dios pondré mi esperanza y todavía lo alabaré. ¡El es mi Salvador y mi Dios! *Tú, Señor, escuchas la petición de los indefensos, les Infundes aliento y atiendes a su clamor. Tú, Señor   eres bueno y perdonador; grande es tu amor por todos los que te invocan. * Entonces Jacob dijo a su familia…Vámonos a Betel. Allí construiré un altar al Dios que me socorrió cuando estaba yo en peligro, y que me ha acompañado en mi camino.

Alaba, alma mía, al Señor, y no olvides ninguno de sus beneficios. * Yo amor al Señor   porque él escucha mi voz suplicante. Por cuanto él inclina a mí su oído, lo invocaré toda mi vida. Los lazos de la muerte me enredaron; me sorprendió la angustia del sepulcro, y caí en la ansiedad y la aflicción. Entonces clamé al Señor: "¡Te ruego, Señor   que me salves la vida!"

Salmo 50:15 Sal.42:11 Sal.10:17 Sal.86:5 Gn.35:2,3 Sal.103,2 Sal.116:1-4

OCTUBRE 6 - El Señor   nuestro Dios Todopoderoso reina.

Yo sé bien que tú lo puedes todo. * Lo que es imposible para los hombres es posible para Dios. * Dios hace lo que quiere con los poderes celestiales y con los pueblos de la tierra. No hay quien se oponga a su poder ni quien le pida cuentas de sus actos. * No hay quien pueda librar de mi mano. Lo que yo hago, nadie puede desbaratarlo.

Abba, Padre, todo es posible para ti. * ¿Creen que puedo sanarlos? —Sí, Señor   —le respondieron. Entonces les tocó los ojos y les dijo: —Se hará con ustedes conforme a su fe. * Señor, si quieres, puedes limpiarme —le dijo. Jesús extendió la mano y tocó al hombre. —Sí quiero —le dijo—. ¡Queda limpio!

Dios Fuerte

Se me ha dado toda autoridad en el cielo y en la tierra. * Éstos confían en sus carros de guerra, aquéllos confían en sus corceles, pero nosotros confiamos en el nombre del Señor   nuestro Dios.

Cobren ánimo y ármense de valor! No se asusten ni se acobarden ante el rey de Asiria y su numeroso ejército, porque nosotros contamos con alguien que es más poderoso.

Ap.19:6 Job 42:2 Lc.18:27 Dn. 4:35 Is.43:13 Mr.14:36 Mt.9:28,29 Mt.8:2,3 Is.9:6 Mt.28:18 Sal.20:7 II Cr.32:7

OCTUBRE 7 - El dirige en la justicia a los humildes, y les enseña su camino.

Dichosos los humildes. * Me fijé que en esta vida la carrera no la ganan los más veloces, ni ganan la batalla los más valientes; que tampoco los sabios tienen qué comer, ni los inteligentes abundan en dinero, ni los instruidos gozan de simpatía, sino que a todos les llegan buenos y malos tiempos.

Hacia ti dirijo la mirada, hacia ti, cuyo trono está en el cielo. Como dirigen los esclavos la mirada hacia la mano de su amo, como dirige la esclava la mirada hacia la mano de su ama, así dirigimos la mirada al Señor nuestro Dios, * Por la mañana hazme saber de tu gran amor, porque en ti he puesto mi confianza. * Señálame el camino que debo seguir, porque a ti elevo mi alma. * Dios nuestro, ¿acaso no vas a dictar sentencia contra ellos? Nosotros no podemos oponernos a esa gran multitud que viene a atacarnos. ¡No sabemos qué hacer! ¡En ti hemos puesto nuestra esperanza!»

Si a alguno de ustedes le falta sabiduría, pídasela a Dios, y él se la dará, pues Dios da a todos generosamente sin menospreciar a nadie. * Pero cuando venga el Espíritu de la verdad, él los guiará a toda la verdad.

Sal.25:9 Mt.5:5 Ec.9:11 Pr.16:9 Sal.123:1,2 Sal.143:8 II Cr.20:12, Stg.1:5 Jn.16:13

OCTUBRE 8 - No temeré lo qué me pueda hacer el hombre.

Quién nos apartará del amor de Cristo? ¿La tribulación, o la angustia, la persecución, el hambre, la indigencia, el peligro, o la violencia. * Sin embargo, en todo esto somos más que vencedores por medio de aquel que nos amó. * No teman a los que matan el cuerpo pero después no pueden hacer más. Les voy a enseñar más bien a quién deben temer: teman al que, después de dar muerte, tiene poder para echarlos al infierno. Sí, les aseguro que a él deben temerle.

Dichosos los perseguidos por causa de la justicia, porque el reino de los cielos les pertenece. Dichosos serán ustedes cuando por mi causa la gente los insulte, los persiga y levante contra ustedes toda clase de calumnias. Alégrense y llénense de júbilo, porque les espera una gran recompensa en el cielo. Así también persiguieron a los profetas que los precedieron a ustedes.

Sin embargo, considero que mi vida carece de valor para mí mismo, con tal de que termine mi carrera y lleve a cabo el servicio que me ha encomendado el Señor Jesús, que es el de dar testimonio del evangelio de la gracia de Dios. *Hablaré de tus estatutos ante reyes y no seré avergonzado.

Heb.13:6 Ro.8:35,37 Lc.12:4,5 Mt.5:10-12 Hch.20:24 Sal.119:46

OCTUBRE 9 - Eres Dios perdonador, clemente y compasivo, lento para la ira y grande en amor.

El Señor no tarda en cumplir su promesa, según entienden algunos la tardanza. Más bien, él tiene paciencia con ustedes, porque no quiere que nadie perezca sino que todos se arrepientan. * Tengan presente que la paciencia de nuestro Señor significa salvación, tal como les escribió también nuestro querido hermano Pablo, con la sabiduría que Dios le dio.

Pero precisamente por eso Dios fue misericordioso conmigo, a fin de que en mí, el peor de los pecadores, pudiera Cristo Jesús mostrar su infinita bondad. Así vengo a ser ejemplo para los que, creyendo en él, recibirán la vida eterna. * De hecho, todo lo que se escribió en el pasado se escribió para enseñarnos, a fin de que, alentados por las Escrituras, perseveremos en mantener nuestra esperanza * ¿No ves que desprecias las riquezas de la bondad de Dios, de su tolerancia y de su paciencia, al no reconocer que su bondad quiere llevarte al arrepentimiento? * Rásguense el corazón y no las vestiduras. Vuélvanse al Señor su Dios, porque él es bondadoso y compasivo, lento para la ira y lleno de amor, cambia de parecer y no castiga.

Neh.9:17 II P.3:9 II P.3:15 I Ti.1:16 Ro.15:4 Ro.2:4 Joel 2:13

OCTUBRE 10 - La familia entera en el cielo y en la tierra.

Un solo Dios y Padre de todos, que está sobre todos y por medio de todos y en todos. * Todos ustedes son hijos de Dios mediante la fe en Cristo Jesús. * Para llevarlo a cabo cuando se cumpliera el tiempo: reunir en él todas las cosas, tanto las del cielo como las de la tierra. * Jesús no se avergüenza de llamarlos hermanos.

—Aquí tienen a mi madre y a mis hermanos.- * Pues mi hermano, mi hermana y mi madre son los que hacen la voluntad de mi Padre que está en el cielo. * Ve más bien a mis hermanos y diles: "Vuelvo a mi Padre, que es Padre de ustedes; a mi Dios, que es Dios de ustedes."

Vi debajo del altar las almas de los que habían sufrido el martirio por causa de la palabra de Dios y por mantenerse fieles en su testimonio... entonces cada uno de ellos recibió ropas blancas, y se les dijo que esperaran un poco más, hasta que se completara el número de sus consiervos y hermanos que iban a sufrir el martirio como ellos.

Esto sucedió para que ellos no llegaran a la meta sin nosotros, pues Dios nos había preparado algo mejor.

Ef.3:15 Ef.4:6 Gal.3:26 Ef.1:10 Heb.2:11 Mt.12:49,50 Jn.20:17 Ap.6:9-11 Heb.11:40

OCTUBRE 11 -No te alejes de mí, porque la angustia está cerca.

¿Hasta cuándo, Señor, me seguirás olvidando? ¿Hasta cuándo esconderás de mí tu rostro? ¿Hasta cuándo he de estar angustiado y he de sufrir cada día en mi corazón? * No te escondas de mí; no rechaces, en tu enojo, a este siervo tuyo, porque tú has sido mi ayuda.

No me desampares ni me abandones, Dios de mi salvación. Él me invocará, y yo le responderé; estaré con él en momentos de angustia; lo libraré y lo llenaré de honores. * El Señor está cerca de quienes lo invocan, de quienes lo invocan en verdad. Cumple los deseos de quienes le temen; atiende a su clamor y los salva.

No los voy a dejar huérfanos; volveré a ustedes. * Estaré con ustedes siempre, hasta el fin del mundo.* Dios es nuestro amparo y nuestra fortaleza, nuestra ayuda segura en momentos de angustia. * Sólo en Dios halla descanso mi alma; de él viene mi salvación. Sólo en Dios halla descanso mi alma; de él viene mi esperanza.

Sal.22:11 Sal.13:1,2 Sal.27:9 Sal.91:15 Sal.145:18,19 Jn.14:18 Mt.28:20 Sal.46:1 Sal.62:1,5

OCTUBRE 12 - Dios estaba en Cristo reconciliando al mundo consigo mismo, no tomándole en cuenta sus pecados.

Porque a Dios le agradó habitar en él con toda su plenitud y, por medio de él, reconciliar consigo todas las cosas, tanto las que están en la tierra como las que están en el cielo, haciendo la paz mediante la sangre que derramó en la cruz.

El amor y la verdad se encontrarán; se besarán la paz y la justicia. * Porque yo sé muy bien los planes que tengo para ustedes —afirma el Señor—, planes de bienestar y no de calamidad, a fin de darles un futuro y una esperanza. Vengan, pongamos las cosas en claro —dice el Señor—¿Son sus pecados como escarlata? ¡Quedarán blancos como la nieve! ¿Son rojos como la púrpura? ¡Quedarán como la lana!

¿Qué Dios hay como tú, que perdone la maldad? * Sométete a Dios; ponte en paz con él. Así que, mis queridos hermanos… lleven a cabo su salvación con temor y temblor. * Pues Dios es quien produce en ustedes tanto el querer como el hacer para que se cumpla su buena voluntad. * Señor, tú estableces la paz en favor nuestro, porque tú eres quien realiza todas nuestras obras.

II Co. 5:19 Col.1:19,20 Sal.85:10 Jer.29:11 Is.1:18 Mi7:18 Job 22:21 Fil. 2:12,13 Is. 26:12

OCTUBRE 13 - Tu petición fue escuchada desde el primer día en que te propusiste ganar entendimiento y humillarte ante tu Dios.

Porque lo dice el excelso y sublime, el que vive para siempre, cuyo nombre es santo: Yo habito en un lugar santo y sublime, pero también con el contrito y humilde de espíritu, para reanimar el espíritu de los humildes y alentar el corazón de los quebrantados.

El sacrificio que te agrada es un espíritu quebrantado; tú, oh Dios, no desprecias al corazón quebrantado y arrepentido.

El Señor es excelso, pero toma en cuenta a los humildes y mira de lejos a los orgullosos.

Humíllense, pues, bajo la poderosa mano de Dios, para que él los exalte a su debido tiempo. * Pero él nos da mayor ayuda con su gracia. Por eso dice la Escritura: «Dios se opone a los orgullosos, pero da gracia a los humildes.» Así que sométanse a Dios. * Tú, Señor, eres bueno y perdonador; grande es tu amor por todos los que te invocan. Presta oído, Señor, a mi oración; atiende a la voz de mi clamor. En el día de mi angustia te invoco, porque tú me respondes.

Dn.10:12 Is.57:15 Sal.51:17 Sal.138:6 I P.5:6 Stg.4:6,7 Sal.86:5-7

OCTUBRE 14 - Para esto mismo murió Cristo, y volvió a vivir, para ser Señor tanto de los que han muerto como de los que aún viven.

Pero el Señor quiso quebrantarlo y hacerlo sufrir, y como él ofreció su vida en expiación, verá su descendencia y prolongará sus días, y llevará a cabo la voluntad del Señor. * Después de su sufrimiento, verá la luz y quedará satisfecho; por su conocimiento mi siervo justo justificará a muchos, y cargará con las iniquidades de ellos. ¿Acaso no tenía que sufrir el Cristo estas cosas antes de entrar en su gloria?

El amor de Cristo nos obliga, porque estamos convencidos de que uno murió por todos, y por consiguiente todos murieron. Y él murió por todos, para que los que viven ya no vivan para sí, sino para el que murió por ellos y fue resucitado. * Por tanto, sépalo bien todo Israel que a este Jesús, a quien ustedes crucificaron, Dios lo ha hecho Señor y Mesías.

Cristo, a quien Dios escogió antes de la creación del mundo, se ha manifestado en estos últimos tiempos en beneficio de ustedes. Por medio de él ustedes creen en Dios.

Rom.14:9 Is. 53:10,11 Lc. 24,26 II Co.5:14,15 Hch.2:36 I P.1:20,21

OCTUBRE 15 - Dios es mi defensa.

El Señor   es mi roca, mi amparo, mi libertador; es mi Dios, el peñasco en que me refugio. Es mi escudo, el poder que me salva, ¡mi más alto escondite! * Él es mi protector y mi salvador. * El Señor   es mi fuerza y mi escudo; mi corazón en él confía; de él recibo ayuda. Mi corazón salta de alegría, y con cánticos le daré gracias * Desde el occidente temerán el nombre del Señor, y desde el oriente respetarán su gloria. Porque vendrá como un torrente caudaloso, impulsado por el soplo del Señor.

Así que podemos decir con toda confianza: «El Señor   es quien me ayuda; no temeré. ¿Qué me puede hacer un simple mortal?» El Señor   es mi luz y mi salvación; ¿a quién temeré? * El Señor es el baluarte de mi vida; ¿quién podrá amedrentarme? * Como rodean las colinas a Jerusalén, así rodea el Señor   a su pueblo, desde ahora y para siempre. * A la sombra de tus alas cantaré porque tú eres mi ayuda. Guíame, pues eres mi roca y mi fortaleza, dirígeme por amor a tu nombre.

Sal. 59:9 II S.22:2,3 Sal.28:7 Is.59:19 Heb.13:6 Sal.27:1 Sal.125:2; 63:7; 31:3

OCTUBRE 16 - Nunca dejen de ser diligentes; antes bien, sirvan al Señor con el fervor que da el Espíritu.

Y todo lo que te venga a la mano, hazlo con todo empeño; porque en el sepulcro, adonde te diriges, no hay trabajo ni planes ni conocimiento ni sabiduría.

Hagan lo que hagan, trabajen de buena gana, como para el Señor y no como para nadie en este mundo, conscientes de que el Señor   los recompensará con la herencia. Ustedes sirven a Cristo el Señor. Sabiendo que el Señor recompensará a cada uno por el bien que haya hecho, sea esclavo o sea libre. Mientras sea de día, tenemos que llevar a cabo la obra del que me envió. Viene la noche cuando nadie puede trabajar. ¿Por qué me buscaban? ¿No sabían que tengo que estar en la casa de mi Padre? El celo por tu casa me ha consumido.

Por lo tanto, hermanos, esfuércense más todavía por asegurarse del llamado de Dios, que fue quien los eligió. Si hacen estas cosas, no caerán jamás, Deseamos, sin embargo, que cada uno de ustedes siga mostrando ese mismo empeño hasta la realización final y completa de su esperanza. No sean perezosos; más bien, imiten a quienes por su fe y paciencia heredan las promesas. Corran, de tal modo que obtengan el premio.

Rom.12:11 Ec.9:10 Col.3:23,24 Ef.6:8 Jn.9:4 Lc.2:49 Jn.2:17 II P. 1:10 Heb.6:11,12 I Co. 9:24

OCTUBRE 17 - En tu nombre se alegrarán todo el día y se regocijarán en tu justicia.

Ellos dirán de mí: "Sólo en el Señor están la justicia y el poder." * Todos los que contra él se enfurecieron ante él comparecerán y quedarán avergonzados.

Pero toda la descendencia de Israel será vindicada y exaltada en el Señor. * ¡Alégrense, ustedes los justos; regocíjense en el Señor ¡canten todos ustedes, los rectos de corazón! * Pero ahora, sin la mediación de la ley, se ha manifestado la justicia de Dios, de la que dan testimonio la ley y los profetas... pero en el tiempo presente ha ofrecido a Jesucristo para manifestar su justicia. De este modo Dios es justo y, a la vez, el que justifica a los que tienen fe en Jesús. * Alégrense siempre en el señor. Insisto: ¡Alégrense! * Ustedes lo aman a pesar de no haberlo visto; y aunque no lo ven ahora, creen en él y se alegran con un gozo indescriptible y glorioso.

Sal.89:16 Is.45:24,25 Sal.32:11 Ro.3:21,22,26 Fil.4:4 I P.1:8

OCTUBRE 18 - Uno de los soldados le abrió el costado con una lanza, y al instante le brotó sangre y agua.

Ésta es la sangre del pacto que, con base en estas palabras, el Señor ha hecho con ustedes.

Porque la vida de toda criatura está en la sangre. Yo mismo se la he dado a ustedes sobre el altar, para que hagan propiciación por ustedes mismos. Es imposible que la sangre de los toros y de los machos cabríos quite los pecados.—Esto es mi sangre del pacto, que es derramada por muchos — Jesús les dijo—.Entró una sola vez y para siempre en el Lugar Santísimo. No lo hizo con sangre de machos cabríos y becerros, sino con su propia sangre, logrando así un rescate eterno. Haciendo la paz mediante la sangre que derramó en la cruz.

Como bien saben, el precio de su rescate no se pagó con cosas perecederas, como el oro o la plata, sino con la preciosa sangre de Cristo, como de un cordero sin mancha y sin defecto... manifestado en estos últimos tiempos en beneficio de ustedes. * Les rociaré con agua pura, y quedarán purificados. Los limpiaré de todas sus impurezas e idolatrías.

Acerquémonos, pues, a Dios con corazón sincero y con la plena seguridad que da la fe, interiormente purificados de una conciencia culpable.

Jn.19:34 Ex.24:8 Lev.17:11 Heb.10:4 Mr.14:24 Heb.9:12 Col.1:20 I P.1:18-20 Ez.36:25 Heb.10:22

OCTUBRE 19 - El Señor   estará siempre a tu lado y te librará de caer en la trampa.

La ira del hombre se vuelve tu alabanza; lo que aún queda de la ira se vuelve tu corona. * En las manos del Señor   el corazón del rey es como un río: sigue el curso que el Señor   le ha trazado. * Cuando el Señor   aprueba la conducta de un hombre, hasta con sus enemigos lo reconcilia. * Espero al Señor, lo espero con toda el alma; en su palabra he puesto mi esperanza.

Espero al Señor   con toda el alma, más que los centinelas la mañana. Como esperan los centinelas la mañana. * Busqué al Señor, y él me respondió; me libró de todos mis temores. * El Dios sempiterno es tu refugio; por siempre te sostiene entre sus brazos. Expulsará de tu presencia al enemigo y te ordenará que lo destruyas. *Bendito el hombre que confía en el Señor, y pone su confianza en él.

¿Qué diremos frente a esto? Si Dios está de nuestra parte, ¿quién puede estar en contra nuestra?

Pro.3:26 Sal.76:10 Pr.21:1:16:7 Sal.130:5,6;34:4 Dt.33:27 Jer.17:7 Ro.8:31

OCTUBRE 20 - Que el Señor   tu Dios te sea propicio.

¿Con qué me presentaré al Señor   y me postraré ante el Dios de lo alto? ¿Me presentaré delante de El con holocaustos, con becerros de un año? *¿Se agrada el Señor   de millares de carneros, de miríadas de ríos de aceite? ¿Ofreceré mi primogénito por mi rebeldía, el fruto de mis entrañas por el pecado de mi alma?

El te ha declarado, oh hombre, lo que es bueno. ¿Y qué es lo que demanda el Señor   de ti, sino sólo practicar la justicia, amar la misericordia, y andar humildemente con tu Dios? * Todos nosotros somos como el inmundo, y como trapo de inmundicia todas nuestras obras justas;

No hay justo, ni aún uno; por cuanto todos pecaron y no alcanzan la gloria de Dios, siendo justificados gratuitamente por su gracia por medio de la redención que es en Cristo Jesús, a quien Dios exhibió públicamente como propiciación por su sangre a través de la fe, como demostración de su justicia, porque en su tolerancia, Dios pasó por alto los pecados cometidos anteriormente, para demostrar en este tiempo su justicia, a fin de que El sea justo y sea el que justifica al que tiene fe en Jesús.

…para alabanza de la gloria de su gracia que gratuitamente ha impartido sobre nosotros en el Amado. * Habéis sido hechos completos en El.

II S. 24:23 Mic. 6:6-8 Is. 64:6 Ro. 3:10, 23-26 Ef. 1:6 Col. 2:10

OCTUBRE 21- De su plenitud todos hemos recibido gracia sobre gracia.

Este es mi Hijo amado; estoy muy complacido con él. * ¡Fíjense qué gran amor nos ha dado el Padre, que se nos llame hijos de Dios! ¡Y lo somos!

…su Hijo a quien designó heredero de todo, y por medio de él hizo el universo. * Y si somos hijos, somos herederos, herederos de Dios y coherederos con Cristo, pues si ahora sufrimos con él, también tendremos parte con él en su gloria.

El padre y yo somos uno. * El Padre está en mí, y que yo estoy en el Padre. * Mi Padre, es Padre de ustedes;…mi Dios, es Dios de ustedes. * Yo en ellos y tú en mí. Permite que alcancen la perfección en la unidad.

La iglesia… que es su cuerpo, es la plenitud de aquel que lo llena todo por completo. * Como tenemos estas promesas, queridos hermanos, purifiquémonos de todo lo que contamina el cuerpo y el espíritu, para santificación.

Jn 1:16 Mt.17:5 I Jn.3:1 Heb.1:2 Ro.8:17 Jn.10:30,38 Jn.20:17 Jn.17:23 Ef.1:22,23 II Co.7:1

OCTUBRE 22 - La vida de una persona no depende de la abundancia de sus bienes.

Más vale lo poco de un justo que lo mucho de innumerables malvados;

Más vale tener poco, con temor del Señor, que muchas riquezas con grandes angustias. * Es cierto que con la verdadera religión se obtienen grandes ganancias, pero sólo si uno está satisfecho con lo que tiene. Así que, si tenemos ropa y comida, contentémonos con eso.

No me des pobreza ni riquezas sino sólo el pan de cada día. *Porque teniendo mucho, podría desconocerte y decir: "¿Y quién es el Señor?" Y teniendo poco, podría llegar a robar y deshonrar así el nombre de mi Dios. * Danos hoy nuestro pan cotidiano. * Por eso les digo: No se preocupen por su vida, qué comerán o beberán; ni por su cuerpo, cómo se vestirán. ¿No tiene la vida más valor que la comida, y el cuerpo más que la ropa?

Luego Jesús dijo a todos:—Cuando los envié a ustedes sin monedero ni bolsa ni sandalias, ¿acaso les faltó algo?—Nada —respondieron. * Manténganse libres del amor al dinero, y conténtense con lo que tienen, porque Dios ha dicho: Nunca te dejaré; jamás te abandonaré.

Lc.12:15 Sal.37:16 Pr.15:16 I Ti.6:6-8 Pe.30:8,9 Mt.6:11,25 Lc.22:35 Heb13:5

OCTUBRE 23 - Bueno es tener esperanza y esperar en tranquilidad la salvación de Jehová.

¿Ha olvidado Dios el tener misericordia? ¿Ha encerrado con ira sus piedades? * Decía yo en mi apuro: Excluido soy de delante de tus ojos; pero tú oíste la voz de mis ruegos cuando a ti clamé. * ¿Y acaso Dios no hará justicia a sus escogidos, que claman a él día y noche? ¿Se tardará en responderles? * Os digo que pronto les hará justicia. Pero cuando venga el Hijo del hombre, ¿hallará fe en la tierra?»

No digas: Yo me vengaré; espera en Jehová y él te salvará. * Guarda silencio ante Jehová y espera en él. No te alteres con motivo del que prospera en su camino, por el hombre que hace lo malo. * No tendréis que pelear vosotros en esta ocasión; apostaos y quedaos quietos; veréis como la salvación de Jehová vendrá sobre vosotros. * No nos cansemos, pues, de hacer bien, porque a su tiempo segaremos, si no desmayamos. * Por tanto, hermanos, tened paciencia hasta la venida del Señor. Mirad cómo el labrador espera el precioso fruto de la tierra, aguardando con paciencia hasta que reciba la lluvia temprana y la tardía.

Lam.3:26 Sal.77:9; 31:22 Lc.18:7,8 Pr.20:22 Sal.37:7 II Cr.20:17 Gal.6:9 Stg.5:7

OCTUBRE 24 - He sido expulsado de tu presencia. Volveré a contemplar tu santo templo.

Sión dijo: El Señor me ha abandonado; el Señor se ha olvidado de mí. ¿Puede una madre olvidar a su niño de pecho, y dejar de amar al hijo que ha dado a luz? * Aun cuando ella lo olvidara, ¡yo no te olvidaré! * Me ha quitado la paz; ya no recuerdo lo que es la dicha. * ¡Despierta, Señor! ¿Por qué duermes? ¡Levántate! No nos rechaces para siempre

¿Por qué murmuras, Jacob? ¿Por qué refunfuñas, Israel: Mi camino está escondido del Señor; mi Dios ignora mi derecho? Serás establecida en justicia; lejos de ti estará la opresión, y nada tendrás que temer; el terror se apartará de ti, y no se te acercará. Si alguien te ataca, no será de mi parte; cualquiera que te ataque caerá ante ti. * ¿Por qué voy a inquietarme? ¿Por qué me voy a angustiar? En Dios pondré mi esperanza, y todavía lo alabaré. ¡Él es mi Salvador y mi Dios!

Nos vemos atribulados en todo, pero no abatidos; perplejos, pero no desesperados; perseguidos, pero no abandonados; derribados, pero no destruido.

Jonás 2:4 Is.49:14,15 Lam.3:17,18 Sal.44:23 Is.40:27; 54:8 Sal.43:5 II Co.4:8,9

OCTUBRE 25 - Les aseguro que estaré con ustedes siempre, hasta el fin del mundo.

Además les digo que si dos de ustedes en la tierra se ponen de acuerdo sobre cualquier cosa que pidan, les será concedida por mi Padre que está en el cielo. Porque donde dos o tres se reúnen en mi nombre, allí estoy yo en medio de ellos.

El que hace suyos mis mandamientos y los obedece es el que me ama. Y al que me ama, mi Padre lo amará, y yo también lo amaré y me manifestaré a él.

—¿Por qué, Señor, estás dispuesto a manifestarte a nosotros, y no al mundo? —El que me ama, obedecerá mi palabra, y mi Padre lo amará, y haremos nuestra vivienda en él.

¡Al único Dios, nuestro Salvador, que puede guardarlos para que no caigan, y establecerlos sin tacha y con gran alegría ante su gloriosa presencia, sea la gloria, la majestad, el dominio y la autoridad, por medio de Jesucristo nuestro Señor, antes de todos los siglos, ahora y para siempre! Amén.

Mt.28:20; 18:19,20 Jn.14:21:22,23 Judas 24,25

OCTUBRE 26 - El Señor   reina.

¿Acaso has dejado de temerme? —afirma el Señor—. ¿No debieras temblar ante mí? Yo puse la arena como límite del mar, como frontera perpetua e infranqueable. Aunque se agiten sus olas, no podrán prevalecer; aunque bramen, no franquearán esa frontera. * La exaltación no viene del oriente, ni del occidente ni del sur, sino que es Dios el que juzga: a unos humilla y a otros exalta.

Él cambia los tiempos y las épocas, pone y depone reyes. A los sabios da sabiduría, y a los inteligentes, discernimiento. * Ustedes oirán de guerras y de rumores de guerras, pero procuren no alarmarse. Es necesario que eso suceda, pero no será todavía el fin.

¿Qué diremos frente a esto? Si Dios está de nuestra parte, ¿quién puede estar en contra nuestra?

¿No se venden dos gorriones por una monedita? Sin embargo, ni uno de ellos caerá a tierra sin que lo permita el Padre; y él les tiene contados a ustedes aun los cabellos de la cabeza. Así que no tengan miedo; ustedes valen más que muchos gorriones.

Sal.99:1 Jer.5:22 Sal.75:6,7 Dan.2:21 Mt.24:6 Ro.8:31; 10:29-31

OCTUBRE 27 - El cargó con nuestras enfermedades y soportó nuestros dolores.

El sacerdote mandará traer para la purificación de esa persona dos aves vivas y puras, un pedazo de madera de cedro, un paño escarlata y una rama de hisopo. Después el sacerdote mandará degollar la primera ave sobre una vasija de barro llena de agua de manantial. Tomará la otra ave viva, la madera de cedro, el paño escarlata y la rama de hisopo, y mojará todo esto junto con el ave viva en la sangre del ave que fue degollada sobre el agua de manantial. Luego rociará siete veces a quien va a ser purificado de la infección, y lo declarará puro. Entonces dejará libre a campo abierto el ave viva.

En otra ocasión… se presentó un hombre cubierto de lepra. Al ver a Jesús, cayó rostro en tierra y le suplicó: —Señor, si quieres, puedes limpiarme.

Movido a compasión, Jesús extendió la mano y tocó al hombre, diciéndole: —Sí quiero. ¡Queda limpio! Al instante se le quitó la lepra y quedó sano.

Mt.8:17 Lev.14:4-7 Lc. 5:12 Mar.1:41,42

OCTUBRE 28 - Vio que no había nadie y se maravilló que no hubiera quien se interpusiese; y lo salvó su brazo.

Sacrificio y ofrenda no te agradan; has abierto mis oídos; holocausto y expiación no has demandado. * Entonces dije: «He aquí, vengo; en el rollo del libro está escrito de mí; el hacer tu voluntad, Dios mío, me ha agradado, y tu Ley está en medio de mi corazón».

Por eso me ama el Padre, porque yo pongo mi vida para volverla a tomar. * Nadie me la quita, sino que yo de mí mismo la pongo. Tengo poder para ponerla y tengo poder para volverla a tomar. Este mandamiento recibí de mi Padre.

Declarad, exponed pruebas y entrad todos en consulta. ¿Quién hizo oir esto desde el principio y lo tiene dicho desde entonces, sino yo, Jehová? Y no hay más Dios que yo, Dios justo y salvador. No hay otro fuera de mí.

Y en ningún otro hay salvación, porque no hay otro nombre bajo el cielo, dado a los hombres, en que podamos ser salvos.

Ya conocéis la gracia de nuestro Señor Jesucristo, que por amor a vosotros se hizo pobre siendo rico, para que vosotros con su pobreza fuerais enriquecidos.

Is.59:16 Sal.40:6-8 Jn.10:17,18 Is.45:21,22 Hch.4:12 II Co.8:9

OCTUBRE 29 - Todo en él es hermoso.

Dulce será mi meditación en él; yo me regocijaré en Jehová.

Mi amado es blanco y sonrosado, distinguido entre diez mil;

Por lo cual también dice la Escritura: He aquí, pongo en Sión la principal piedra del ángulo, escogida preciosa; el que crea en él, no será avergonzado. * Eres el más hermoso de los hijos de los hombres; la gracia se ha derramado en tus labios; por tanto Dios te ha bendecido para siempre. * Por eso Dios también y le dio un nombre que es sobre todo nombre, porque al Padre agradó que en él habitara toda la plenitud, * Vosotros, que lo amáis sin haberlo visto, creyendo en él aunque ahora no lo veáis, os alegráis con gozo inefable y glorioso. * Y ciertamente, aun estimo todas las cosas como pérdida por la excelencia del conocimiento de Cristo Jesús, mi Señor. Por amor a él lo he perdido todo y lo tengo por basura, para ganar a Cristo y ser hallado en él, no teniendo mi propia justicia, que se basa en la Ley, sino la que se adquiere por la fe en Cristo, la justicia que procede de Dios y se basa en la fe.

Cant.5:16 Sal.104:34 Cant.5:10 I P.2:6 Sal.45:2 Fil.2:9 Col.1:19 I P.1:8 Fil.3:8,9

OCTUBRE 30 - Bueno es tener esperanza y esperar en tranquilidad la salvación de Jehová.

¿Ha olvidado Dios el tener misericordia?¿Ha encerrado con ira sus piedades? * Decía yo en mi apuro: Excluido soy de delante de tus ojos; pero tú oíste la voz de mis ruegos cuando a ti clamé. * ¿Y acaso Dios no hará justicia a sus escogidos, que claman a él día y noche? ¿Se tardará en responderles? * Os digo que pronto les hará justicia. Pero cuando venga el Hijo del hombre, ¿hallará fe en la tierra?»

No digas: Yo me vengaré; espera en Jehová y él te salvará. * Guarda silencio ante Jehová y espera en él. No te alteres con motivo del que prospera en su camino, por el hombre que hace lo malo.

No tendréis que pelear vosotros en esta ocasión; apostaos y quedaos quietos; veréis como la salvación de Jehová vendrá sobre vosotros. * No nos cansemos, pues, de hacer bien, porque a su tiempo segaremos, si no desmayamos. * Por tanto, hermanos, tened paciencia hasta la venida del Señor. Mirad cómo el labrador espera el precioso fruto de la tierra, aguardando con paciencia hasta que reciba la lluvia temprana y la tardía.

Lam.3:26 Sal.77:9: 31:22 Lc.18:7,8 Pr.20:22 Sal.37:7 II Cr.20:17 Gal.6:9 Stg.5:7

OCTUBRE 31 - No con ejército, ni con fuerza, sino con mi espíritu, ha dicho Jehová de los ejércitos.

¿Quién examinó al espíritu de Jehová o le aconsejó y enseñó?

Lo necio del mundo escogió Dios para avergonzar a los sabios; y lo débil del mundo escogió Dios para avergonzar a lo fuerte; y lo vil del mundo y lo menospreciado escogió Dios, y lo que no es, para deshacer lo que es, a fin de que nadie se jacte en su presencia.

El viento sopla de donde quiere, y oyes su sonido, pero no sabes de dónde viene ni a dónde va. Así es todo aquel que nace del Espíritu. * Estos no nacieron de sangre, ni por voluntad de carne, ni por voluntad de varón, sino de Dios. * Mi espíritu estará en medio de vosotros, no temáis. * Porque no es vuestra la guerra, sino de Dios. * Y toda esta congregación sabrá que Jehová no salva con espada ni con lanza, porque de Jehová es la batalla.

Zac.4:6 Is.40:13 I Co.1:27-29 Jn.3:8 Hag.2:5 II Cr.20:15 I S.17:47

NOVIEMBRE

NOVIEMBRE 1 - Bienaventurado el hombre que me escucha, velando a mis puertas cada día, guardando los postes de mis puertas.

Como los ojos de los siervos miran la mano de sus señores, y como los ojos de la sierva, la mano de su señora, así nuestros ojos miran a Jehová, nuestro Dios, hasta que tenga misericordia de nosotros.

Esto será el holocausto perpetuo que todas vuestras generaciones ofrecerán a la puerta del Tabernáculo de reunión, delante de Jehová, en el cual me reuniré con vosotros, para hablaros allí. * En todo lugar donde yo haga que se recuerde mi nombre, vendré a ti y te bendeciré. * Donde están dos o tres congregados en mi nombre, allí estoy yo en medio de ellos.

Pero la hora viene, y ahora es, cuando los verdaderos adoradores adorarán al Padre en espíritu y en verdad, porque también el Padre tales adoradores busca que lo adoren. Dios es Espíritu, y los que lo adoran, en espíritu y en verdad es necesario que lo adoren.

Orad en todo tiempo con toda oración y súplica en el Espíritu. * Orad sin cesar.

Prov.8:34 Sal.123:2 Ex.29:42; 20:24 Mt.18:20 Jn.4:23,24 Ef.6:18 I Ts.5:17

NOVIEMBRE 2 - Seguid siempre lo bueno.

Para esto fuisteis llamados, porque también Cristo padeció por nosotros, dejándonos ejemplo para que sigáis sus pisadas. Él no cometió pecado ni se halló engaño en su boca. Cuando lo maldecían, no respondía con maldición; cuando padecía, no amenazaba, sino que encomendaba la causa al que juzga justamente. Considerad a aquel que sufrió tal contradicción de pecadores contra sí mismo, para que vuestro ánimo no se canse hasta desmayar.

Despojémonos de todo peso y del pecado que nos asedia, y corramos con paciencia la carrera que tenemos por delante, puestos los ojos en Jesús, el autor y consumador de la fe, el cual por el gozo puesto delante de él sufrió la cruz, menospreciando el oprobio, y se sentó a la diestra del trono de Dios.

Por lo demás, hermanos, todo lo que es verdadero, todo lo honesto, todo lo justo, todo lo puro, todo lo amable, todo lo que es de buen nombre; si hay virtud alguna, si algo digno de alabanza, en esto pensad.

I Ts.5:15 I P2:21-23 Heb.12:3 Heb.12:1,2 Fil.4:8

NOVIEMBRE 3 - Porque los caminos de Jehová son rectos, por ellos andarán los justos, mas los rebeldes caerán en ellos.

Para vosotros, pues, los que creéis, él es precioso. En cambio para los que no creen: Piedra de tropiezo y roca que hace caer.* El camino de Jehová es fortaleza para el perfecto, pero destrucción para los que cometen maldad.

El que tiene oídos para oír, oiga. * Quien sea sabio y guarde estas cosas, entenderá las misericordias de Jehová. La lámpara del cuerpo es el ojo; así que, si tu ojo es bueno, todo tu cuerpo estará lleno de luz. El que quiera hacer la voluntad de Dios, conocerá si la doctrina es de Dios o si yo hablo por mi propia cuenta.

Pues a cualquiera que tiene, se le dará y tendrá más; pero al que no tiene, aun lo que tiene le será quitado.

El que es de Dios, las palabras de Dios oye; por esto no las oís vosotros, porque no sois de Dios.

No queréis venir a mí para que tengáis vida. Mis ovejas oyen mi voz y yo las conozco, y me siguen.

Hos. 14:9 I P.2:7,8 Pr.10:29 Mt.11:15 Sal.107:43 Mt.6:22 Jn.7:17 Mt.13:12 Jn.5:40; 10:27

NOVIEMBRE 4 - Ahora por un poco de tiempo, si es necesario, tengáis que ser afligidos en diversas pruebas.

Amados, no os sorprendáis del fuego de prueba que en medio de vosotros ha venido para probaros, como si alguna cosa extraña os estuviera aconteciendo; antes bien, en la medida en que compartís los padecimientos de Cristo, regocijaos, para que también en la revelación de su gloria os regocijéis con gran alegría.

Habéis olvidado la exhortación que como a hijos se os dirige: Hijo mío, no tengas en poco la disciplina del Señor, ni te desanimes al ser reprendido por El. Al presente ninguna disciplina parece ser causa de gozo, sino de tristeza; sin embargo, a los que han sido ejercitados por medio de ella, les da después fruto apacible de justicia. * Porque no tenemos un sumo sacerdote que no pueda compadecerse de nuestras flaquezas, sino uno que ha sido tentado en todo como nosotros, pero sin pecado. * Pues por cuanto El mismo fue tentado en el sufrimiento, es poderoso para socorrer a los que son tentados.

No os ha sobrevenido ninguna tentación que no sea común a los hombres; y fiel es Dios, que no permitirá que vosotros seáis tentados más allá de lo que podéis soportar, sino que con la tentación proveerá también la vía de escape, a fin de que podáis resistirla.

I P. 1:6 I P. 4:12,13 Heb. 12:5, 11; 4:15; 2:18 I Co. 10:13

NOVIEMBRE 5 - Tomarás especias finas; prepararás con ello el aceite de la santa unción.

Sobre carne de hombre no será derramado, ni haréis otro semejante conforme a su composición; santo es, y por santo lo tendréis vosotros.

Un Espíritu.

Hay diversidad de dones, pero el Espíritu es el mismo. * Te ungió Dios, el Dios tuyo, con óleo de alegría más que a tus compañeros. * Dios ungió con el Espíritu Santo y con poder a Jesús de Nazaret. * Dios no da el Espíritu por medida. * De su plenitud recibimos todos, y gracia sobre gracia, * Así como la unción misma os enseña todas las cosas, y es verdadera, y no es mentira, según ella os ha enseñado, permaneced en él. * Y el que nos ungió, es Dios, el cual también nos ha sellado y nos ha dado, como garantía, el Espíritu en nuestros corazones. *Pero el fruto del Espíritu es amor, gozo, paz, paciencia, benignidad, bondad, fe, mansedumbre, templanza; contra tales cosas no hay ley.

Ex.30:23,25 Ex.30:32 Ef.4:4 I Co.12:4 Sal.45:7 Hech.10:38 Jn. 3:34; 1:16 I Jn.2:27 II Co.1:21,22 Gal.5:22,23

NOVIEMBRE 6 - Cuando Cristo, vuestra vida, se manifieste, entonces vosotros también seréis manifestados con él en gloria.

Yo soy la resurrección y la vida; el que cree en mí, aunque esté muerto, vivirá.

Dios nos ha dado vida eterna y esta vida está en su Hijo. * El que tiene al Hijo tiene la vida; el que no tiene al Hijo de Dios no tiene la vida.

El Señor mismo, con voz de mando, con voz de arcángel y con trompeta de Dios, descenderá del cielo. Entonces, los muertos en Cristo resucitarán primero. * Luego nosotros, los que vivimos, los que hayamos quedado, seremos arrebatados juntamente con ellos en las nubes para recibir al Señor en el aire, y así estaremos siempre con el Señor.

Por tanto, alentaos los unos a los otros con estas palabras. * Sabemos que cuando él se manifieste, seremos semejantes a él, porque lo veremos tal como él es.

Se siembra en deshonra, resucitará en gloria; se siembra en debilidad, resucitará en poder. * Y si me voy y os preparo lugar, vendré otra vez y os tomaré a mí mismo, para que donde yo esté, vosotros también estéis.

Col.3:4 Jn.11:25 I Jn.5:11,12 I Ts.4:16-18 I Jn.3:2 I Co.15:43 Jn.14:3

NOVIEMBRE 7 - ¡Alaben la misericordia de Jehová y sus maravillas para con los hijos de los hombres!

Gustad y ved que es bueno Jehová.¡ Bienaventurado el hombre que confía en él! ¡Cuán grande es tu bondad, que has guardado para los que te amen. * Este pueblo he creado para mí; mis alabanzas publicará.

Por su amor, nos predestinó para ser adoptados hijos suyos por medio de Jesucristo, según el puro afecto de su voluntad, para alabanza de la gloria de su gracia, con la cual nos hizo aceptos en el Amado. * A fin de que seamos para alabanza de su gloria, nosotros los que primeramente esperábamos en Cristo.

Porque ¡cuánta es su bondad y cuánta su hermosura! * Bueno es Jehová para con todos, y sus misericordias sobre todas sus obras.

¡Te alaben, Jehová, todas tus obras, tus santos te bendigan! La gloria de tu reino digan y hablen de tu poder, para hacer saber a los hijos de los hombres sus poderosos hechos y la gloria de la magnificencia de su reino.

Sal.107:8;34:8; 31:19 Is.43:21 Ef.1:5,6,12 Zac.9:17 Sal.145:9-12

NOVIEMBRE 8 - Pero nosotros, que somos del día, seamos sobrios, habiéndonos vestido con la coraza de la fe y del amor, y con la esperanza de salvación como casco.

Por tanto, ceñid los lomos de vuestro entendimiento, sed sobrios y esperad por completo en la gracia que se os traerá cuando Jesucristo sea manifestado.

Estad, pues, firmes, ceñida vuestra cintura con la verdad, vestidos con la coraza de justicia. Sobre todo, tomad el escudo de la fe, con que podáis apagar todos los dardos de fuego del maligno. Tomad el yelmo de la salvación, y la espada del Espíritu, que es la palabra de Dios.

Destruirá a la muerte para siempre, y enjugará Jehová el Señor las lágrimas de todos los rostros y quitará la afrenta de su pueblo de toda la tierra; porque Jehová lo ha dicho. Se dirá en aquel día: «¡He aquí, este es nuestro Dios! Le hemos esperado, y nos salvará. ¡Este es Jehová, a quien hemos esperado! Nos gozaremos y nos alegraremos en su salvación».

Es, pues, la fe la certeza de lo que se espera, la convicción de lo que no se ve.

I Ts.5:8 I P.1:13 Ef. 6:14,16,17 Is.25:8,9 Heb.11:1

NOVIEMBRE 9 - He puesto el socorro sobre uno que es poderoso; he exaltado a un escogido de mi pueblo.

Yo, yo soy Jehová, y fuera de mí no hay quien salve. * Pues hay un solo Dios, y un solo mediador entre Dios y los hombres: Jesucristo hombre. * Y en ningún otro hay salvación, porque no hay otro nombre bajo el cielo, dado a los hombres, en que podamos ser salvos.

Dios poderoso (fuerte). * Se despojó a sí mismo, tomó la forma de siervo y se hizo semejante a los hombres.

Hallándose en la condición de hombre, se humilló a sí mismo, haciéndose obediente hasta la muerte, y muerte de cruz. * Por eso Dios también lo exaltó sobre todas las cosas y le dio un nombre que es sobre todo nombre.

Pero vemos a aquel que fue hecho un poco menor que los ángeles, a Jesús, coronado de gloria y de honra a causa del padecimiento de la muerte, para que por la gracia de Dios experimentara la muerte por todos.

Así que, por cuanto los hijos participaron de carne y sangre, él también participó de lo mismo.

Sal.89:19 Is.43:11 I Ti.2:5 Hch.4:12 Is.9:6 Fil.2:7-9 Heb.2:9 Hch.2:14

NOVIEMBRE 10 - Llevando fruto en toda buena obra y creciendo en el conocimiento de Dios.

Por lo tanto, hermanos, os ruego por las misericordias de Dios que presentéis vuestros cuerpos como sacrificio vivo, santo, agradable a Dios, que es vuestro verdadero culto. No os conforméis a este mundo, sino transformaos por medio de la renovación de vuestro entendimiento, para que comprobéis cuál es la buena voluntad de Dios, agradable y perfecta.

Así como para iniquidad presentasteis vuestros miembros para servir a la impureza y a la iniquidad, así ahora para santificación presentad vuestros miembros para servir a la justicia. Porque, en Cristo Jesús, ni la circuncisión vale nada ni la incircuncisión, sino la nueva criatura.

A todos los que anden conforme a esta regla, paz y misericordia sea a ellos, y al Israel de Dios. * En esto es glorificado mi Padre: en que llevéis mucho fruto y seáis así mis discípulos.

No me elegisteis vosotros a mí, sino que yo os elegí a vosotros y os he puesto para que vayáis y llevéis fruto, y vuestro fruto permanezca; para que todo lo que pidáis al Padre en mi nombre, él os lo dé.

Col.1:10 Ro-12:1,2; 6:19 Gal.6:15,16 Jn.15:8,16

NOVIEMBRE 11 - Los guió con seguridad.

Por vereda de justicia guiaré, por en medio de sendas de juicio. * Yo envío mi ángel delante de ti, para que te guarde en el camino y te introduzca en el lugar que yo he preparado.

En toda angustia de ellos él fue angustiado, y el ángel de su faz los salvó; en su amor y en su clemencia los redimió, los trajo y los levantó todos los días de la antigüedad.

No se apoderaron de la tierra por su espada, ni su brazo los libró; sino tu diestra, tu brazo, y la luz de tu rostro, porque te complaciste en ellos.

Así pastoreaste a tu pueblo para hacerte un nombre glorioso. * Guíame, Jehová, en tu justicia, a causa de mis enemigos; endereza delante de mí tu camino. * Envía tu luz y tu verdad; estas me guiarán, me conducirán a tu santo monte y a tus moradas.

Me acercaré al altar de Dios, al Dios de mi alegría y de mi gozo. Y te alabaré con el arpa, Dios, Dios mío.

Sal. 78:53 Pr. 8:20 Ex.23:20 Is.63:9 Sal.44:3 Is.63:14 Sal.5:8; 43:3,4

NOVIEMBRE 12 - La tristeza que es según Dios produce arrepentimiento para salvación, de lo cual no hay que arrepentirse.

Entonces Pedro se acordó de las palabras que Jesús le había dicho: «Antes que cante el gallo, me negarás tres veces». Y saliendo fuera, lloró amargamente. * Si confesamos nuestros pecados, él es fiel y justo para perdonar nuestros pecados y limpiarnos de toda maldad.

La sangre de Jesucristo, su Hijo, nos limpia de todo pecado. * Me han alcanzado mis maldades y no puedo levantar la vista. Se han aumentado más que los cabellos de mi cabeza y mi corazón me falla. * Quieras, Jehová, librarme; Jehová, apresúrate a socorrerme. * Tú, pues, vuélvete a tu Dios; guarda misericordia y juicio, y en tu Dios confía siempre.

Los sacrificios de Dios son el espíritu quebrantado; al corazón contrito y humillado no despreciarás tú, oh Dios. * Él sana a los quebrantados de corazón y venda sus heridas. * Hombre, él te ha declarado lo que es bueno, lo que pide Jehová de ti: solamente hacer justicia, amar misericordia y humillarte ante tu Dios.

II Co.7:10 Mt.26:75 I Jn.1:9,7 Sal.40:12,13 Os.12:6 Sal.51:17;147:3 Mic.6:8

NOVIEMBRE 13 - Cristo amó a la iglesia y se entregó a sí mismo por ella, para santificarla, habiéndola purificado en el lavamiento del agua por la palabra.

Andad en amor, como también Cristo nos amó y se entregó a sí mismo por nosotros, ofrenda y sacrificio a Dios en olor fragante.

Habéis renacido, no de simiente corruptible, sino de incorruptible, por la palabra de Dios que vive y permanece para siempre. Santifícalos en tu verdad: tu palabra es verdad.

El que no nace de agua y del Espíritu no puede entrar en el reino de Dios.

Nos salvó, no por obras de justicia que nosotros hubiéramos hecho, sino por su misericordia, por el lavamiento de la regeneración y por la renovación en el Espíritu Santo. Tu palabra me ha vivificado.

La ley de Jehová es perfecta: convierte el alma; el testimonio de Jehová es fiel: hace sabio al sencillo. Los mandamientos de Jehová son rectos: alegran el corazón; el precepto de Jehová es puro: alumbra los ojos.

Ef. 5:25,26, 2 I P 1:23 Jn.17:17;3:5 Tit. 3:5 Sal.119:50; 19:7,8

NOVIEMBRE 14 - Mi ayuda y mi libertador eres tú. ¡Dios mío, no te tardes!

Por Jehová son ordenados los pasos del hombre y él aprueba su camino. Cuando el hombre caiga, no quedará postrado, porque Jehová sostiene su mano.

En el temor de Jehová está la firme confianza, la esperanza para sus hijos. Porque contigo estoy para librarte.

¡Esforzaos y cobrad ánimo! No temáis ni tengáis miedo de ellos, porque Jehová, tu Dios, es el que va contigo; no te dejará, ni te desamparará».

Pero yo cantaré de tu poder, alabaré de mañana tu misericordia, porque has sido mi amparo y refugio en el día de mi angustia.

Tú eres mi refugio; me guardarás de la angustia; con cánticos de liberación me rodearás.

Sal. 40:17; 37:23,24 Pr.14:26 Is.51:12,13 Jer.1:8 Dt.31:6 Sal.59:16; 32:7

NOVIEMBRE 15 - Fiel es Dios, por el cual fuisteis llamados a la comunión con su Hijo Jesucristo, nuestro Señor.

Mantengamos firme, sin fluctuar, la profesión de nuestra esperanza, porque fiel es el que prometió.

Dios dijo: «Habitaré y andaré entre ellos; yo seré su Dios y ellos serán mi pueblo».

Nuestra comunión verdaderamente es con el Padre y con su Hijo Jesucristo.

Gozaos por cuanto sois participantes de los padecimientos de Cristo, para que también en la revelación de su gloria os gocéis con gran alegría.

A fin de que, arraigados y cimentados en amor, seáis plenamente capaces de comprender con todos los santos cuál sea la anchura, la longitud, la profundidad y la altura, y de conocer el amor de Cristo, que excede a todo conocimiento, para que seáis llenos de toda la plenitud de Dios.

Todo aquel que confiese que Jesús es el Hijo de Dios, Dios permanece en él y él en Dios.

El que guarda sus mandamientos permanece en Dios, y Dios en él.

I Co. 1:9 Heb.10:23 II Co.6:16 I Jn. 1:3 I P 4:13 Ef.3:17-19 I Jn.4:15; 3:24

NOVIEMBRE 16 - Santifícalos en tu verdad: tu palabra es verdad.

Ya vosotros estáis limpios por la palabra que os he hablado. La palabra de Cristo habite en abundancia en vosotros. * Con qué limpiará el joven su camino? ¡Con guardar tu palabra!

Con todo mi corazón te he buscado; no me dejes desviar de tus mandamientos. * Cuando la sabiduría penetre en tu corazón y el conocimiento sea grato a tu alma; la discreción te guardará y te preservará la inteligencia.

Mis pies han seguido sus pisadas; permanecí en su camino, sin apartarme de él. Nunca me separé del mandamiento de sus labios, sino que guardé las palabras de su boca más que mi comida. * Más que todos mis enseñadores he entendido, porque tus testimonios son mi meditación.

Si vosotros permanecéis en mi palabra, seréis verdaderamente mis discípulos; y conoceréis la verdad y la verdad os hará libres.

Jn.17:1; 15:3 Co.3:16 Sal.119:9,10 Pr.2:10,11 Job23:11,12 Sal.119:99 Jn.8:31,32

NOVIEMBRE 17 - ¡Muy profundos son tus pensamientos!

Por lo cual también nosotros, no cesamos de orar por vosotros y de pedir que seáis llenos del conocimiento de su voluntad en toda sabiduría e inteligencia espiritual.

A fin de que, arraigados y cimentados en amor, seáis plenamente capaces de comprender con todos los santos cuál sea la anchura, la longitud, la profundidad y la altura, y de conocer el amor de Cristo, que excede a todo conocimiento, para que seáis llenos de toda la plenitud de Dios.

¡Profundidad de las riquezas, de la sabiduría y del conocimiento de Dios! ¡Cuán insondables son sus juicios e inescrutables sus caminos!

Porque mis pensamientos no son vuestros pensamientos ni vuestros caminos mis caminos, dice Jehová.* Como son más altos los cielos que la tierra, así son mis caminos más alto que vuestros caminos y mis pensamientos más que vuestros pensamientos.

Has aumentado, Jehová, Dios mío, tus maravillas y tus pensamientos para con nosotros. No es posible contarlos ante ti. Aunque yo los anunciara y hablara de ellos, no podrían ser enumerados.

Sal.92:5 Col.1:9 Ef. 3:17-19 Ro.11:33 Is.55:8,9 Sal.40:5

NOVIEMBRE 18 - Él los remueve con su recio viento en el día del viento del este.

Es preferible caer ahora en manos de Jehová, porque sus misericordias son muchas. * Porque yo estoy contigo para salvarte, dice Jehová…te castigaré con justicia: de ninguna manera te dejaré sin castigo. * No contenderá para siempre ni para siempre guardará el enojo.

No ha hecho con nosotros conforme a nuestras maldades ni nos ha pagado conforme a nuestros pecados, porque él conoce nuestra condición; se acuerda de que somos polvo.

Los perdonaré como un hombre perdona al hijo que lo sirve. * Fiel es Dios, que no os dejará ser probados más de lo que podéis resistir, sino que dará también juntamente con la prueba la salida, para que podáis soportarla. * Satanás os ha pedido para zarandearos como a trigo; pero yo he rogado por ti, para que tu fe no falte.

Porque fuiste fortaleza para el pobre, fortaleza para el necesitado en su aflicción, refugio contra la tormenta, sombra contra el calor; porque el ímpetu de los violentos es como una tormenta que se abate contra el muro.

Is.27:8 II S.24:14 Jer.30:11 Sal.103:9,10,14 Mal.3:17 I Co.10:13 Lc.22:31,32 Is.25:4

NOVIEMBRE 19 - Por sus frutos los conoceréis.

Hijitos, nadie os engañe; el que hace justicia es justo, como él es justo.

¿Acaso alguna fuente echa por una misma abertura agua dulce y amarga?

Hermanos míos, ¿puede acaso la higuera producir aceitunas, o la vid higos? Del mismo modo, ninguna fuente puede dar agua salada y dulce. * ¿Quién es sabio y entendido entre vosotros? Muestre por la buena conducta sus obras en sabia mansedumbre.

Mantened buena vuestra manera de vivir entre los gentiles, para que en lo que murmuran de vosotros como de malhechores, glorifiquen a Dios en el día de la visitación, al considerar vuestras buenas obras.

Si el árbol es bueno, su fruto es bueno; si el árbol es malo, su fruto es malo, porque por el fruto se conoce el árbol. * El hombre bueno, del buen tesoro del corazón saca buenas cosas, y el hombre malo, del mal tesoro saca malas cosas. * Qué más se podía hacer a mi viña, que yo no haya hecho en ella?

Mt.7:20 I Jn.3:7 Stg.3:11-13 I P.2:12 Mt.12:33; 12:35 Is.5:4

NOVIEMBRE 20 - Aunque more en tinieblas, Jehová será mi luz.

Cuando pases por las aguas, yo estaré contigo; y si por los ríos, no te anegarán. Cuando pases por el fuego, no te quemarás ni la llama arderá en ti.

Porque yo, Jehová, Dios tuyo, el Santo de Israel, soy tu Salvador. * Guiaré a los ciegos por un camino que no conocían; los haré andar por sendas que no habían conocido.

Delante de ellos cambiaré las tinieblas en luz y lo escabroso en llanura. Estas cosas les haré y no los desampararé. * Aunque ande en valle de sombra de muerte, no temeré ningún mal porque tú estás conmigo; tu vara y tu callado me confortan.

En el día que temo, yo en ti confío. En Dios, en Dios he confiado. No temeré. ¿Qué puede hacerme el hombre?

Jehová es mi luz y mi salvación, ¿de quién temeré? Jehová es la fortaleza de mi vida, ¿de quién he de atemorizarme?

Miq.7:8 Is.43:2,3; 42:16 Sal.23:4; 56:3,4; 27:1

NOVIEMBRE 21 - Al que a mí viene, no lo echo fuera.

Y cuando él clame a mí, yo le oiré, porque soy misericordioso. * Aun con todo esto, cuando ellos estén en tierra de sus enemigos, yo no los desecharé, ni los abominaré hasta consumirlos, invalidando mi pacto con ellos, porque yo, Jehová, soy su Dios.

Antes bien, yo tendré memoria de mi pacto que concerté contigo en los días de tu juventud, y estableceré contigo un pacto eterno.

Venid luego, dice Jehová, y estemos a cuenta: aunque vuestros pecados sean como la grana, como la nieve serán emblanquecidos; aunque sean rojos como el carmesí, vendrán a ser como blanca lana.

Deje el impío su camino y el hombre inicuo sus pensamientos, y vuélvase a Jehová, el cual tendrá de él misericordia, al Dios nuestro, el cual será amplio en perdonar.

Señor, acuérdate de mí cuando vengas en tu Reino. Entonces Jesús le dijo: De cierto te digo que hoy estarás conmigo en el paraíso. * No quebrará la caña cascada ni apagará el pábilo que se extingue.

Jn.6:37 Ex.22:27 Lev.26:44 Ez.16:60 Is.1:18; 55:7 Lc.23:42,43 Is.42:3

NOVIEMBRE 22 - Orando en el Espíritu Santo.

Dios es Espíritu, y los que lo adoran, en espíritu y en verdad es necesario que lo adoren. * Tenemos entrada por un mismo Espíritu al Padre.

Padre mío, si es posible, pase de mí esta copa; pero no sea como yo quiero, sino como tú. * El Espíritu nos ayuda en nuestra debilidad, pues qué hemos de pedir como conviene, no lo sabemos, pero el Espíritu mismo intercede por nosotros con gemidos indecibles. Pero el que escudriña los corazones sabe cuál es la intención del Espíritu, porque conforme a la voluntad de Dios intercede por los santos.

Esta es la confianza que tenemos en él, que si pedimos alguna cosa conforme a su voluntad, él nos oye. * Pero cuando venga el Espíritu de verdad, él os guiará a toda la verdad. * Orad en todo tiempo con toda oración y súplica en el Espíritu, y velad en ello con toda perseverancia y súplica por todos los santos.

Judas 20 Jn. 4:24 Ef.2:18 Mt.26:39 Ro.8:26,27 I Jn.5:14 Jn.16:13 Ef.6:18

NOVIEMBRE 23 - El que me escuche vivirá confiadamente, estará tranquilo, sin temor del mal.

Señor, tú nos has sido refugio de generación en generación. * El que habita al abrigo del Altísimo morará bajo la sombra del Omnipotente.

Escudo y protección es su verdad. * Vuestra vida está escondida con Cristo en Dios.

El que os toca, toca a la niña de mi ojo * No temáis; estad firmes y ved la salvación que Jehová os dará hoy. Jehová peleará por vosotros, y vosotros estaréis tranquilos.

Dios es nuestro amparo y fortaleza, nuestro pronto auxilio en las tribulaciones. Por tanto, no temeremos. * Pero en seguida Jesús les habló, diciendo: ¡Tened ánimo! Soy yo, no temáis.

¿Por qué estáis turbados y vienen a vuestro corazón estos pensamientos? * Mirad mis manos y mis pies, que yo mismo soy. Palpad y ved, porque un espíritu no tiene carne ni huesos como veis que yo tengo.

Yo sé a quién he creído y estoy seguro de que es poderoso para guardar mi depósito para aquel día.

Pr.1:33 Sal.90:1; 91:1,4 Col.3:3 Zac.2:8 Ex.14:13,14 Sal.46:1 Mt.14:27 Lc.24:38,39 II Ti.1:12

NOVIEMBRE 24 - Mi madre y mis hermanos son los que oyen la palabra de Dios y la obedecen.

El que santifica y los que son santificados, de uno son todos por lo cual no se avergüenza de llamarlos hermanos, diciendo: «Anunciaré a mis hermanos tu nombre, en medio de la congregación te alabaré».

En Cristo Jesús ni la circuncisión vale algo ni la incircuncisión, sino la fe que obra por el amor.

Vosotros sois mis amigos si hacéis lo que yo os mando. * Bienaventurados los que oyen la palabra de Dios y la obedecen. Mi comida es que haga la voluntad del que me envió y que acabe su obra.

Si decimos que tenemos comunión con él y andamos en tinieblas, mentimos y no practicamos la verdad.

Pero el que guarda su palabra, en ese verdaderamente el amor de Dios se ha perfeccionado; por esto sabemos que estamos en él.

Lc.8:21 Heb.2:11,12 Gal.5:6 Jn.15:14 Lc.11:28 Mt.7:21 Jn.4:34 I Jn. 1:6; 2:5

NOVIEMBRE 25 - Libertados del pecado, vinisteis a ser siervos de la justicia.

No podéis servir a Dios y a las riquezas.

Cuando erais esclavos del pecado, erais libres con respecto a la justicia. ¿Pero qué fruto teníais de aquellas cosas de las cuales ahora os avergonzáis? Porque el fin de ellas es muerte. Y hechos siervos de Dios, tenéis por vuestro fruto la santificación y, como fin, la vida eterna.

El fin de la Ley es Cristo, para justicia a todo aquel que cree. * Si alguno me sirve, sígame; y donde yo esté, allí también estará mi servidor. Si alguno me sirve, mi Padre lo honrará.

Llevad mi yugo sobre vosotros y aprended de mí, que soy manso y humilde de corazón, y hallaréis descanso para vuestras almas, porque mi yugo es fácil y ligera mi carga. * Jehová, Dios nuestro, otros señores fuera de ti se han enseñoreado de nosotros; pero nosotros no acordaremos de tu nombre, solamente del tuyo.

Por el camino de tus mandamientos correré cuando alegres mi corazón.

Ro.6:18 Mt.6:24 Ro.6:20-22; 10:4 Jn.12:26 Mt.11:29,30 Is.26:13 al.119:32

NOVIEMBRE 26 - El Señor   se deleita en ti.

Ahora, así dice Jehová, Creador tuyo, «No temas, porque yo te redimí; te puse nombre, mío eres tú.

¿Se olvidará la mujer de lo que dio a luz, para dejar de compadecerse del hijo de su vientre? ¡Aunque ella lo olvide, yo nunca me olvidaré de ti!

He aquí que en las palmas de las manos te tengo esculpida; delante de mí están siempre tus muros. * Por Jehová son ordenados los pasos del hombre y él aprueba su camino. * Mis delicias están con los hijos de los hombres.

Se complace Jehová en los que lo temen y en los que esperan en su misericordia. * Serán para mí especial tesoro, dice Jehová de los ejércitos, en el día en que yo actúe.

También a vosotros, que erais en otro tiempo extraños y enemigos por vuestros pensamientos y por vuestras malas obras, ahora os ha reconciliado.

Is.62:4; 43:1; 49:15,16 Sal.37:23 Pr.8:31 Sal.147:11 Mal.3:17 Col.1:21,22

NOVIEMBRE 27 - Yo les he dado la gloria que me diste.

Vi yo al Señor   sentado sobre un trono alto y sublime, y sus faldas llenaban el templo. * Por encima de él había serafines. Y el uno al otro daba voces diciendo: ¡Santo, santo, santo, Jehová de los ejércitos! ¡Toda la tierra está llena de su gloria!

Isaías dijo esto cuando vio su gloria, y habló acerca de él.

Como el aspecto del arco iris que está en las nubes en día de lluvia, así era el aspecto del resplandor alrededor. *Esta fue la visión de la semejanza de la gloria de Jehová.

Te ruego que me muestres tu gloria. Jehová le respondió: pero no podrás ver mi rostro –añadió–, porque ningún hombre podrá verme y seguir viviendo.

A Dios nadie lo ha visto jamás; el unigénito Hijo, que está en el seno del Padre, él lo ha dado a conocer.

Dios, que mandó que de las tinieblas resplandeciera la luz es el que resplandeció en nuestros corazones, para iluminación del conocimiento de la gloria de Dios en la faz de Jesucristo.

Jn. 17:22 Is.6:1-3 Jn. 12:41 Eze. 1:26,28 Ex.33:18,20 Jn.1:18 II Co. 4:6

NOVIEMBRE 28 -Así como el cuerpo sin espíritu está muerto, también la fe sin obras está muerta.

No todo el que me dice: "¡Señor, Señor!", entrará en el reino de los cielos, sino el que hace la voluntad de mi Padre que está en los cielos.

La santidad, sin la cual nadie verá al Señor.

Por esto mismo, poned toda diligencia en añadir a vuestra fe virtud; a la virtud, conocimiento; al conocimiento, dominio propio; al dominio propio, paciencia; a la paciencia, piedad; a la piedad, afecto fraternal; y al afecto fraternal, amor. Si tenéis estas cosas y abundan en vosotros, no os dejarán estar ociosos ni sin fruto en cuanto al conocimiento de nuestro Señor Jesucristo. Pero el que no tiene estas cosas es muy corto de vista; está ciego, habiendo olvidado la purificación de sus antiguos pecados. Por lo cual, hermanos, tanto más procurad hacer firme vuestra vocación y elección, porque haciendo estas cosas, jamás caeréis.

Porque por gracia sois salvos por medio de la fe; y esto no de vosotros, pues es don de Dios: no por obras, para que nadie se gloríe.

Stg.2:26 Mt.7:22 Heb.12:14 II P1:5-10 Ef.2:8,9

NOVIEMBRE 29 - Seremos saciados del bien de tu Casa.

Una cosa he demandado a Jehová, esta buscaré: que esté yo en la casa de Jehová todos los días de mi vida, para contemplar la hermosura de Jehová y para buscarlo en su templo.

Bienaventurados los que tienen hambre y sed de justicia, porque serán saciados.

A los hambrientos colmó de bienes y a los ricos envió vacíos. * Porque sacia al alma menesterosa, y llena de bien al alma hambrienta.

Yo soy el pan de vida. El que a mí viene nunca tendrá hambre, y el que en mí cree no tendrá sed jamás.

¡Cuán preciosa, Dios, es tu misericordia!¡Por eso los hijos de los hombres se amparan bajo la sombra de tus alas!

Serán completamente saciados de la grosura de tu Casa y tú les darás de beber del torrente de tus delicias, porque contigo está el manantial de la vida; en tu luz veremos la luz.

Sal. 65:4; 27:4 Mt.5:6 Lc.1:53 Sal.107:9 Jn. 6:35 Sal.36:7-9

NOVIEMBRE 30 - El mismo Señor   de paz os dé siempre paz en toda manera. El Señor   sea con todos vosotros.

Paz a vosotros de parte del que es y que era y que ha de venir. *La paz de Dios, que sobrepasa todo entendimiento, guardará vuestros corazones y vuestros pensamientos en Cristo Jesús. * Jesús se puso en medio de ellos y les dijo: ¡Paz a vosotros! * La paz os dejo, mi paz os doy; yo no os la doy como el mundo la da. No se turbe vuestro corazón ni tenga miedo.

El Consolador, el Espíritu de verdad. * El fruto del Espíritu es amor, gozo, paz, * El Espíritu mismo da testimonio a nuestro espíritu, de que somos hijos de Dios. * Mi presencia te acompañará y te daré descanso.

Moisés respondió: Si tu presencia no ha de acompañarnos, no nos saques de aquí. Pues ¿en qué se conocerá aquí que he hallado gracia a tus ojos, yo y tu pueblo, sino en que tú andas con nosotros, y que yo y tu pueblo hemos sido apartados de entre todos los pueblos que están sobre la faz de la tierra?

II Ts.3:16 Ap.1:4 Fil.4:7 Lc.24:36 Jn14:27; 15:26 Gal.5:22 Ro.8:16 Ex.33:14-16

DICIEMBRE

DICIEMBRE 1- Y será aquel varón como escondedero contra el viento y como refugio contra la tormenta.

Por cuanto los hijos participaron de carne y sangre, él también participó de lo mismo. * El Padre y yo uno somos.

El que habita al abrigo del Altísimo morará bajo la sombra del Omnipotente. *Habrá un resguardo de sombra contra el calor del día, y un refugio y escondedero contra la tempestad y el aguacero. * Jehová es tu guardador, Jehová es tu sombra a tu mano derecha. El sol no te fatigará de día ni la luna de noche. * Cuando mi corazón desmaye: llévame a la roca que es más alta que yo.

Tú eres mi refugio; me guardarás de la angustia; con cánticos de liberación me rodearás. * Porque fuiste fortaleza para el pobre, fortaleza para el necesitado en su aflicción, refugio contra la tormenta, sombra contra el calor; porque el ímpetu de los violentos es como una tormenta que se abate contra el muro.

Is. 32:2 Heb.2:14 Zac.13:7 Jn.10:30 Sal.91:1 Is. 4:6 Sal.121:5,6; 61:2; 32:7 Is.25:4

DICIEMBRE 2- Vosotros tenéis la unción del Santo y conocéis todas las cosas.

Dios ungió con el Espíritu Santo y con poder a Jesús de Nazaret.

Al Padre le agradó que en él habitara toda la plenitud.

De su plenitud recibimos todos, y gracia sobre gracia.

Unges mi cabeza con aceite.

La unción que vosotros recibisteis de él permanece en vosotros y no tenéis necesidad de que nadie os enseñe; así como la unción misma os enseña todas las cosas, y es verdadera, y no es mentira, según ella os ha enseñado, permaneced en él.

El Consolador, el Espíritu Santo, a quien el Padre enviará en mi nombre, él os enseñará todas las cosas y os recordará todo lo que yo os he dicho.

De igual manera, el Espíritu nos ayuda en nuestra debilidad, pues qué hemos de pedir como conviene, no lo sabemos, pero el Espíritu mismo intercede por nosotros con gemidos indecibles.

I Jn. 2:20 Hch.10:38 Col.1:19 Jn.1:16 Sal.23:5 I Jn.2:2 Jn.14:26 Ro.8:26

DICIEMBRE 3 - Ciertamente yo buscaría a Dios y le encomendaría mi causa.

¿Acaso hay alguna cosa difícil para Dios? * Encomienda a Jehová tu camino, confía en él y él hará.

Por nada estéis angustiados, sino sean conocidas vuestras peticiones delante de Dios en toda oración y ruego, con acción de gracias. Echad toda vuestra ansiedad sobre él, porque él tiene cuidado de vosotros.

Tomó Ezequías las cartas de manos de los embajadores y las leyó. Luego subió a la casa de Jehová y las extendió delante de Jehová.

Antes que clamen, yo responderé; mientras aún estén hablando, yo habré oído. * La oración eficaz del justo puede mucho.

Amo a Jehová, pues ha oído mi voz y mis súplicas, porque ha inclinado a mí su oído; por tanto, lo invocaré en todos mis días.

Job 5:8 Gen.18:14 Sal.37:5 Fil.4:6 I P 5:7 Is.37:14,15; 65:24 Stg.5:16 Sal.116:1,2

DICIEMBRE 4 - ¿Dónde se halla la sabiduría?

Si alguno de vosotros tiene falta de sabiduría, pídala a Dios, el cual da a todos abundantemente y sin reproche, y le será dada.

Pero pida con fe, no dudando nada.*Confía en Jehová con todo tu corazón y no te apoyes en tu propia prudencia. Reconócelo en todos tus caminos y él hará derechas tus veredas.

Al único y sabio Dios.*No seas sabio en tu propia opinión.

Yo dije: ¡Ah, Señor Jehová! ¡Yo no sé hablar, porque soy un muchacho! Me dijo Jehová: No digas: "Soy un muchacho", porque a todo lo que te envíe irás, y dirás todo lo que te mande. No temas delante de ellos, porque contigo estoy para librarte, dice Jehová».

Todo cuanto pidáis al Padre en mi nombre, os lo dará. Hasta ahora nada habéis pedido en mi nombre; pedid, y recibiréis, para que vuestro gozo sea completo.

Y todo lo que pidáis en oración, creyendo, lo recibiréis.

Job 28:12 Stg.1:5,6 Pr.3:5,6 I Ti.1:17 Pr.3:7 Jer.1:6-8 Jn. 16:23,24 Mt.21:22

DICIEMBRE 5 - Bueno me es haber sido humillado, para que aprenda tus estatutos.

Aunque era Hijo, a través del sufrimiento aprendió lo que es la obediencia.

Si es que padecemos juntamente con él, para que juntamente con él seamos glorificados.

Tengo por cierto que las aflicciones del tiempo presente no son comparables con la gloria venidera que en nosotros ha de manifestarse.

Mas él conoce mi camino: si me prueba, saldré como el oro. Mis pies han seguido sus pisadas; permanecí en su camino, sin apartarme de él.

Te acordarás de todo el camino por donde te ha traído Jehová, tu Dios, estos cuarenta años en el desierto, para afligirte, para probarte, para saber lo que había en tu corazón, si habías de guardar o no sus mandamientos. Reconoce asimismo en tu corazón, que, como castiga el hombre a su hijo, así Jehová, tu Dios, te castiga. Guardarás, pues, los mandamientos de Jehová, tu Dios, andando en sus caminos y temiéndolo.

Sal.119:71 Heb.5:8 Ro.8:17,18 Job 23:10,11 Deut.8:2,5,6

DICIEMBRE 6 -Es Dios quien obra en vosotros

No que estemos capacitados para hacer algo por nosotros mismos; al contrario, nuestra capacidad proviene de Dios. * No puede el hombre recibir nada a menos que le sea dado del cielo.

Nadie puede venir a mí, si el Padre, que me envió, no lo atrae; y yo lo resucitaré en el día final. * Les daré un corazón y un camino, de tal manera que me teman por siempre, para bien de ellos y de sus hijos después de ellos.

Amados hermanos míos, no erréis. Toda buena dádiva y todo don perfecto desciende de lo alto, del Padre de las luces, en el cual no hay mudanza ni sombra de variación. Él, de su voluntad, nos hizo nacer por la palabra de verdad, para que seamos primicias de sus criaturas.

Somos hechura suya, creados en Cristo Jesús para buenas obras, las cuales Dios preparó de antemano para que anduviéramos en ellas.

Jehová, tú nos darás paz, porque también nos hiciste todas nuestras obras.

Fil. 2:13 II Co. 3:5 Jn3:27; 6:44 Jer.32:29 Stg.1:16-18 Ef. 2:10 Is. 26:12

DICIEMBRE 7 - Al que no conoció pecado, por nosotros lo hizo pecado, para que nosotros seamos justicia de Dios en él.

Jehová cargó en él el pecado de todos nosotros. * Él mismo llevó nuestros pecados en su cuerpo sobre el madero, para que nosotros, estando muertos a los pecados, vivamos a la justicia. ¡Por su herida habéis sido sanados!

Así como por la desobediencia de un hombre muchos fueron constituidos pecadores, así también por la obediencia de uno, muchos serán constituidos justos.

Pero cuando se manifestó la bondad de Dios, nuestro Salvador, y su amor para con la humanidad, nos salvó, no por obras de justicia que nosotros hubiéramos hecho, sino por su misericordia, por el lavamiento de la regeneración y por la renovación en el Espíritu Santo, el cual derramó en nosotros abundantemente por Jesucristo, nuestro Salvador, para que, justificados por su gracia, llegáramos a ser herederos conforme a la esperanza de la vida eterna.

Ahora, pues, ninguna condenación hay para los que están en Cristo Jesús, los que no andan conforme a la carne, sino conforme al Espíritu. *Jehová, justicia nuestra.

II Co.5:21 Is.53:6 I P 2:24 Ro.5:19 Tito 3:4-7 Ro.8:1 Jer.23:6

DICIEMBRE 8 - Servid uno al otro en amor.

Hermanos, si alguno es sorprendido en alguna falta, vosotros que sois espirituales, restauradlo con espíritu de mansedumbre, considerándote a ti mismo, no sea que tú también seas tentado. Sobrellevad los unos las cargas de los otros, y cumplid así la ley de Cristo.

Hermanos, si alguno de entre vosotros se ha extraviado de la verdad y alguno lo hace volver, sepa que el que haga volver al pecador del error de su camino, salvará de muerte un alma y cubrirá multitud de pecados. *Al obedecer a la verdad, mediante el Espíritu, habéis purificado vuestras almas para el amor fraternal no fingido. Amaos unos a otros entrañablemente, de corazón puro.

No debáis a nadie nada, sino el amaros unos a otros, pues el que ama al prójimo ha cumplido la Ley. * Amaos los unos a los otros con amor fraternal; en cuanto a honra, prefiriéndoos los unos a los otros.

Y todos, sumisos unos a otros, revestíos de humildad, porque «Dios resiste a los soberbios, y da gracia a los humildes».* Los que somos fuertes debemos soportar las flaquezas de los débiles y no agradarnos a nosotros mismos.

Gal.5:13; 6:1,2 Stg.5:19,20 I P. 1:22 Ro.13:8; 12:10 I P. 5:5 Ro. 15:1

DICIEMBRE 9 - Hacer justicia y juicio es para Jehová más agradable que el sacrificio.

Hombre, él te ha declarado lo que es bueno, lo que pide Jehová de ti: solamente hacer justicia, amar misericordia y humillarte ante tu Dios.

¿Acaso se complace Jehová tanto en los holocaustos y sacrificios como en la obediencia a las palabras de Jehová? Mejor es obedecer que sacrificar; prestar atención mejor es que la grasa de los carneros. * Amarlo con todo el corazón, con todo el entendimiento, con toda el alma y con todas las fuerzas, y amar al prójimo como a uno mismo, es más que todos los holocaustos y sacrificios.

Tú, pues, vuélvete a tu Dios; guarda misericordia y juicio, y en tu Dios confía siempre.

María, sentándose a los pies de Jesús, oía su palabra…Pero solo una cosa es necesaria, y María ha escogido la buena parte, la cual no le será quitada. * Dios es el que en vosotros produce así el querer como el hacer, por su buena voluntad.

Pr.21:3 Mi.6:8 I S 15:22 Mr.12:33 Os.12:6 Lc.10:39,42 Fil.2:13

DICIEMBRE 10 - Nadie las puede arrebatar de la mano de mi Padre.

Yo sé a quién he creído y estoy seguro de que es poderoso para guardar mi depósito para aquel día.* Y el Señor me librará de toda obra mala y me preservará para su reino celestial.

Antes, en todas estas cosas somos más que vencedores por medio de aquel que nos amó. Por lo cual estoy seguro de que ni la muerte ni la vida, ni ángeles ni principados ni potestades, ni lo presente ni lo por venir, ni lo alto ni lo profundo, ni ninguna otra cosa creada nos podrá separar del amor de Dios, que es en Cristo Jesús, Señor nuestro.* Vuestra vida está escondida con Cristo en Dios.

Hermanos míos amados, oíd: ¿No ha elegido Dios a los pobres de este mundo, para que sean ricos en fe y herederos del reino que ha prometido a los que lo aman?

Y el mismo Jesucristo Señor nuestro, y Dios nuestro Padre, el cual nos amó y nos dio consolación eterna y buena esperanza por gracia, conforte vuestros corazones y os confirme en toda buena palabra y obra.

Jn. 10:29 II Ti.1:12; 4:18 Ro.8:37-39 Col.3:3 Stg.2:5 II Ts.2:16,17

DICIEMBRE 11 - No deis, pues, lugar a que se hable mal de vuestro bien.

Absteneos de toda especie de mal. *Procurando hacer las cosas honradamente, no solo delante del Señor sino también delante de los hombres. * Esta es la voluntad de Dios: que haciendo bien, hagáis callar la ignorancia de los hombres insensatos.

Así que, ninguno de vosotros padezca como homicida, ladrón o malhechor, o por entrometerse en lo ajeno; pero si alguno padece como cristiano, no se avergüence, sino glorifique a Dios por ello. * Vosotros, hermanos, a libertad fuisteis llamados; solamente que no uséis la libertad como ocasión para la carne, sino servíos por amor los unos a los otros.* Pero procurad que esta libertad vuestra no venga a ser tropezadero para los débiles.

A cualquiera que haga tropezar a alguno de estos pequeños que creen en mí, mejor le fuera que se le colgara al cuello una piedra de molino de asno y que se le hundiera en lo profundo del mar. * De cierto os digo que en cuanto lo hicisteis a uno de estos mis hermanos más pequeños, a mí lo hicisteis.

Ro.14:16 I Ts. 5:22 II Co.8:21 I P. 2:15;4:15,16 Gal.5:13 I Co.8:9 Mt.18:6; 25:40

DICIEMBRE 12-Jehová es Rey de Israel en medio de ti.

No temas porque yo estoy contigo; no desmayes, porque yo soy tu Dios que te esfuerzo; siempre te ayudaré, siempre te sustentaré con la diestra de mi justicia.

¡Fortaleced las manos cansadas, afirmad las rodillas endebles. Decid a los de corazón apocado: «¡Esforzaos, no temáis! He aquí que vuestro Dios viene con retribución, con pago; Dios mismo vendrá y os salvará».

Jehová está en medio de ti; ¡él es poderoso y te salvará! Se gozará por ti con alegría, callará de amor, se regocijará por ti con cánticos.

¡Espera en Jehová! ¡Esfuérzate y aliéntese tu corazón! ¡Sí, espera en Jehová!

Y oí una gran voz del cielo, que decía: «El tabernáculo de Dios está ahora con los hombres. Él morará con ellos, ellos serán su pueblo y Dios mismo estará con ellos como su Dios. Enjugará Dios toda lágrima de los ojos de ellos, y ya no habrá más muerte, ni habrá más llanto ni clamor ni dolor, porque las primeras cosas ya pasaron».

Sof.3:15 Is.41:10; 35:3,4 Sof.3:17 Sal.27:14 Ap.21:3,4

DICIEMBRE 13 - Esfuérzate en la gracia que es en Cristo Jesús.

Fortalecidos con todo poder, conforme a la potencia de su gloria.

Por tanto, de la manera que habéis recibido al Señor   Jesucristo, andad en él, arraigados y sobreedificados en él y confirmados en la fe, así como habéis sido enseñados, abundando en acciones de gracias. * Arboles de justicia, plantío de Jehová, para gloria suya.

Edificados sobre el fundamento de los apóstoles y profetas, siendo la principal piedra del ángulo Jesucristo mismo. En él todo el edificio, bien coordinado, va creciendo para ser un templo santo en el Señor; en quien vosotros también sois juntamente edificados para morada de Dios en el Espíritu. * Os encomiendo a Dios y a la palabra de su gracia, que tiene poder para sobre edificaros y daros herencia con todos los santificados.

Llenos de frutos de justicia que son por medio de Jesucristo, para gloria y alabanza de Dios. * Pelea la buena batalla de la fe. Sin dejaros intimidar por los que se oponen.

II Ti.2:1 Col.1:11;2:6,7 Is.61:3 Ef.2:20-22 Hch.20:32 Fil.1:11 I Ti.6:12 Fil.1:28

DICIEMBRE 14 - Poned gloria en su alabanza.

Este pueblo he creado para mí; mis alabanzas publicará.

Los limpiaré de toda su maldad con que pecaron contra mí, y perdonaré todas sus iniquidades con que contra mí pecaron y contra mí se rebelaron.

Me será por nombre de gozo, de alabanza y de gloria entre todas las naciones de la tierra. * Así que, ofrezcamos siempre a Dios, por medio de él, sacrificio de alabanza, es decir, fruto de labios que confiesan su nombre.

Te alabaré, Jehová, Dios mío, con todo mi corazón y glorificaré tu nombre para siempre, porque tu misericordia es grande para conmigo y has librado mi alma de las profundidades del Seol.

¿Quién como tú, Jehová,? ¿Quién como tú, magnífico en santidad, terrible en maravillosas hazañas, hacedor de prodigios? * Alabaré yo el nombre de Dios con cántico, lo exaltaré con alabanza. * Y cantan el cántico de Moisés, siervo de Dios, y el cántico del Cordero, diciendo: Grandes y maravillosas son tus obras, Señor Dios Todopoderoso.

Sal.66:2 Is.43:21 Jer.33:8,9 Heb.13:15 Sal.86:12,13 Ex.15:11 Sal. 69:30 Ap.15:3

DICIEMBRE 15 - Sobrellevad los unos las cargas de los otros, y cumplid así la ley de Cristo.

No busquéis vuestro propio provecho, sino el de los demás. Haya, pues, en vosotros este sentir que hubo también en Cristo Jesús: sino que se despojó a sí mismo, tomó la forma de siervo y se hizo semejante a los hombres.

El Hijo del hombre no vino para ser servido, sino para servir y para dar su vida en rescate por todos. * El por todos murió, para que los que viven ya no vivan para sí, sino para aquel que murió y resucitó por ellos.

Jesús entonces, al verla llorando y a los judíos que la acompañaban, también llorando, se estremeció en espíritu y se conmovió…Jesús lloró. * Gozaos con los que se gozan; llorad con los que lloran.

Sed todos de un mismo sentir, compasivos, amándoos fraternalmente, misericordiosos, amigables. No devolváis mal por mal, ni maldición por maldición, sino por el contrario, bendiciendo, sabiendo que fuisteis llamados a heredar bendición.

Gal. 6:2 Fil.2:4,5,7 Mr.10:45 II Co. 5:15 Jn.11:33,35 Ro.12:15 I P. 3:8,9

DICIEMBRE 16 - Como había amado a los suyos que estaban en el mundo, los amó hasta el fin.

Yo ruego por ellos; no ruego por el mundo, sino por los que me diste, porque tuyos son, y todo lo mío es tuyo y lo tuyo mío; y he sido glorificado en ellos. No ruego que los quites del mundo, sino que los guardes del mal. No son del mundo, como tampoco yo soy del mundo.

Como el Padre me ha amado, así también yo os he amado; permaneced en mi amor. Nadie tiene mayor amor que este, que uno ponga su vida por sus amigos. Vosotros sois mis amigos si hacéis lo que yo os mando. Un mandamiento nuevo os doy: Que os améis unos a otros; como yo os he amado, que también os améis unos a otros.

El que comenzó en vosotros la buena obra la perfeccionará hasta el día de Jesucristo.

Cristo amó a la iglesia y se entregó a sí mismo por ella, para santificarla, habiéndola purificado en el lavamiento del agua por la palabra.

Jn 13:1; 17:9,10,15,16; 15:9; 15:13,14; 13:34 Fil.1:6 E f.5:25,26

DICIEMBRE 17 - Vida nos darás e invocaremos tu nombre.

El espíritu es el que da vida.

De igual manera, el Espíritu nos ayuda en nuestra debilidad, pues qué hemos de pedir como conviene, no lo sabemos, pero el Espíritu mismo intercede por nosotros con gemidos indecibles. Pero el que escudriña los corazones sabe cuál es la intención del Espíritu, porque conforme a la voluntad de Dios intercede por los santos.

Orad en todo tiempo con toda oración y súplica en el Espíritu, y velad en ello con toda perseverancia y súplica por todos los santos.

Nunca jamás me olvidaré de tus mandamientos, porque con ellos me has vivificado. * Las palabras que yo os he hablado son espíritu y son vida. * La letra mata, pero el Espíritu da vida. * Si permanecéis en mí y mis palabras permanecen en vosotros, pedid todo lo que queráis y os será hecho. *Esta es la confianza que tenemos en él, que si pedimos alguna cosa conforme a su voluntad, él nos oye.

Nadie puede exclamar: «¡Jesús es el Señor!», sino por el Espíritu Santo.

Sal.80:18 Jn.6:63 Ro.8:26,27 Ef.6:18 Sal.119:93 Jn.6:63 II Co.3:6 Jn.15:7 I Jn.5:14 I Co.12:3

DICIEMBRE 18 - Acerquémonos, pues, confiadamente al trono de la gracia, para alcanzar misericordia y hallar gracia para el oportuno socorro.

Por nada estéis angustiados sino sean conocidas vuestras peticiones delante de Dios en toda oración y ruego, con acción de gracias. Y la paz de Dios, que sobrepasa todo entendimiento, guardará vuestros corazones y vuestros pensamientos en Cristo Jesús.

No habéis recibido el espíritu de esclavitud para estar otra vez en temor, sino que habéis recibido el Espíritu de adopción, por el cual clamamos: «¡Abba, Padre!» * No dije a la descendencia de Jacob: "En vano me buscáis".

Tenemos libertad para entrar en el Lugar santísimo por la sangre de Jesucristo, por el camino nuevo y vivo que él nos abrió a través del velo,] esto es, de su carne. También tenemos un gran sacerdote sobre la casa de Dios; acerquémonos, pues, con corazón sincero, en plena certidumbre de fe, purificados los corazones de mala conciencia y lavados los cuerpos con agua pura.

Así que podemos decir confiadamente: «El Señor es mi ayudador; no temeré lo que me pueda hacer el hombre».

Heb.4:16 Fil.4:6,7 Ro.8:15 Is.45:19 Heb.10:19,22; 13:6

DICIEMBRE 19 - Resplandeció en las tinieblas luz a los rectos.

¿Quién de entre vosotros teme a Jehová y escucha la voz de su siervo? El que anda en tinieblas y carece de luz, confíe en el nombre de Jehová y apóyese en su Dios. * Cuando el hombre caiga, no quedará postrado, porque Jehová sostiene su mano.

El mandamiento es lámpara, la enseñanza es luz. * Tú, enemiga mía, no te alegres de mí, porque aunque caí, me levantaré; aunque more en tinieblas, Jehová será mi luz.

La ira de Jehová soportaré, porque pequé contra él, hasta que juzgue mi causa y me haga justicia. Él me sacará a la luz y yo veré su justicia.

La lámpara del cuerpo es el ojo; así que, si tu ojo es bueno, todo tu cuerpo estará lleno de luz; pero si tu ojo es maligno, todo tu cuerpo estará en tinieblas. Así que, si la luz que hay en ti es tinieblas, ¡cuán grandes son esas tinieblas!

Sal.112:4 Is-50:10 Sal.37:24 Pr.6:23 Mi.7:8,9 Mt.6:22,23

DICIEMBRE 20 - Nos escogió en él antes de la fundación del mundo.

…para que fuéramos santos y sin mancha delante de él.

Pero nosotros debemos dar siempre gracias a Dios respecto a vosotros, hermanos amados por el Señor, de que Dios os haya escogido desde el principio para salvación, mediante la santificación por el Espíritu y la fe en la verdad. Para esto él os llamó por medio de nuestro evangelio: para alcanzar la gloria de nuestro Señor   Jesucristo.

A los que antes conoció, también los predestinó para que fueran hechos conformes a la imagen de su Hijo, para que él sea el primogénito entre muchos hermanos. Y a los que predestinó, a estos también llamó; y a los que llamó, a estos también justificó; y a los que justificó, a estos también glorificó.

Elegidos según el previo conocimiento de Dios Padre en santificación del Espíritu, para obedecer y ser rociados con la sangre de Jesucristo.

Os daré un corazón nuevo y pondré un espíritu nuevo dentro de vosotros. Quitaré de vosotros el corazón de piedra y os daré un corazón de carne. * Dios no nos ha llamado a inmundicia, sino a santificación.

Ef. 1:4 II Ts.2:13,14 Ro.8 29,30 I P 1:2 Ez.36:26 I Ts.4:7

DICIEMBRE 21 - Los días de tu luto se habrán cumplido.

En el mundo tendréis aflicción. * Sabemos que toda la creación gime a una, y a una está con dolores de parto hasta ahora. Y no solo ella, sino que también nosotros mismos, que tenemos las primicias del Espíritu, nosotros también gemimos dentro de nosotros mismos, esperando la adopción, la redención de nuestro cuerpo.

Asimismo los que estamos en este tabernáculo gemimos con angustia, pues no quisiéramos ser desnudados, sino revestidos, para que lo mortal sea absorbido por la vida.

Estos son los que han salido de la gran tribulación; han lavado sus ropas y las han blanqueado en la sangre del Cordero. Por eso están delante del trono de Dios y lo sirven día y noche en su templo. El que está sentado sobre el trono extenderá su tienda junto a ellos. Ya no tendrán hambre ni sed, y el sol no caerá más sobre ellos, ni calor alguno, porque el Cordero que está en medio del trono los pastoreará y los guiará a fuentes de aguas vivas Y Dios enjugará toda lágrima de los ojos de ellos.

Is.60:20 Jn. 16:33 Ro.8:22,23 II Co.5:4 Ap.7:14-17

DICIEMBRE 22 - Tu obra de fe.

Esta es la obra de Dios, que creáis en aquel que él ha enviado. Así también la fe, si no tiene obras, está completamente muerta. * La fe obra por el amor. El que siembra para su carne, de la carne segará corrupción; pero el que siembra para el Espíritu, del Espíritu segará vida eterna.

Somos hechura suya, creados en Cristo Jesús para buenas obras, las cuales Dios preparó de antemano para que anduviéramos en ellas. Él se dio a sí mismo por nosotros para redimirnos de toda maldad y purificar para sí un pueblo propio, celoso de buenas obras.* Debemos siempre dar gracias a Dios por vosotros, hermanos, como es digno, por cuanto vuestra fe va creciendo y el amor de todos y cada uno de vosotros abunda para con los demás.

Por esta razón también oramos siempre por vosotros, para que nuestro Dios os tenga por dignos de su llamamiento y cumpla todo propósito de bondad y toda obra de fe con su poder.

Dios es el que en vosotros produce así el querer como el hacer, por su buena voluntad.

I Ts. 1:3 Jn. 6:29 Stg. 2:17 Gal.5:6; 6:8 Ef.2:10 Tit.2:14 II Ts.1:3,11 Fil. 2:13

DICIEMBRE 23 - ¡Que tome de mi fuerza y haga conmigo paz!,

Porque yo sé los pensamientos que tengo acerca de vosotros, dice Jehová, pensamientos de paz y no de mal, para daros el fin que esperáis.* «¡No hay paz para los malos!», ha dicho Jehová.

Pero ahora en Cristo Jesús, vosotros que en otro tiempo estabais lejos, habéis sido hechos cercanos por la sangre de Cristo. Él es nuestra paz. * Al Padre agradó que en él habitara toda la plenitud, y por medio de él reconciliar consigo todas las cosas, haciendo la paz mediante la sangre de su cruz.

Cristo Jesús, a quien Dios puso como propiciación por medio de la fe en su sangre, para manifestar su justicia, a causa de haber pasado por alto, en su paciencia, los pecados pasados, con miras a manifestar en este tiempo su justicia, a fin de que él sea el justo y el que justifica al que es de la fe de Jesús.

Si confesamos nuestros pecados, él es fiel y justo para perdonar nuestros pecados y limpiarnos de toda maldad. * Confiad en Jehová perpetuamente, porque en Jehová, el Señor, está la fortaleza de los siglos.

Is. 27:5 Jer.29:11 Is.48:22 Ef.2:13,14 Col.1:19,20 Ro.3:24-26 I Jn.1:9
Is.26:4

DICIEMBRE 24 - Si vivís conforme a la carne, moriréis; pero si por el Espíritu hacéis morir las obras de la carne, viviréis.

Manifiestas son las obras de la carne, que son: adulterio, fornicación, inmundicia, lujuria, envidias, homicidios, borracheras, orgías, y cosas semejantes a estas. En cuanto a esto, os advierto, como ya os he dicho antes, que los que practican tales cosas no heredarán el reino de Dios. Pero el fruto del Espíritu es amor, gozo, paz, paciencia, benignidad, bondad, fe, mansedumbre, templanza; contra tales cosas no hay ley. Pero los que son de Cristo han crucificado la carne con sus pasiones y deseos. Si vivimos por el Espíritu, andemos también por el Espíritu.

La gracia de Dios se ha manifestado para salvación a toda la humanidad, y nos enseña que, renunciando a la impiedad y a los deseos mundanos, vivamos en este siglo sobria, justa y piadosamente, mientras aguardamos la esperanza bienaventurada y la manifestación gloriosa de nuestro gran Dios y Salvador Jesucristo. Él se dio a sí mismo por nosotros para redimirnos de toda maldad y purificar para sí un pueblo propio, celoso de buenas obras.

Ro.8:13 Gal.5:19.21-25 Tit.2:11-14

DICIEMBRE 25 - Se manifestó la bondad de Dios, nuestro Salvador, y su amor para con la humanidad.

Te he amado con amor eterno.

En esto se mostró el amor de Dios para con nosotros: en que Dios envió a su Hijo unigénito al mundo para que vivamos por él. En esto consiste el amor: no en que nosotros hayamos amado a Dios, sino en que él nos amó a nosotros y envió a su Hijo en propiciación por nuestros pecados.

Pero cuando vino el cumplimiento del tiempo, Dios envió a su Hijo, nacido de mujer y nacido bajo la Ley, para redimir a los que estaban bajo la Ley, a fin de que recibiéramos la adopción de hijos.

Y el Verbo se hizo carne y habitó entre nosotros lleno de gracia y de verdad; y vimos su gloria, gloria como del unigénito del Padre.

Indiscutiblemente, grande es el misterio de la piedad: Dios fue manifestado en carne.

Así que, por cuanto los hijos participaron de carne y sangre, él también participó de lo mismo para destruir por medio de la muerte al que tenía el imperio de la muerte, esto es, al diablo.

Tit. 3:4 Jer.31:3 I Jn.4:9 Gal.4:4,5 Jn.1:14 I Ti.3:16 Heb.2:14

DICIEMBRE 26 - Estad firmes y constantes, creciendo en la obra del Señor siempre

Sabiendo que vuestro trabajo en el Señor   no es en vano.

De la manera que habéis recibido al Señor   Jesucristo, andad en él, arraigados y sobreedificados en él y confirmados en la fe, así como habéis sido enseñados, abundando en acciones de gracias.

El que persevere hasta el fin, este será salvo. * Pero la que cayó en buena tierra son los que con corazón bueno y recto retienen la palabra oída, y dan fruto con perseverancia.

Por la fe estáis firmes. * Me es necesario hacer las obras del que me envió, mientras dura el día; la noche viene, cuando nadie puede trabajar.

El que siembra para su carne, de la carne segará corrupción; pero el que siembra para el Espíritu, del Espíritu segará vida eterna. No nos cansemos, pues, de hacer bien, porque a su tiempo segaremos, si no desmayamos. Así que, según tengamos oportunidad, hagamos bien a todos, y especialmente a los de la familia de la fe.

I Co.15:58 Co.2:6,7 Mt.24:13 Lc.8:15 II Co.1:24 Jn. 9:4 Gal. 6:8-10

DICIEMBRE 27 - No mirando nosotros las cosas que se ven, sino las que no se ven, pues las cosas que se ven son temporales, pero las que no se ven son eternas.

No tenemos aquí ciudad permanente. * Sabiendo que tenéis en vosotros una mejor y perdurable herencia en los cielos.

No temáis, manada pequeña, porque a vuestro Padre le ha placido daros el Reino. * Por un poco de tiempo, si es necesario, tengáis que ser afligidos en diversas pruebas. * Allí dejan de perturbar los malvados, y allí descansan los que perdieron sus fuerzas. * Asimismo los que estamos en este tabernáculo gemimos con angustia.

Enjugará Dios toda lágrima de los ojos de ellos; y ya no habrá más muerte, ni habrá más llanto ni clamor ni dolor, porque las primeras cosas ya pasaron. *Tengo por cierto que las aflicciones del tiempo presente no son comparables con la gloria venidera que en nosotros ha de manifestarse. * Pues esta leve tribulación momentánea produce en nosotros un cada vez más excelente y eterno peso de gloria.

II Co. 4:18 Heb.13:14; 10:34 Lc.12:32 I P.1:6 Job.3:17 II Co.5:4 Ap-21:4 Ro.8:18 II Co.5:17

DICIEMBRE 28 - Tus pecados te son perdonados.

Perdonaré la maldad de ellos y no me acordaré más de su pecado *¿Quién puede perdonar pecados, sino sólo Dios? * Yo, yo soy quien borro tus rebeliones por amor de mí mismo, y no me acordaré de tus pecados. * Bienaventurado aquel cuya transgresión ha sido perdonada y cubierto su pecado.

Bienaventurado el hombre a quien Jehová no culpa de iniquidad. ¿Qué Dios hay como tú, que perdona la maldad? Dios también os perdonó a vosotros en Cristo. * La sangre de Jesucristo, su Hijo, nos limpia de todo pecado. Si decimos que no tenemos pecado, nos engañamos a nosotros mismos y la verdad no está en nosotros. Si confesamos nuestros pecados, él es fiel y justo para perdonar nuestros pecados y limpiarnos de toda maldad.

Cuanto está lejos el oriente del occidente, hizo alejar de nosotros nuestras rebeliones. * El pecado no se enseñoreará de vosotros, pues no estáis bajo la Ley, sino bajo la gracia. * Y libertados del pecado, vinisteis a ser siervos de la justicia.

Mr.2:5 Jer.31:34 Mr.2:7 Is.43:25 Sal.32:1,2 Mi.7:18 Ef. 4:32 I jn.1:7-9 Sal.103:12 Ro.6:14,18

DICIEMBRE 29 - Entendidos de cuál sea la voluntad del Señor.

La voluntad de Dios es vuestra santificación. * Vuelve ahora en amistad con Dios y tendrás paz; y la prosperidad vendrá a ti.

Esta es la vida eterna: que te conozcan a ti, el único Dios verdadero, y a Jesucristo, a quien has enviado.

Sabemos que el Hijo de Dios ha venido y nos ha dado entendimiento para conocer al que es verdadero; y estamos en el verdadero, en su Hijo Jesucristo. Este es el verdadero Dios y la vida eterna.

No cesamos de orar por vosotros y de pedir que seáis llenos del conocimiento de su voluntad en toda sabiduría e inteligencia espiritual.

El Dios de nuestro Señor   Jesucristo, el Padre de gloria, os dé espíritu de sabiduría y de revelación en el conocimiento de él; que él alumbre los ojos de vuestro entendimiento, para que sepáis cuál es la esperanza a que él os ha llamado, cuáles las riquezas de la gloria de su herencia en los santos y cuál la extraordinaria grandeza de su poder para con nosotros los que creemos, según la acción de su fuerza poderosa.

Ef.5:17 I Ts.4:3 Job 22:21 Jn.17:3 I Jn.5:20 Col. 1:9 Ef.1:17-19

DICIEMBRE 30 - Irreprensibles en el día de nuestro Señor   Jesucristo.

También a vosotros, que erais en otro tiempo extraños y enemigos por vuestros pensamientos y por vuestras malas obras, ahora os ha reconciliado en su cuerpo de carne, por medio de la muerte, para presentaros santos y sin mancha e irreprochables delante de él.

Pero es necesario que permanezcáis fundados y firmes en la fe, sin moveros de la esperanza del evangelio que habéis oído. * Por eso, amados, estando en espera de estas cosas, procurad con diligencia ser hallados por él sin mancha e irreprochables, en paz.

Seáis sinceros e irreprochables para el día de Cristo.

A aquel que es poderoso para guardaros sin caída y presentaros sin mancha delante de su gloria con gran alegría, al único y sabio Dios, nuestro Salvador, sea gloria y majestad, imperio y poder, ahora y por todos los siglos.

I Co.1:8 Col.1:21-13 Fil.2:15 II P 3:14 Fil. 1:10 Judas 24,25

DICIEMBRE 31 - El Señor   tu Dios te llevó, como un hombre lleva a su hijo, por todo el camino que habéis andado hasta llegar a este lugar.

Os he tomado sobre alas de águilas y os he traído a mí. * En su compasión los redimió, los levantó y los sostuvo todos los días de antaño.

Como un águila que despierta su nidada, que revolotea sobre sus polluelos, extendió sus alas y los tomó, los llevó sobre su plumaje. * El Señor   solo lo guió, y con él no hubo dios extranjero.

Aun hasta vuestra vejez, yo seré el mismo, y hasta vuestros años avanzados, yo os sostendré. Yo lo he hecho, y yo os cargaré; yo os sostendré, y yo os libraré. * Porque este es Dios, nuestro Dios por siempre jamás; El nos guiará hasta la muerte. * Echa sobre el Señor   tu carga, y El te sustentará; El nunca permitirá que el justo sea sacudido.

Por eso os digo, no os preocupéis por vuestra vida, qué comeréis o qué beberéis; ni por vuestro cuerpo, qué vestiréis. ¿No es la vida más que el alimento y el cuerpo más que la ropa? ...vuestro Padre celestial sabe que necesitáis todas estas cosas.

Hasta aquí nos ha ayudado el Señor.

Dt. 1:31 Ex. 19:4 Is. 63:9 Dt. 32:11,12 Is. 46:4 Sal. 48:14 Sal. 55:22 Mt. 6:25,32 I S 7:12

Estimado Lector:

Nos interesan mucho tus comentarios y opiniones sobre esta obra. Por favor ayúdanos comentando sobre este libro. Puedes hacerlo dejando una reseña en la tienda donde lo has adquirido.

Puede también escribirnos por correo electrónico a la dirección info@editorialimagen.com

Si deseas más libros como éste puedes visitar el sitio web de **Editorialimagen.com** para ver los nuevos títulos disponibles y aprovechar los descuentos y precios especiales que publicamos cada semana.

Allí mismo puedes contactarnos directamente si tienes dudas, preguntas o cualquier sugerencia. ¡Esperamos saber de ti!

Más libros de la Autora

Conociendo más a la Persona del Espíritu Santo

La llenura del Espíritu Santo es una experiencia grandiosa. Todo cambia después de que el Espíritu lleva el timón. Que estas páginas te inspiren para iniciar tu propia búsqueda y que tengas la mayor aventura con nuestro Dios quien no tiene límites .

El Ayuno- una Cita con Dios.

Si buscas una unción especial para tu ministerio, tal vez el ayuno es la respuesta que necesitas. Aparte del enfoque espiritual también se describen los beneficios físicos, las diferentes maneras de ayunar, cómo romper un ayuno y otra información práctica.

<u>Perlas de Sabiduría</u> – Un devocional - 60 días descubriendo verdades en la Palabra de Dios

Las revelaciones de Dios son como perlas de gran valor que están escondidos hasta ser descubiertos. Dios se place en revelarnos Sus secretos. Descubra algunos de estos secretos de gran valor.

<u>Promesas de Dios para Cada Día</u> - Promesas de la Biblia para guiarte en tu necesidad

La Biblia está llena de las promesas y bendiciones de nuestro Padre Dios. Este libro te ayudará a conocerlos y te fortalecerán en tu fe. Las promesas están compilados según el tema.

Ángeles en la Tierra - Historias reales de personas que han tenido experiencias sobrenaturales con un ángel.

Los ángeles son tan reales y la mayoría de las personas han tenido por lo menos una experiencia sobrenatural o inexplicable. Es inspirador leer los muchos testimonios.

Más Libros de Interés

Alabanza y Adoración - Cómo adorar a Dios Según la Biblia

Bases bíblicas para poder adorar a Dios. El propósito del libro es llevar a los lectores a un nivel de relación con Dios más profundo a través de la alabanza y la sincera adoración.

¿Podemos confiar en la Biblia? - Respuestas a las más inquietantes preguntas sobre la Biblia

¿Cómo llegamos a tener definitivamente la Biblia tal cual la poseemos hoy? ¿Es posible que tantos autores no se contradigan entre ellos? ¿Cuántas Biblias hay? ¿Es la Biblia inspirada por Dios?, etc.

Cómo hablar con Dios - Aprendiendo a orar paso a paso

A veces complicamos algo que nuestro Señor quiere que sea sencillo, es por esto que en este libro podrás encontrar detalladamente las respuestas a las preguntas: ¿Cómo debo orar? ¿Qué me garantiza que Dios me va a responder?

Liderazgo Cristiano - Herramientas esenciales para el líder de hoy

Esta carta, junto con 2 Timoteo y Tito pertenecen al grupo llamado "Epístolas pastorales", por ser dirigidas no a una Iglesia en primer lugar, sino a Pastores, a quienes se les recuerdan sus deberes y manera de conducirse como siervos de Dios.

Sanidad para el Alma Herida Cómo sanar las heridas del corazón y confrontar los traumas para obtener verdadera libertad spiritual

Este es un libro teórico y práctico sobre sanidad interior. Nuestra enseñanza motiva la búsqueda de la sanidad para las mentes y espíritus de las almas sufridas y por qué no, atormentadas.

www.ingramcontent.com/pod-product-compliance
Lightning Source LLC
Chambersburg PA
CBHW071620030726
47598CB00001B/357